Marketing PARA DUMMIES™

Feliç Sant Jordi 2016
Testimoni
Lluïsa

Marketing PARA DUMMIES™

Patricia de Andrés

Edición publicada mediante acuerdo con Wiley Publishing, Inc.
...For Dummies, el señor Dummy y los logos de Wiley Publishing, Inc. son marcas registradas utilizadas con licencia exclusiva de Wiley Publishing, Inc.

ISBN: 978-84-329-0267-3
Depósito legal: B.2.247-2016

Primera edición: marzo de 2016
Preimpresión: Victor Igual, S.L.
Impresión: Egedsa

Impreso en España - Printed in Spain
www.paradummies.es
www.planetadelibros.com

¡La fórmula del éxito!

Tomamos un tema de actualidad y de interés general, añadimos el nombre de un autor reconocido, montones de contenido útil y un formato fácil para el lector y a la vez divertido, y ahí tenemos un libro clásico de la colección Para Dummies.

Millones de lectores satisfechos en todo el mundo coinciden en afirmar que la colección Para Dummies *ha revolucionado la forma de aproximarse al conocimiento mediante libros que ofrecen contenido serio y profundo con un toque de informalidad y en lenguaje sencillo.*

Los libros de la colección *Para Dummies* están dirigidos a los lectores de todas las edades y niveles del conocimiento interesados en encontrar una manera profesional, directa y a la vez entretenida de aproximarse a la información que necesitan.

www.paradummies.es
www.facebook.com/paradummies
@ParaDummies

¡Entra a formar parte de la comunidad Dummies!

El sitio web de la colección *Para Dummies* está pensado para que tengas a mano toda la información que puedas necesitar sobre los libros publicados. Además, te permite conocer las últimas novedades antes de que se publiquen y acceder a muchos contenidos extra, por ejemplo, los audios de los libros de idiomas.

Desde nuestra página web, también puedes ponerte en contacto con nosotros para comentarnos todo lo que te apetezca, así como resolver tus dudas o consultas.

También puedes seguirnos en Facebook (www.facebook.com/paradummies), un espacio donde intercambiar impresiones con otros lectores de la colección, y en Twitter @ParaDummies, para conocer en todo momento las últimas noticias del mundo Para Dummies.

10 cosas divertidas que puedes hacer en www.paradummies.es, en nuestra página en Facebook y en Twitter @ParaDummies

1. Consultar la lista completa de libros *Para Dummies*.
2. Descubrir las novedades que vayan publicándose.
3. Ponerte en contacto con la editorial.
4. Suscribirte a la Newsletter de novedades editoriales.
5. Trabajar con los contenidos extra, como los audios de los libros de idiomas.
6. Ponerte en contacto con otros lectores para intercambiar opiniones.
7. Comprar otros libros de la colección.
8. Publicar tus propias fotos en la página de Facebook.
9. Conocer otros libros publicados por el Grupo Planeta.
10. Informarte sobre promociones, descuentos, presentaciones de libros, etc.

Descubre nuestros interesantes y divertidos vídeos
en nuestro canal de YouTube:
www.youtube.com/paradummies
¡Los libros Para Dummies también están disponibles
en e-book y en aplicación para iPad!

Sobre la autora

Socia directora de Wide Marketing, formadora y coautora de *Tu plan de marketing digital en una semana*. Su trabajo se orienta a mejorar los procesos empresariales, el marketing, la comunicación y las relaciones entre marcas y personas.

Su trayectoria comienza hacia el año 2000 como diseñadora y desarrolladora de páginas web. Tras un tiempo ejerciendo su carrera en marketing tradicional en diferentes organizaciones, decide ayudar a otras empresas desde su agencia y así poner en práctica lo aprendido y sumar su pasión por lo digital. Afronta los retos de sus clientes desde una perspectiva pragmática, integral y estratégica.

Es licenciada en Publicidad y Relaciones Públicas, tiene formación complementaria en marketing *online* y *offline*: máster en Diseño y Comunicación en internet, máster en Marketing y Gestión Comercial (GESCO), posgrado en Search y Social Media Marketing... y acumula muchas horas aprendiendo frente a la pantalla o compartiendo conocimientos con otros profesionales.

Define su actividad como “profesiovital”: el haber vivido en más de una decena de ciudades le ha llevado a hacer de la necesidad virtud y desarrollar algunas habilidades inherentes a su profesión: curiosidad, capacidad de adaptación y dotes de comunicación.

Optimista por decisión, le apasiona lo que hace y hace lo que le apasiona.

Dedicatoria

Te dedico el libro a ti, lector. Espero transmitirte lo que disfruto con esta disciplina y que germine en ti.

Agradecimientos

Gracias a mi gente. Mi familia y mis amigos, mis pilares. Aquellos que he abrazado, no hacen falta nombres.

A los que me lo pusisteis complicado, gracias. A los que habéis compartido risas, miserias y experiencias, gracias.

Gracias compañeros, que habéis estado a lo largo del camino y me ayudáis con vuestro ejemplo: Susana Miró, Luis García, Noelia Suñol, Mau Santambrosio, Enric Zapatero, Paola Martínez, Víctor Puig, Pepe Tomé, Eva Sanagustín, David Soler, Armando Liussi Depaoli, Kim Ruiz y Xavier Colomés.

Gracias a mis alumnos por enseñarme tanto.

Sumario

Introducción

En mi biografía puedes leer "le apasiona lo que hace y hace lo que le apasiona". Como imaginarás, esto no se cumple el 100 % del tiempo, pero lo cierto es que esta disciplina engancha.

Te contaré mi historia. Estudié Publicidad en la década de 1990, un momento dulce para la creatividad española en el que mi generación creía que, a través de los spots y las creatividades, íbamos a construir marcas relevantes, cojonudas. Vivíamos los inicios de internet y rápidamente metí la nariz sin saber muy bien dónde me llevaría.

Nada más empezar a trabajar como creativa descubrí que todas las decisiones importantes y estratégicas, aquellas que quería tomar en algún momento, venían marcadas por el departamento de marketing. Entonces me pregunté qué prefería: seguir peleándome hasta el fin de los tiempos con los de marketing o cambiarme de acera. Hice lo segundo, y no me arrepiento.

Este libro propone una forma de hacer marketing que se dirige a generar valor para empresas, a desarrollar productos que la gente necesita o desea, a tratar a los consumidores con atención y, a las personas, con respeto. Eso es el marketing, el buen marketing. Eso es lo que me gustaría que aprendieras.

Acerca de este libro

Es un libro eminentemente práctico, pensado para que conozcas los aspectos más importantes del marketing y empieces a ponerlos en práctica desde la base. No encontrarás largas referencias bibliográficas, ni profundos teoremas, aunque me he basado en los autores y teorías que considero más relevantes para un profesional del marketing del siglo XXI. Te explicaré qué es internet de las cosas para que sepas cómo utilizarlo en el desarrollo de producto o en la gestión de la comunicación, y conocerás la metodología de generación de modelos de negocio para crear una propuesta de valor consistente. El foco es siempre la aplicación práctica de las ideas, propuestas y herramientas que irás conociendo.

La organización del libro se plantea de lo general a lo particular. En primer lugar, pretendo que sepas qué es el marketing como disciplina: su definición, alcance y planteamientos básicos. Lo digital ha supuesto un cambio tan importante para los consumidores y la forma de organizar los negocios que dedico toda una parte a sus implicaciones: qué cambios ha supuesto internet, cómo somos los consumidores digitales y cómo son los negocios digitales. Por último, llega la hora de plantear herramientas y técnicas del marketing. Debes saber qué acciones puedes llevar a cabo y algunos consejos para hacerlo. Es una pendiente que espero que encuentres no demasiado inclinada, pero te llevará de 1 a 100.

Cada capítulo tiene entidad por sí mismo. Puedes leer *Marketing para Dummies* de principio a fin, pero si lo prefieres puedes consultar cada capítulo de forma aislada, pues tratan temas diferentes. He seguido un camino para que la historia lineal sea coherente pero que cada pieza tenga autonomía, como harás tú cuando te encargues de gestionar contenido en tus canales digitales. Te recomiendo que sigas la secuencia de lectura propuesta y que luego acudas a releer puntualmente un capítulo o apartado si te surgen dudas o una necesidad concreta.

Cómo está organizado este libro

La primera parte del libro es una introducción al marketing, su historia y qué aspectos componen un plan de marketing. Es la parte más general, pero imprescindible para que te pongas en situación e interiorices los conceptos básicos, lo que te permitirá ir avanzando en las metodologías y hará que desarrolles con mayor eficacia cada una de las técnicas a las que te puedes enfrentar en un departamento de marketing. Puede que solo te afecte un área o todas... Cada empresa, cada marca, cada producto es un mundo.

De las cuatro partes, en la primera y tercera encontrarás muchas áreas en las que podrás hacer ejercicios con tu caso concreto. En la segunda, que trata de la transformación, encontrarás con casos y ejemplos de cómo la están llevando a cabo distintas empresas e instituciones.

La última parte son los decálogos, un clásico para cualquiera que haya leído un Para Dummies.

Parte I: Definición y planteamiento de marketing

Sin unos buenos cimientos, los edificios se caen. *Marketing para Dummies* quiere ser un libro ameno y práctico, de fácil lectura, pero sólido y útil. Si quieres trabajar o conocer el marketing, hay aspectos básicos que debes conocer y son los que trato en esta parte. Abordo cuestiones como los modelos de marketing, el estudio del entorno, de la marca, cómo definir objetivos...

Parte II: La transformación digital

Hoy en día no puedes plantearte una estrategia de marketing sin tener en cuenta el influjo digital. Cuando te hablo de la transformación digital, en realidad me refiero a las personas, procesos y empresas que vivimos en el mundo digital. Internet ha introducido cambios muy profundos en una sociedad cada vez más global, más conectada, más móvil y más social. Te afecta como empresa, afecta a tu forma de trabajar, te afecta como consumidor.

Parte III: Herramientas y técnicas del marketing

Verás qué elementos componen la disciplina del marketing y diversas acciones que puedes poner en práctica. Hago un recorrido por los canales de publicidad clásicos y modernos, cómo tiene que ser tu marca personal, qué es el marketing directo o cuáles son los principales canales digitales y cómo calcular el ROI en digital.

Parte IV: Los decálogos

Me he decidido por cuatro cuestiones que no podía obviar: tendencias, errores que no tienes que cometer, vías de creatividad y el director de marketing del futuro. Espero que sean un buen colofón.

Iconos usados en este libro

Esta colección tiene ese afán claro y didáctico que tanto me gusta. En cualquier Para Dummies te encuentras ante algunos iconos en los márgenes que destacan fragmentos concretos. Esta es su leyenda:

CONSEJO

Indica un consejo o idea práctica, algo que puedes poner en marcha.

Aspectos que no debes olvidar de ese capítulo en cuestión.

Una frase que me parece importante que recuerdes y que es de alguien que creo que debes conocer.

Un caso práctico o una forma de poner en marcha el concepto que estoy desarrollando. A veces son consejos sobre cómo hacer algo y otras, un caso de éxito en el mercado.

Muchas veces, las pymes se quejan de que todos los libros de marketing se centran en las multinacionales, aquí desarrollo ejemplos para todos los tamaños.

Consejo práctico. Un "tip" es una recomendación que te servirá para resolver un problema.

Aprende a evitar conflictos. A veces la mejor forma de solucionar una situación es no meterse en ella.

Te explico el concepto o el término con detalle porque es importante que conozcas su parte más teórica.

Y a partir de aquí...

Tú decides, puedes empezar por la primera página o atacar por donde más te duela. Solo espero que lo disfrutes. A ratos picará un poco, y otros te hará plantearte cosas... Es normal.

Parte I

Definición y planteamiento de marketing

—Marketing es comunicar...
Será por eso que llevo toda la mañana intentando hablar con los de la agencia y no hay forma... ¡porque comunican!

Capítulo 1

Por qué todo el mundo habla de marketing

Todo el mundo habla de marketing. Se oye por la calle "Este actor/cantante/político es un producto de marketing", si un famoso aparece en la portada de una revista "es una campaña de marketing", una marca es muy reconocida "porque tiene un gran marketing" y cada vez nos dicen más: "Hazte un buen marketing y mejorarás en tu profesión".

Pero ¿qué es marketing y para qué sirve? ¿Qué tiene que ver todo lo anterior? Si el marketing tiene mala fama, ¿por qué es tan importante hoy en día? ¿Cómo lo puedes aplicar en tu empresa? Todas estas preguntas y muchas otras nos guiarán en este libro. O no.

Empezaremos con una definición "de manual" que te permitirá descubrir aspectos fundamentales e ir entendiendo que, bajo una única disciplina, el marketing, puedes encontrar planteamientos, estrategias y tácticas distintas... porque, únicamente tenemos un objetivo y un par de certezas.

Tabla 1-1: Objetivos y certezas del marketing

Tenemos un objetivo	*... y un par de certezas*	
Satisfacer los deseos de nuestro público de forma que la relación resulte provechosa para ambas partes.	Cada persona es diferente a las demás, pero a la vez le mueven intereses similares a otras.	Nos mueve una mezcla entre razón y emoción.

El marketing pretende crear valor para los consumidores de modo que la empresa consiga un crecimiento rentable.

¿Quién es el **consumidor**? Las personas. **Tú.**

Y no solo eso, te defines por tus opciones de compra. Sí, eres lo que consumes. Eres la televisión que ves, los sitios a los que vas, el coche que llevas y si prefieres camisa con gemelos o camiseta de rastro. Lo que consumes viene definido por la imagen que tienes de ti mismo y la imagen que quieres proyectar a los demás. Y no hay pastilla roja o azul: si eliges irte a vivir al campo habrás tomado una opción de consumo igual que si decides que tu aspiración en la vida es tener un barco. Por eso es importante el marketing, por eso es interesante conocerlo, por eso es mejor saber cómo funciona que pensar que no sirve para nada. Porque te afecta.

El **valor** es la diferencia entre "no tengo tiempo" y "cuéntame más". Cuando te aportan valor, tienes la sensación de que obtienes más de lo que inviertes.

Valor = Beneficios (funcionales + emocionales) / Costes (monetarios + de tiempo + de energía + psíquicos)

Creamos valor a través de nuestra propuesta, de nuestro **producto**. El producto sería cualquier oferta o contenido que pueda satisfacer una necesidad o deseo: en formato de objetos, servicios, ideas, personas, lugares o experiencias. Entonces, "el producto" es "lo que vendes".

El **mercado** son todas aquellas personas que tienen la misma necesidad o deseo, ganas de satisfacerlo y que están dispuestas a dar algo a cambio (normalmente dinero). El mercado de repelentes de mosquito son todos aquellos que, de noche, pagarían un imperio para que no les acribillasen a picaduras pero a la luz del día deciden invertir solo algunos euros en ello.

Es decir, **el marketing identifica necesidades de los consumidores y estimula la demanda de productos en el mercado**.

RECUERDA

Las ventas no son el objetivo del marketing, son una consecuencia del trabajo bien hecho.

¿Quieres obtener buenos resultados? Cuando pienses en aportar valor, no te quedes en el valor que reciben tus accionistas, el reparto de beneficios entre los socios. "*Think big*", piensa en las personas y en cómo puedes hacer que vivan mejor.

¿Cómo que "pensar en las personas"? Si quieres que tu marketing sea efectivo y aporte valor real piensa en tus empleados, tus proveedores, tus clientes, en todas las personas afectadas por tu marca en el mercado. Ellos son tus *stakeholders*, ellos serán tus aliados.

TIP

¿El marketing crea necesidades? Las necesidades quedaban muy bien retratadas en aquel anuncio de la década de 1980 que decía "las cucarachas nacen, crecen, se reproducen y mueren". Y está claro que necesidades realmente hay cuatro: vivir, comer, dormir y reproducirse.

¿Y el resto? El marketing tiene que ver con el despertar del deseo. Esa picazón que te mueve, te activa, te despierta la curiosidad. Esa sensación de "me falta algo", ese algo que estoy viendo, ese algo que no sabía que existía pero ahora lo quiero.

Y la seducción nunca fue un arte fácil, como apuntaba Toni Segarra: "Nueve de cada diez lanzamientos fallan. No es verdad que la publicidad cree necesidades falsas".

Un poco de historia. Veamos cómo ha ido evolucionando el marketing según el momento de mercado hasta llegar a establecer como foco a las personas y la sociedad:

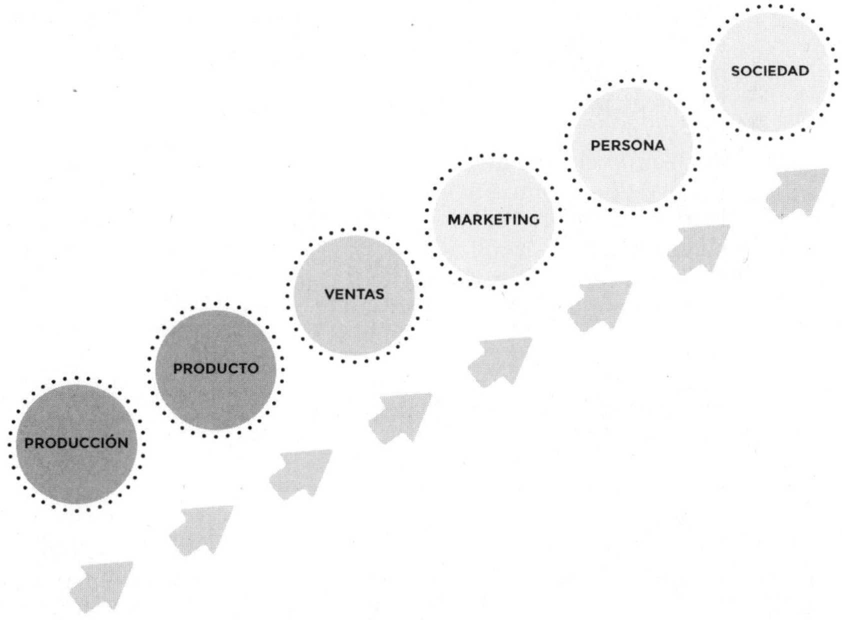

Figura 1-1: Evolución del marketing

Orientación a la producción

Pocos producen y pocos compran. No hay competencia, los productores se centran en servir más y más producto en un mercado que acoge toda su producción.

El sistema de gremios medieval estaba organizado de forma que la capacidad de producción se limitaba a una serie de artesanos disponibles para fabricar los productos. Cuando acababan un encargo, comenzaban otro.

En 1918, la mitad de los coches en Estados Unidos eran un Ford T. Ya lo dijo Henry Ford: "Cualquier cliente puede tener el coche del color que quiera siempre y cuando sea negro".

Orientación al producto

Aumenta el número de los que producen (la oferta) mientras que los que compran (la demanda) siguen siendo pocos. Los productores comienzan a competir para ofrecer un producto más atractivo, con más calidad que los demás.

Se entiende que el producto comporta todas las virtudes y es capaz, por sí solo, de provocar una diferencia real con respecto a su competencia. En muchas empresas se consideraba que sacando constantemente nuevas gamas de producto, se incrementarían las ventas de forma automática.

El ejemplo clásico de este enfoque es el caso del señor Woolwoorth, presidente de una compañía de trampas para ratones que se puso a "producir la mejor ratonera" sin pensar en lo que demandaban los consumidores, y se produjo un estrepitoso fracaso comercial. A veces tu cliente no quiere "lo mejor" sino "lo más práctico", "más efectivo" o "menos aparatoso". Primero tienes que escuchar a tu mercado.

Orientación a las ventas

Se equiparan los que producen a los que compran, hay mucho de todo y la competencia se vuelve relativamente intensa.

En esta época, el consumidor está acostumbrado a un entorno comercial complejo y solo compra de forma natural los productos que cubren sus necesidades primordiales. La empresa cambia su enfoque y comienza a potenciar las ventas: intenta convencer de lo buenos que son sus productos y de la necesidad que tienen los consumidores de adquirirlos.

Estamos en la era del "llévate 3 y paga 2", "pide la hipoteca y mete los muebles y el coche", se busca vender por encima de todo. Esta visión cortoplacista es el origen de la mala reputación del marketing por parte de algunos, pues no contempla los deseos ni la satisfacción del consumidor, y esto, a medio plazo, es insostenible.

Orientación al marketing

Hay más productores que compradores.

Entra en acción el departamento de marketing. Se entiende que la función del marketing es crear relaciones significativas entre las marcas y sus consumidores, pues, por primera vez, las necesidades y deseos de los consumidores aparecen como prioridad en la hoja de ruta de las empresas.

¿Cuáles son las diferencias entre el departamento de ventas y el de marketing? Estamos en un campo y vemos un cercado con vacas: el departamento comercial las mataría y se llevaría la carne; el departamento de marketing les buscaría verdes prados, las ordeñaría y repartiría leche, haría queso y mantequilla. Un buen trabajo de marketing facilita la vida al departamento comercial.

Orientación a la persona

Se diseña la oferta que satisface las necesidades de un grupo de clientes potenciales concreto, es rentable para la empresa y aporta más valor que la competencia.

Las empresas se dan cuenta de que las relaciones más provechosas perduran a lo largo del tiempo, así que se promueve y premia la fidelidad. Se pasa de atacar a atraer.

El cliente es multidimensional, la empresa comienza a plantearse que hay que mantener un mismo mensaje y cuidar todos los puntos de contacto (punto de venta, comunicación, posventa).

Abre la cartera, seguro que tienes alguna tarjeta de fidelidad: ¿eres viajero frecuente y tienes la tarjeta de puntos? ¿O sueles conseguir puntos con la del centro comercial? ¿La de la perfumería? ¿La de la tienda de libros y ocio?

Y en algunos de estos sitios se interesan por tu opinión. ¿Has recibido alguna llamada o cuestionario en los últimos meses preguntando cuál es tu nivel de satisfacción?

Orientación a la sociedad

No es suficiente con satisfacer las necesidades de un grupo de consumidores, sino que se comienzan a tener en cuenta visiones que tienen en cuenta los objetivos generales de la sociedad. Se empieza a tomar conciencia de la responsabilidad de las personas, empresas e instituciones en sus actos de consumo. Surge la RSC (Responsabilidad Social Corporativa) y las marcas se convierten en causas, en movilizadores de la sociedad.

En definitiva, hace un siglo el marketing podía tratar de cómo una empresa tenía que vender sus productos, pero hoy en día **trata de cómo captar clientes y fidelizarlos** en un contexto con una enorme competencia e información.

Y ¿quién se dirige al mercado? ¿Una empresa, un producto, un servicio? **Una marca**.

La marca no es un logo ni un producto, es la idea que se crea del contacto entre empresa, consumidor y entorno social. Cada vez que entran en contacto, esa idea va construyéndose y llenándose de sentido, evolucionando con el tiempo y la experiencia.

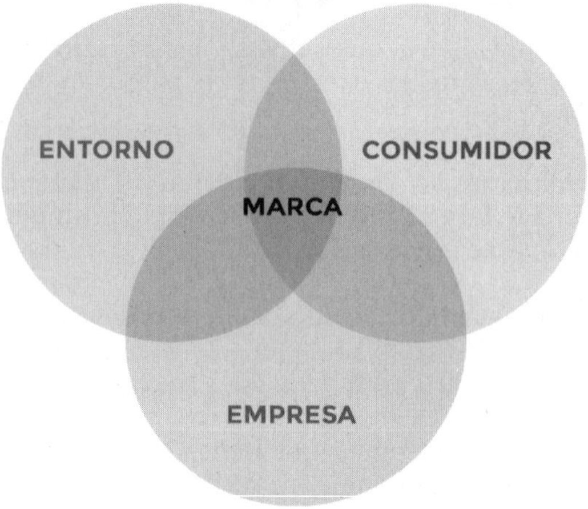

Figura 1-2: Esquema de la marca

La empresa

La empresa propone una serie de elementos que se plasman en un producto y recogen:

- ✔ **Elementos físicos**: nombre, logotipo, *packaging*...
- ✔ **Elementos estratégicos**: identidad, propuesta de valor...
- ✔ **Elementos operativos**: precio, distribución...

El conjunto de todas estas cosas al final te “dice algo” que te gusta, te es indiferente o te desagrada.

Querida empresa, desde aquí te informamos de que no puedes imponer, solo puedes proponer. Como empresa, podrás trabajar en que los consumidores entiendan lo que la marca quiere transmitir al consumidor, pero será este quien decida si Carslberg es "la mejor cerveza del mundo" o si se queda en "posiblemente". Sabemos que esto puede suponerte un quebranto en tu concepción del mundo y los mercados, que quizá te quedaste en aquella primera época en que tú eras la única que tenía voz, te compraban todo lo que producías y piensas "todo tiempo pasado fue mejor". Para nada, prueba un poco de esto, que te va a gustar, tontorrona.

Ya no hablas *a* los clientes, sino que hablas *con* los clientes. Haz que cada llamada, carta, contrato, anuncio... sea coherente y responda a sus expectativas. La clave en las relaciones con los clientes reside en que cada uno de los momentos en los que tu marca entra en contacto con ellos esté dotado de un significado valioso. Te encantará su respuesta.

El consumidor

- ✔ El contacto produce una idea o emoción. El consumidor interpreta los elementos que se le presentan a través de la experiencia directa, cuando compra o está en un punto de venta, o a través de experiencias indirectas, que provienen del entorno.
- ✔ Tiene necesidades y las satisface con un producto u otro en función de lo que le sugiera cada uno, del significado que esa marca tenga para él o ella. Quizá prefiere "pensar en verde" y toma Heineken o vive "mediterráneamente" y bebe Estrella Damm.

El entorno

Refuerza las ideas que el consumidor tiene sobre la marca a través de la cultura, de las acciones de comunicación, de las opiniones de otros consumidores.

El marketing: ¿igual en una multinacional que en mi colmado?

El marketing para pequeñas y grandes empresas es idéntico en lo esencial y radicalmente distinto en las formas.

En toda empresa, el proceso de marketing pasa por cuatro fases: estrategia, identidad, entornos y acciones. El alcance de las acciones hace

que los métodos que se siguen sean diferentes, pero los conceptos son los mismos.

Los 5 puntos esenciales de la función de marketing:

1. **Investigación de mercado.**
2. **Marketing estratégico:** segmentación, posicionamiento y planificación.
3. **Marketing operativo:** marketing mix.
4. **Aplicación.**
5. **Control.**

Este es el ciclo que sigue. Cualquier departamento puede gestionar distintas marcas en diversos momentos del ciclo. Es un proceso circular, no tiene fin. En fin, lo llaman "proceso de 360 grados".

El director de marketing: el padre de los fracasos y quien "pasaba por allí" en los éxitos

Quizás habrás escuchado que el marketing se encarga de la publicidad, la gestión de la marca, los estudios de mercado. En otros casos, el foco se centra en asegurar que se produzca lo que el consumidor desea al precio que quiere pagar. Nada de esto es erróneo, pero se ha quedado un poco corto, muy orientado a la tarea.

El director de marketing es el padre de todos los fracasos y el que "pasaba por allí" en todos los triunfos, vete acostumbrando. Si un lanzamiento es un completo desastre en ventas está claro: marketing no ha entendido la necesidad del mercado, el precio está mal establecido o el concepto no se entiende. Sin embargo, un gran éxito en comunicación siempre es la materialización de la estupenda labor de la agencia, si el producto es realmente innovador, los de I+D han hecho un gran trabajo. Y en realidad es así, porque sin la colaboración del resto de departamentos, sin la ayuda de *partners* externos, sin el apoyo de la dirección... el director de marketing simplemente es el siguiente en engrosar las listas del paro.

Funciones del director de marketing

A pesar de sus miserias, ser el director o directora de marketing es un trabajo apasionante, que presenta continuos retos y del que nunca te aburres porque está en continua evolución. Es el **constructor de conexiones** entre personas, entre departamentos, con el futuro. Tiene dos roles principales:

- ✔ **Es la voz del consumidor**: detecta lo que quiere el consumidor, recoge las expectativas que tiene el público y hace de portavoz en las decisiones que toma la empresa.
- ✔ **Es quien lidera el cambio**: a veces los consumidores, el mercado o las tecnologías emergentes abren ventanas de oportunidad para la empresa.

En definitiva, **un director de marketing debe entender lo que desean los consumidores y diseñar estrategias para garantizar su satisfacción en cada momento que entran en contacto con la marca, para crear el mejor proceso de compra.**

El director de marketing es como el entrenador de un equipo de fútbol:

- ✔ Estudia el mercado para dibujar un modelo de equipo y una estrategia de juego.
- ✔ Evalúa a los competidores, sus debilidades y sus fortalezas, y propone alternativas ganadoras.
- ✔ Marca la política de fichajes.
- ✔ Hace prospección para encontrar a los jugadores más carismáticos y que mejor se adaptan al modelo.
- ✔ Asegura la armonía entre las distintas personalidades en el vestuario.
- ✔ Articula la comunicación ante los medios y la sociedad
- ✔ Se presenta ante los medios al acabar cada partido para recibir *feedback* y representar a la marca.
- ✔ El entrenador es consciente de que, durante la temporada, el equipo jugará distintos campeonatos, nacionales e internacionales. Se enfrentará a contratiempos y lesiones. Jugará en todo tipo de condiciones meteorológicas. A lo largo de ese tiempo, debe adaptarse a las circunstancias internas y externas y mantener la esencia del equipo.
- ✔ El objetivo del entrenador no es únicamente ganar partidos, es atraer a los socios y no socios para garantizar que el estadio se llene

en cada evento, además de generar el entusiasmo y la adhesión suficientes para que los consumidores deseen comprar las camisetas y elementos de la marca. Así contribuye a los beneficios de la empresa.

- Y si el equipo de fútbol no funciona, en un momento dado el director de marketing podría proponer que sería mejor centrarse en el baloncesto, y en otro mercado.

Cada vez más, "marketing somos todos". Existen factores que hacen que el marketing sea un elemento que abarca todas las áreas de la empresa y se extienda a personas fuera de ella.

Dentro de la empresa

El departamento de marketing no gestiona todos los momentos en los que los consumidores entran en contacto con la marca, por lo que parte de sus funciones se diluyen en otros departamentos. La marca está presente cuando una operadora coge el teléfono, aunque dependa del departamento de atención al cliente. También es crucial que los tiempos de entrega se ajusten a las expectativas creadas; en este momento entra la función del departamento de logística. Existen infinidad de momentos en los que el consumidor se relaciona contigo; en cada uno tienes que estar a la altura de las circunstancias, sea marketing quien lidere la experiencia o tenga otra función.

Fuera de la empresa

Con la llegada de internet y de la empresa social, los consumidores se apropian de la marca y la hacen suya. El consumidor estaba acostumbrado a que la marca se situaba en una posición privilegiada: tenía el conocimiento y la experiencia, gozaba de credibilidad. La posibilidad de recibir *feedback* por parte del consumidor era muy limitada, ya que ni los canales estaban preparados para ello (pensemos en la notas de prensa, los anuncios, los informes) ni la mentalidad imperante facilitaba que todas las voces de los clientes fueran escuchadas. Sin embargo, al entrar la web social, se implanta la comunicación "todos con todos" porque los consumidores exigen ser tratados como interlocutores al mismo nivel. La marca se convierte en un usuario más de la red para ganarse la confianza del resto en un entorno en el que el usuario es un canal de comunicación en sí mismo, y desempeña un papel fundamental como prescriptor y altavoz.

Capítulo 2

Dónde estamos (empieza por el principio: observa y analiza)

Este es el capítulo de las preguntas. Son tediosas y a veces te dejan en evidencia. En el fondo, todos odiamos a Pepito Grillo, al profesor que nos tomaba la lección y a los padres cuando nos esperaban despiertos. Pero confiesa: ¿cuántas veces te has alegrado de cuestionarte si realmente valía la pena meterte en según qué berenjenales? Seguro que muchas, no me digas que no te han librado de cometer muchas equivocaciones. Mejor una pregunta antes que una certeza después, sobre todo cuando la certeza es "¡Oh, no!".

Quieres lanzar tu proyecto y no sabes por dónde empezar ni qué hacer. La clave está en saber dónde tienes que mirar: tu entorno te ofrece pistas para que construyas un futuro al que llegar.

No busques un producto que puedas vender, no lo hagas, es una tentación que tenemos todos. Recuerda que es el primer paso en las orientaciones del marketing y solo es válido cuando la demanda está insatisfecha, cuando no hay suficiente oferta. Hazlo al contrario: rastrea un hueco, una necesidad, un deseo... de esa demanda insatisfecha y plantea una solución.

RECUERDA

Ni Harvard, ni Stanford ni Yale. El mejor máster del mundo se llama *mostrador*, donde el catedrático es el consumidor y las notas, las ventas.

La base del marketing consiste en identificar necesidades, despertar deseos latentes, presentar molestias y ofrecer soluciones. **Muchos problemas no son problemas hasta que alguien dice que lo son.**

Conoce tu empresa

"Conócete a ti mismo." Los griegos ya decían que la manera de conocer el mundo empieza por conocerse a uno mismo, más que nada por aquello de saber cómo va a jugar sus cartas. O incluso más, por aquello de elegir en qué mesa se va a sentar, el inicio real de la partida. Porque si eres gordito, con cara de tonto, sin un euro pero muy buen jugador te irás a un sitio, y si eres una rica heredera tipo Paris Hilton te sentarás en otro.

> "El propósito de un negocio es crear y mantener un cliente."
>
> PETER DRUKER

Cuál es tu misión

Cuando defines tu misión, describes el rol que desempeña la organización para el cumplimiento de su visión. Te preguntarás quién eres, qué haces, qué buscas, dónde y por qué lo haces y para quién trabajas.

Aunque esto te parezca un tema sin importancia, es un importante elemento de la planificación estratégica, ya que te marca cómo tienes que hacer las cosas para llegar a la meta.

Esta es la declaración de misión de Starbucks:

"Nuestra misión: inspirar y nutrir el espíritu humano. Solo una persona, una taza de café y un barrio al mismo tiempo".

La misión de Dyson queda perfectamente reflejada en su página web: "Solucionar los problemas que otros parecen ignorar". ¿Qué problemas? Aquellos que tienen que ver con los filtros, las bolsas, la obsolescencia programada, el rendimiento y la garantía.

Cuál es tu visión

Define "qué quieres ser de mayor" de manera viable y orientada al mercado. En tu visión marcas el camino hacia donde se dirige la empresa a largo plazo, que sirve como guía y aliciente para orientar la estrategia.

Es el sueño de la organización, una declaración de intenciones sobre lo que desea ser, sobre la proyección que se hace a futuro.

La visión de Nissan es ni más ni menos que "Enriquecer la vida de la gente". Casi cualquier empresa podría decir lo mismo, pero si recuerdas sus anuncios, siempre se centran en cómo los automóviles están al servicio de la vida de las personas.

Las misiones tan aspiracionales tienen un problema: se parecen demasiado entre ellas, y aunque es muy importante que la misión sea motivadora, también lo es que sea concreta.

Prefiero recomendarte algo menos etéreo y más tangible para empezar, como la visión de Bimbo, que afirma: "Buscamos ser una empresa altamente productiva y plenamente humana", y desarrolla los puntos en los que se basa para hacer su afirmación.

Visión

En nuestra Visión 2015 SOMOS:

Una empresa con marcas líderes y confiables para nuestros consumidores.

- El proveedor preferido de nuestros clientes.
- Una empresa innovadora, que mira hacia el futuro.
- Una empresa financieramente sólida.
- Un lugar extraordinario para trabajar.

En 2015 somos la mejor empresa de panificación en el mundo y un líder de la industria alimenticia, donde nuestra gente hace la diferencia todos los días.

Buscamos ser una empresa altamente productiva y plenamente humana.

Valores del grupo Bimbo

1. Servimos con Pasión. Nos entregamos en todo lo que hacemos.
2. Trabajamos en Equipo. Colaboramos, sumamos esfuerzos, multiplicamos logros.
3. Construimos Confianza. Cultivamos cada relación con integridad.
4. Entregamos Calidad. Ofrecemos diariamente productos y servicios de calidad superior.
5. Operamos con Efectividad. Ejecutamos con precisión y excelencia.
6. Buscamos la Rentabilidad. Obtenemos resultados para seguir creciendo y emprendiendo.
7. Valoramos a la Persona. Vemos siempre al otro como persona, nunca como instrumento.

Te ayudará ver juntos la misión y visión de una empresa como IBM:

- **Misión**: “Ayudar a nuestros clientes a alcanzar sus metas de negocio proveyéndoles servicios y soluciones innovadoras”.
- **Visión**: “Ser la compaña elegida por nuestra innovación, soluciones, productos y servicios. Ser reconocida por la calidad humana y profesional de nuestra gente y por nuestra contribución a la comunidad”.

Cuáles son tus valores

En el caso de Pepsico, lo dejan claro:

Nuestros valores y principios reflejan cuáles son nuestras aspiraciones y qué tipo de compañía queremos ser.

> ✔ **Crecimiento constante**. Es fundamental para fomentar y medir nuestro éxito, ya que la búsqueda de un crecimiento constante estimula la innovación, añade valor a los resultados y nos ayuda a descubrir en qué medida las acciones que emprendemos hoy influirán en nuestro futuro, tanto para los empleados como para los resultados del negocio.
>
> ✔ **Personas con capacidad de decisión**. Creemos en la libertad para actuar y pensar de la forma que consideremos más adecuada para llevar a cabo nuestro trabajo, respetando en todo momento los procesos que garantizan una apropiada gestión y teniendo en cuenta el resto de necesidades de la compañía.
>
> ✔ **Responsabilidad y confianza**. Estos valores son la base de un crecimiento saludable. Consiste en ser capaces de ganar la confianza que otras personas han depositado en nosotros como individuos y como empresa asumiendo la titularidad personal y corporativa en todo lo que hacemos.

Conoce a tu público: el consumidor y resto de stakeholders

Piensa primero a quién te dirigirás y formúlate preguntas. Confirma que realmente las respuestas validan tus hipótesis a través de preguntas directas (las redes sociales son ideales para esto), estudios de mercado, *focus groups* y más herramientas de análisis de mercados.

Si eres una pyme, un teléfono, el correo electrónico, lo que te dicen tus comerciales y un Excel hacen la misma función, pero en barato.

- ¿Quién es? ¿Qué necesita?
- ¿Qué problemas debe resolver?
- ¿Qué mejoras busca?
- ¿Qué valora?

Ten en cuenta a todo tu público relevante.

Plantea estas preguntas al resto de las personas importantes para la organización: accionistas, empleados, proveedores y clientes. En una segunda escala, hazlo con medios de comunicación, administraciones públicas, asociaciones... todos aquellos "que importan". **Haz un mapa con toda tu tribu (todo el público relevante para la empresa) y estudia cuáles son sus motivaciones. Cuando lo tengas, relaciónate con ellos e integra su visión en tu propuesta de valor**.

Y, si te sirve, utiliza fotos del público tipo: una mujer de 20 a 25 años que vive en un entorno rural como cliente, un hombre de 40 años de formación media como empleado, un hombre de 45, urbanita, de clase media-alta como accionista... te ayudarán a imaginar sus vidas y dirigirte a ellos.

Incluso puedes ponerles nombres y hacer un perfil de sus personalidades:

"Raúl es el consumidor medio de Leatherman, tiene 35 años, vive en el extrarradio y va a la oficina en coche escuchando programas deportivos. Trabaja en sectores afines a la construcción, talleres, fábricas, electricidad, mantenimiento, seguridad... Es muy importante para él que su herramienta sea robusta y fiable, que comunique su afán por hacer las cosas bien.

"Entre sus aficiones están los deportes, hacer de 'manitas' en casa y realizar pequeños viajes. Es una persona más bien tranquila y casera, aunque le gusta compartir momentos de ocio, y salir de cañas con los amigos de vez en cuando.

"Le gusta tomar un café bien cargado a media mañana y comentar cómo va su equipo de fútbol con los compañeros.

"Se siente orgulloso de su trabajo y le gusta ser útil. Es una persona resolutiva, dispuesta a ayudar y curiosa por aprender cosas nuevas, aunque le gusta tenerlo todo bajo control. Su perfil es muy masculino, tradicional y protector. Tiene un alto sentido de la familia".

Conoce tu producto

Hazlo en serio: si piensas que eres el gordito listo y resultas ser la rica heredera, mal asunto; si piensas que eres la rica heredera y al final eres el gordito listo, casi peor. Pero si eres consciente de quién eres, con tus virtudes, defectos, filias y fobias, algo se podrá apañar con paciencia y una caña.

- ¿Qué hace tu producto para presentar una solución o mejora al problema?
- ¿Por qué ese problema es importante para el consumidor?
- ¿Por qué las soluciones que ya existen no son suficientes?
- ¿Qué valor tiene esa solución para el cliente?
- ¿Por qué tu solución es mejor y definitiva?
- ¿En qué ámbito se mueve tu solución?

¿Qué necesidades valiosas satisfaces?

La pirámide de Maslow, también llamada **jerarquía de las necesidades humanas**, es una teoría psicológica que defiende que, a medida que satisfacemos las necesidades más básicas, las personas desarrollamos necesidades y deseos más elevados. Las necesidades más básicas se sitúan en la base de la pirámide y, las más desarrolladas, en la parte superior.

Esta teoría valida la idea de marketing como seducción, lo que normalmente se considera necesidad se sitúa en la parte baja de la pirámide, mientras que la parte superior se asociaría a los deseos. Y el deseo no tiene un fin delimitado, nos motiva, nos mueve, cambia a medida que la persona evoluciona y también tiene que ver a la persona en relación con su entorno.

Para llegar a mi trabajo por las mañanas... ¿qué necesito? Trasladarme. Es decir, en sentido estricto solo necesito mis piernas, ya que puedo hacerlo a través de diversos medios: andando, en transporte público o en transporte privado. Sin embargo, deseo hacerlo en el menor tiempo posible, de la manera más práctica posible y con unos costes adecuados.

Probablemente el becario de la empresa decida llegar con transporte público, porque tiene menos necesidades básicas cubiertas, el factor económico le hace decidirse por un medio relativamente cómodo y barato y le mueven factores relativos a la seguridad de empleo, de ingresos y recursos. Sin embargo, es posible que el director general se decida por un transporte privado, un coche de una marca *premium* porque el tiempo es uno de los factores más apremiantes y en este contexto se mueve más por factores como el reconocimiento y la autorrealización.

Tu producto es tu marketing. Es el vehículo que te permitirá llegar a tu consumidor. Si tus recursos son limitados, invierte en tu producto.

Conoce el proceso

"*Be water, my friend.*" Conviértete en el eslabón que une cada paso del proceso y podrás identificar oportunidades que existen en el mercado y aplicarlas a tu oferta.

- ¿Cómo llega el consumidor a ser consciente de la necesidad de tu producto o servicio?
- ¿Cómo consideran tu oferta los consumidores?
- ¿Cómo hacen la selección final los consumidores?
- ¿Cómo encargan y compran tu producto los consumidores?
- ¿Cómo se distribuye tu producto o servicio?
- ¿Cómo se almacena tu producto?
- ¿Cómo se transporta tu producto?
- ¿Cómo se instala tu producto?

- ¿Para qué sirve tu producto?
- ¿Para qué usa tu producto el consumidor?
- ¿En qué necesita ayuda el consumidor al usar tu producto?
- ¿Cómo se procesan las devoluciones y cambios?
- ¿Cómo se repara o mantiene el producto?
- ¿Cómo se elimina o desecha el producto?

Conoce tu mercado

Entonces, ¿cuáles son las mesas? Listos por un lado, ricos por el otro, viciosos y ni se sabe en el de más allá.

El mercado es el lugar donde se compran y venden los productos, es imposible que una empresa atienda a todos los segmentos de todos los mercados. Tienes que decidir qué vas a hacer y a quién vas a dirigirte, ni la carnicería vende pan, ni la frutería vino. Pues en términos macro, lo mismo.

Un **mercado** sería el conjunto de todos los consumidores actuales y potenciales de un producto o servicio. Es decir, el mercado sería el valor o el volumen total de todos esos productos que satisfacen la misma necesidad.

¿Cuáles son las oportunidades de mercado más interesantes?

- Ofrecer algo que es escaso.
- Ofrecer lo mismo que existía antes pero con una propuesta mejorada.
- Ofrecer algo que no existía antes.

Estás creando un nuevo producto, servicio o un nuevo mercado. Lo más interesante es ofrecer un producto que no tenga competencia, satisfacer una necesidad de una forma original y difícilmente copiable.

Las verdaderas oportunidades de mercado se reservan para aquellos que saben gestionar la escasez. La escasez de una materia prima la hace interesante de suministrar, y es una ventaja relativamente fácil de acortar. Una mejora en el producto lo convierte en un bien más escaso que el anterior porque cuenta con la innovación que ha sido necesaria para desarrollarlo. Crear un nuevo mercado y conseguir que la diferenciación sea a largo plazo es dominar el mercado.

El primer paso para ofrecer un producto al mercado es precisamente conocer cuál es: haz una estimación de tu mercado. Si ya tienes un proyecto fundado, debes saber a qué parte de tu mercado llegas. Para conseguirlo, existe una fórmula sencilla:

- Estima el número de consumidores en tu mercado. Es decir, investiga cuántos consumidores potenciales de teléfonos móviles, detergente o balanzas de precisión hay en tu mercado. Hay fuentes como el INE, las publicaciones sectoriales, los datos de las cámaras de comercio.
- Estima la media de compras de tu producto en un año. Quizá en el mercado de detergentes la repetición de compra es mensual, en el de teléfonos móviles es anual y en las balanzas de precisión es cada década; eso determina la capacidad de acogida de nuevos productos en el mercado. Si ya estás en una empresa activa, consulta las cifras de ventas de años anteriores.
- Multiplica el número de clientes por lo que consume cada uno y tendrás el mercado total. Divide lo anterior entre tu producción anual y tendrás tu cuota de mercado.

TIP

No olvides preguntarte:

- ¿Quiénes son los consumidores potenciales de tu producto?
- ¿Cuál es el tamaño de tu mercado diana?
- ¿Por qué te comprarán?
- ¿Qué perfil tiene tu mercado? ¿En qué momento está?
- ¿Cómo le afectan la digitalización, la desregulación y la globalización?

¿Cuál es tu mercado? La miopía del marketing

Cuidado con la miopía. Cuando pienses en mercado no lo hagas con las gafas de ver solo qué cabida tendría tu producto o el producto de tu competencia. Estate atento y levanta la mirada para no perderte la visión global. Tradicionalmente, los mercados se han dibujado en pares producto/mercado, pero entonces olvidamos que nuestros productos, en un momento dado, dejan de ser útiles o necesarios, los sustitutivos, las tendencias de los consumidores, las tecnologías emergentes... que satisfacen la misma necesidad que tu producto. Si no los tienes en cuenta y no reaccionas frente a ello, pueden hacer que el tamaño de tu mercado se reduzca o desaparezca.

- Evita pensar únicamente en el consumidor y piensa más bien en la contribución que haces a la sociedad.
- Ya no sirve dibujar un perfil superficial de las necesidades del consumidor, está dispuesto a expresártelas a bocajarro.
- El contexto es cambiante.

Henry Ford decía: "Si hubiera preguntado a mis clientes, me habrían pedido caballos más rápidos". Pero lo que planteó fue la producción en cadena de automóviles. Miró más allá y dio un giro para satisfacer las verdaderas necesidades de transporte de las personas.

En el lado contrario está Mastercard. Con su concepto *priceless* ha sabido transmitir realmente cuál es el beneficio principal de la marca. Al escuchar "Hay cosas que el dinero no puede comprar. Para todo lo demás, Mastercard", cualquiera se da cuenta de que lo que se está ofreciendo es la facilidad en las compras para ocuparse de lo verdaderamente esencial en sus vidas, no únicamente una tarjeta de crédito.

Kodak es el ejemplo de la no adaptación. Durante años fue el líder de la fotografía, aunque ellos solo se tenían como un fabricante de carretes fotográficos.

Tenían el conocimiento y el acceso al mercado, y dejaron pasar las oportunidades para desarrollar cámaras digitales, accesorios tecnológicos, videocámaras... Mientras tanto, Fujifilm supo adaptarse y ahora se centra en conceptos como las Wonder Photo Shop, que pretenden que el público joven se adentre en el mundo de la impresión. Sus locales cuentan con seis zonas diferenciadas pensadas para que el consumidor "disfrute y cree fotografía", tanto los usuarios de cámaras analógicas e instantáneas como los de digitales.

¿Cómo crear mercados? Los océanos azules

Imagina que tu empresa es un pesquero en mitad del mar de Andamán, y que navegas en una ruta muy conocida y concurrida. Parece una autopista de barcos, todos en fila luchando por un número de peces limitado y lo que ganas es a base de quitárselo a otros. Si cuando hablas con tu jefe la conversación se centra en la competencia y en lo que se está haciendo, si las respuestas más comunes son "solo tenemos una opción, debemos competir por precio" a "está todo inventado" o "haremos lo mismo que el líder pero cambiaremos el *packaging*", estás compitiendo en un océano rojo.

Cuanto más triunfa un segmento, más competencia hay y o te diferencias por precio o te diriges a nichos, y ninguna de estas dos estrategias conseguirá que tu pesquero se convierta en una flamante flota.

En los océanos rojos, el mar se tiñe de la sangre de los competidores, centrados en arañar cuota de mercado a la competencia, luchando en un terreno de costes y con un valor añadido indiferenciado muchas veces.

La alternativa es dirigirse a aguas más profundas, probablemente sin rutas establecidas pero azules. En un océano azul se apuesta por la innovación para crear mercados únicos y particulares, que atienden sus propias reglas y crean una nueva demanda.

Tabla 2-1: Océano rojo *versus* océano azul

Océano rojo	*Océano azul*
Compites en el espacio existente.	Creas un espacio sin competencia.
Luchas con la competencia.	Haces que la competencia se vuelva irrelevante.
Explotas la demanda existente, y la oferta supera la demanda.	Creas y captas demanda nueva.
Eliges entre valor y coste.	Rompes entre la decisión de coste o valor.
Se alinean todos los sistemas de actividades empresariales de acuerdo a la decisión estratégica de valor o bajo coste	Se alinean todos los sistemas de actividades empresariales con el propósito de lograr diferenciación y bajo coste.

Los océanos azules se basan en seis principios:

1. Reconstruir las fronteras del mercado

Este es quizá el más destacado de los principios porque es el más complicado de alcanzar. Tendemos a replicar lo que conocemos y en este caso el ejercicio es pensar *out of the box*, fuera de los límites establecidos en un ámbito lateral.

- **Explorar industrias alternativas:** Qué dan los demás cuando tu cliente quiere algo y cómo puedes aprovecharlo. Si quiero salir una noche puedo ir al cine, de copas, a cenar... son propuestas alternativas que se complementan o eliminan la anterior.

  Hace unos años viajar barato era con mochila y coche. Las compañías aéreas se percataron de las posibilidades rentables que había para los vuelos *low cost* y estos se impusieron.

- **Explorar los grupos estratégicos de cada sector:** Los clientes te limitan, esos ya están convencidos. Piensa en los "no clientes".

  Las sopas de sobre no se ofrecen a las excelentes cocineras de sopa sino a aquellas personas a las que les encanta la sopa pero no saben o no tienen tiempo para hacer un guiso casero.

La Wii fue la videoconsola para aquellos a quienes no les gustaban las consolas. Se basaba en detectar el movimiento de los jugadores y fomentaba juegos con dinamismo centrándose en mantener los precios bajos. Fue una gran estrategia que desbancó a Microsoft con la Xbox 360 e hizo que el foco de Sony en la venta de videojuegos para la PlayStation 3 incorporara más funcionalidades en la PS4.

- **Explorar la cadena de compradores:** ¿Quién es tu cliente? ¿Quién decide? ¿Quién compra? ¿Quién usa el producto? Si puedes ofrecer algo diferente al cliente, quizá eso se torne a tu favor.

  Pfizer encontró su océano azul con Viagra cuando pasó de dirigirse a la comunidad de prescriptores de los médicos a la de los usuarios y transformó un medicamento en un elemento para la mejora de la calidad de vida para las personas que quieren mejorar su rendimiento sexual.

- **Explorar productos y servicios complementarios:** ¿Qué necesita tu producto o servicio para dar una respuesta completa? Integra todos los servicios complementarios en tu producto manteniendo el bajo coste.

  Esto fue lo que hizo Dyson al construir sus aspiradoras que no necesitan recambio de bolsas.

- **Explorar el atractivo funcional o emocional para tus clientes:** Si tu producto es totalmente funcional, intenta volverlo emocional y viceversa.

  Starbucks ha creado una experiencia totalmente emocional de un acto tan simple, cotidiano y en principio indiferenciado como tomarse un café.

- **Explorar la dimensión del tiempo:** Ser el primero en aplicar las tendencias del mercado te hace sacar un cuerpo de ventaja a todos los demás.

  Ulabox te lleva la compra antes de las 8 de la mañana. La gente que hace la compra en el supermercado *online* demanda unas propuestas horarias alternativas a los horarios tradicionales, por lo que recibir la compra antes de salir a trabajar es un gran triunfo.

  iTunes fue la respuesta para todos aquellos que querían escuchar música de forma virtual, de forma inmediata, con posibilidad de intercambio y además legal.

2. Enfocarse en las perspectiva global, no en las cifras

Vayamos más a configurar un lienzo estratégico en vez de quedarnos con la nariz pegada en la hoja de cálculo. Aprenderemos cómo hacer este ejercicio cuando veamos el apartado de modelos de marketing.

3. Ir más allá de la demanda existente

Piensa en qué valoran los compradores, identifica los elementos comunes. Los "no clientes" compran poco y por necesidad, no están convencidos de las soluciones que ofrecen las distintas marcas y nunca se han interesado por los productos de tu marca en el mercado en el que opera.

En Callaway Golf descubrieron que mucha gente no jugaba al golf porque no era capaz de darle a la bola, por lo que diseñaron un palo de golf con una cabeza más grande.

4. Desarrollar la correcta secuencia estratégica

Las preguntas al mercado se tienen que plantear de esta forma. Si en cualquiera de ellas la respuesta es "no", vuelve al punto anterior.

- ✔ ¿Es de utilidad para el comprador? No que esté bien hecho tecnológicamente, sino que el comprador lo encuentre útil.
- ✔ ¿Su precio es asequible para la mayoría de compradores? Los productos de alta inversión en tecnología van bajando o desnatando sus precios a lo largo del tiempo, pero en los océanos azules la premisa es siempre atraer a la máxima masa crítica desde el principio, ya que el volumen genera grandes rendimientos.
- ✔ ¿Se pueden alinear los costes objetivos y el beneficio estratégico?

5. Superar los obstáculos clave de la organización

Parece una cuestión menor, pero no lo es. Si vas a innovar, prepárate para superar algunas cosas: derribar el *statu quo* te va a costar, el personal puede estar poco capacitado o poco motivado y puedes tener grupos de influencia con intereses particulares.

Céntrate en los refuerzos positivos, en apostar más en aquellas zonas con mayores tasas de éxito, identificar a las personas clave y convertirlos en intraemprendedores que capaciten a los demás.

6. Incorporar la ejecución dentro de la estrategia

Tendrás que involucrar a las personas dentro de la estrategia, explicarles los porqués y hacer de ello un proceso transparente.

Cómo afecta el entorno al mercado: PEST

Las siglas PEST te servirán para memorizar los factores macro más significativos de tu país o región y de las fuerzas principales que operan en él. Al investigar los elementos políticos, económicos, socioculturales y tecnológicos comprenderás la realidad en la que quieres conectar con tus consumidores y podrás tomar decisiones acerca de tu marca.

Factores políticos

- ✔ Tipos de Gobierno, signo político, estabilidad del sistema.
- ✔ Legislación social y laboral.
- ✔ Legislación relativa a tu propuesta: producto, servicio o idea.
- ✔ Impuestos por actividad económica, subvenciones.
- ✔ Normas sobre medio ambiente y protección de los consumidores.

Factores económicos

- ✔ Tipos de Gobierno, signo político, estabilidad del sistema.
- ✔ Legislación social y laboral.
- ✔ Momento en el ciclo económico (expansión, crisis, recesión).
- ✔ Crecimiento económico, inflación, tipos de interés, primas de riesgos actuales y proyectadas.
- ✔ Cifra de paro y PIB.
- ✔ Impacto de la globalización en el mercado.
- ✔ Cambios previstos en entorno económico.

Factores socioculturales

- ✔ Crecimiento de población y media de edad.
- ✔ Indicadores sobre salud, educación y movilidad social.
- ✔ Empleo, mercado de trabajo y movimientos sindicales.
- ✔ Opinión pública, tipología de prensa, actitudes sociales, tabús.
- ✔ Estilos de vida y actitudes hacia ellos.
- ✔ Cambios socioculturales.

Factores tecnológicos

- ✔ Impacto de las tecnologías emergentes.
- ✔ Impacto de internet y de la digitalización del negocio.
- ✔ Actividad de I+D.
- ✔ Impacto en la transferencia de tecnologías.

EJEMPLO

Un ejemplo de cómo el contexto legal puede afectar al marketing y a los modelos de negocio es el caso de **Uber**.

Uber había sido demandada por cooperativas de crédito que invertían en préstamos para licencias de taxi y pretendían que se declarase a Uber y a ese tipo de apps como competencia desleal.

Al decretar el juez Weiss, del Tribunal Supremo de Queens, en septiembre de 2015 en Nueva York, que la actividad de estas empresas no infringe ley alguna, abre una vía para las apps de transporte de pasajeros a desarrollar su actividad en el entorno de la economía colaborativa.

La actividad de Uber ha estado bajo la mirada de los tribunales con demandas en varios de los 50 países en los que opera. En este caso, el juez declaró: "Cualquier expectativa de que la licencia funcionase como un escudo contra los rápidos avances tecnológicos del mundo moderno no habría sido razonable (...). En nuestros días, incluso aunque hablemos de servicios públicos, los inversores deben estar siempre alerta frente a la aparición de nuevas formas de competencia derivadas del avance de la tecnología (...). No es función de los tribunales ajustar los intereses competitivos políticos y económicos puestos en jaque por la introducción de aplicaciones como Uber".

En España, en diciembre de 2014, el Juzgado de lo Mercantil número 2 de Madrid ordenó el cierre "con carácter inmediato" de la página web de Uber. En ese caso, el juez consideró que los conductores no disponían de la autorización administrativa adecuada para proporcionar ese servicio, pero además su labor se consideró competencia desleal.

Al cabo de unos meses, la compañía dio un giro a su propuesta de servicios: presentó Uber Eats "un servicio de comida *on-demand* que te permite pedir tu comida favorita en menos de 10 minutos con tan solo apretar un botón", un ejemplo de cómo pivotar sobre la propuesta de servicios en un entorno hostil.

Conoce a tu competencia

Ahora sitúate, que no solo de gordos y pijas vive el mundo:

- ✔ ¿Quién satisface la misma necesidad que tú?
- ✔ ¿Con qué propuesta? ¿Ofrece los mismos productos y servicios u otros complementarios?
- ✔ ¿Con qué objetivos, estrategias, dimensiones y participaciones de mercado?
- ✔ ¿Qué tendencias apuntan al surgimiento de productos sustitutivos?
- ✔ ¿Dónde? ¿Tiene su propuesta un alcance global?
- ✔ ¿Cómo accede a tu consumidor? ¿Cuáles son sus puntos de contacto?
- ✔ ¿En qué consiste su propuesta de valor?
- ✔ ¿Cómo genera más valor tu producto que el de la competencia?

Tras todo este análisis tienes múltiples indicadores del camino, sabes en qué entorno te mueves, cuáles son los elementos que se repiten en todos los ámbitos, y podrás empezar a dar forma a quién eres y cómo te vas a presentar en sociedad.

Capítulo 3

Fijar objetivos (define quién eres y establece tus objetivos)

"Acompañaba a una amiga a un casting, el fotógrafo se fijó en mí y me ofreció ser la portada de *Vogue*."

"Gané mi primer millón de dólares por casualidad."

"No pensaba hacer negocio, simplemente me pareció bonito poner una sombrilla en las copas de cóctel."

Así salen las cosas: un día te levantas tan normal y ¡zas! te pasa lo que siempre soñaste. Para lograrlo, utiliza técnicas de visualización, bastante fe y mucha oración. Igual también sirve alguna ofrenda a la virgen, peregrinación, y sobornos a diestro y siniestro. Si dentro de seis meses no te ha funcionado, abre el libro por esta misma página.

Vaya, aquí estás de nuevo, espero que por lo menos hayas conocido a gente interesante en el camino a Fátima y no te hayas gastado mucho dinero. Has aprendido una cosa importante: **antes de empezar a andar, tienes que decidir adónde quieres llegar**. La solución que propongas tendrá forma de marca, una estrategia y una clara propuesta de valor.

Hazte un DAFO

Hasta aquí te hemos concedido el beneficio de la duda, aquí ya no: esto sabes hacerlo.

Hacer un DAFO en este país está chupado:

- ✔ **Debilidades: aspecto que da para una tarde de cháchara: "tiene culo para tres sillas".** Las **debilidades** son los aspectos que lastran a la empresa en su camino hacia el éxito, lo opuesto a las fortalezas.

- **Amenazas: el fin predicho "con la de mozas que hay en el pueblo, ya no se casa".**
- **Fortalezas: lo que va antes del pero: "sí, es muy mona pero...".** Las **fortalezas** son los recursos, aspectos positivos y habilidades personales que ayudan a que la empresa consiga sus objetivos. Aunque sean un aspecto interno, las fortalezas se valoran en función de la comparación con los puntos fuertes de los competidores.
- **Oportunidades: lo que se calla o se dice de pasada "si no se apunta mañana mismo al gimnasio...".**

DAFO es el sábado tarde de la adolescencia: Paco, ¿qué haces con esa camiseta de "chulopiscinas"? ¡Que te marca mucho pero así no nos dejan pasar! Antonio, mejor lleva tú el coche, pero cuando les entremos no les digas que es de tu hermano. Ojo con los de Elfútbol B, que van fardando de que han ganado el campeonato y las chavalas se vuelven tontas.

Si aplicas el análisis DAFO a tu empresa y tus productos comprenderás las opciones estratégicas a las que te enfrentas. Tienes que invertir el mismo tiempo, esfuerzo y dedicación en tus productos, canal y competencia que en la elección de vestuario, estudio de los rivales y determinación del entorno cuando eras un chaval.

Es importante evaluar cada área de la empresa desde esta perspectiva, asignándole un nivel de importancia antes de pasar a los aspectos externos. Céntrate en las personas, los productos, los procesos y las propiedades.

- Capacidad de los empleados.
- Clima laboral.
- I+D.
- Capacidad de adaptación.
- Calidad de los productos.
- Calidad de la atención al cliente.
- Valoración de los precios.
- Eficacia de la distribución.
- Eficacia de la comunicación.
- Estado financiero de la empresa.
- Estado de la facturación: flujo de caja.
- Capacidad productiva.

- ✔ Productividad.
- ✔ Edificios.
- ✔ Equipamiento.

CONSEJO

Sé sincero con las debilidades. Si caes en “ver la paja en el ojo ajeno pero no ves la viga en el propio”, el análisis no te habrá servido de nada. No importa que seas la guapa, la lista o la simpática, cualquiera de las tres puede ser la que salga de la mano de Paco del coche de Antonio si sabe usar bien sus armas.

Tabla 3-1: Análisis interno y externo de un DAFO

ANÁLISIS INTERNO	**FORTALEZAS**	**DEBILIDADES**
	Aprovéchalas al máximo	Evítalas, mejora
ANÁLISIS EXTERNO	**OPORTUNIDADES**	**AMENAZAS**
	Capitalízalas	Gestiónalas

Tabla 3-2: Preguntas que puedes plantearte en un análisis DAFO

ANÁLISIS INTERNO	**FORTALEZAS**	**DEBILIDADES**
	¿Qué estás haciendo bien?	¿Qué aspectos puedes mejorar?
	¿Por qué te compran?	¿Qué debes evitar?
	¿Por qué te recomiendan?	¿Qué ven las personas de tu mercado como tus principales debilidades?
	¿Tienes patentes y marcas protegidas?	¿Qué factores te hacen perder las ventas?
	¿La comunicación es efectiva?	
	¿Qué ventajas tiene tu empresa?	
	¿Qué haces mejor que nadie más?	
	¿Qué recursos bajos en costes tiene tu empresa que no tiene ninguna otra?	
	¿Qué ven las personas de tu mercado como tus principales fortalezas?	

(cont.)

Tabla 3-2: Preguntas que puedes plantearte en un análisis DAFO *(continuación)*

ANÁLISIS EXTERNO	OPORTUNIDADES	AMENAZAS
	¿Qué oportunidades has detectado? ¿Qué tendencias interesantes puede seguir tu producto?	¿Qué obstáculos encuentras? ¿Qué están haciendo tus competidores? ¿Están cambiando los estándares de calidad sobre tu producto? ¿Los avances tecnológicos amenazan tu producto? ¿Tienes problemas de facturación o liquidez? ¿Alguna de tus debilidades puede amenazar seriamente tu negocio?

Cómo construir estrategias basándote en tu DAFO

- ✔ Utilizar sus fortalezas para aprovechar las oportunidades.
- ✔ Maximizar las ventajas de sus fortalezas para evitar las amenazas.
- ✔ Aprovechar las oportunidades para superar las debilidades.
- ✔ Minimizar las debilidades y evitar las amenazas.

Tabla 3-3: Estrategias construidas basándote en tu DAFO

OPORTUNIDADES	**ESTRATEGIAS FO** Utilizar las fortalezas para aprovechar las oportunidades. La estrategia ofensiva suele ser la estrategia más recomendable.	**ESTRATEGIAS DO** Superar las debilidades para aprovechar las oportunidades.
AMENAZAS	**ESTRATEGIAS FA** Utilizar las fortalezas para eliminar las amenazas.	**ESTRATEGIAS DA** Superar las debilidades para eliminar las amenazas.

Tabla 3-4: Ejemplo de estrategias aplicadas a un caso

Nos encontramos en el caso de un restaurante situado en el centro de Barcelona. Es un restaurante creativo, con un chef reconocido pero sin ser estrella Michelin. Se basa en platos sanos y tiene un amplio horario de apertura. Tiene capacidad para 100 personas.	**FORTALEZAS** • Buena imagen de marca. • Carta amplia y variada. • Chef reconocido. • Personal competitivo. • Decoración cuidada. • Buena capacitación del personal. • Buen estado de cuentas.	**DEBILIDADES** • Marca desconocida. • Capacidad limitada. • Precios por encima de la media. • Sin los recursos financieros de las cadenas de franquicias internacionales.
OPORTUNIDADES • Interés por la comida sana. • Zona con muchos turistas. • Zona muy transitada. • Barcelona como ciudad de diseño.	**ESTRATEGIAS FO** • Carta y empleados multiidioma. • Potenciar la imagen del chef. • Potenciar el posicionamiento de calidad y km 0. • Amplitud de horarios. • Potenciar recomendación social. • Potenciar la atención de los empleados para generar recomendaciones en TripAdvisor y similares.	**ESTRATEGIAS DO** • Restaurante de autor. • Sistema de reservas *online*. • Precios como distanciamiento a cadenas de *fast food*.
AMENAZAS • Recesión económica. • Disminución del poder adquisitivo. • Competencia en crecimiento. • Productos competitivos. • Bajas barreras de entrada.	**ESTRATEGIAS FA** • Sistema de fidelización con descuentos.	**ESTRATEGIAS DA** • Mejoras en la comunicación y publicidad. • Uso de marketing digital para generar tráfico SEO.

Del DAFO de la tabla 3-4 extraemos algunas conclusiones que pueden ayudar en la gestión del restaurante. Por las mañanas ofrecer desayunos, comidas a mediodía, por la tarde juntar las comidas largas y las meriendas con las cenas tempranas de los turistas. La carta contendrá muchas ensaladas, *brunch* y platos que puedan apetecer a diferentes horas.

Nuestros empleados serán atentos y conocedores de idiomas para atender tanto al público local como el internacional. El ser un restaurante de autor, orientado a la calidad y el diseño, nos diferenciará de la competencia y justificará que nuestros precios sean superiores a los de las cadenas de *fast food* y similares.

Tendremos un sistema de reservas que garantizará que la clientela fiel siempre sea la primera en ser atendida, lo mismo que la fidelización por cupones.

De esta forma, se nos muestran diversas maneras de afrontar la situación actual que nos dan pistas sobre cómo encarar la planificación estratégica.

Define tus objetivos

La mayoría de empresas toman como referencia **el presupuesto de marketing del año anterior**, le suman la inflación y aumentan la partida, la restan o congelan un porcentaje en función de los beneficios del año anterior y los objetivos para el año en curso. Es un indicador válido siempre y cuando no se caiga en la inercia, porque te lleva a bajar el nivel de creatividad, a repetirte, a actuar mirando el pasado, y los mercados se construyen creando futuro.

Puede servirte como referencia, pero oblígate a hacer otras cosas a la hora de valorarlo:

- ✔ Estudia la inversión en marketing que se hace en tu mercado y establece una media. Parece que en B2B se acostumbra a invertir sobre un 3,5 % de los ingresos anuales en marketing y, en gran consumo, entre el 8 y el 10 %; en una *startup* más del 50 %... y esto cambia según las áreas geográficas, el momento del ciclo económico, el flujo de caja que hay en tu empresa... La idea es ver cuánto invierten tus competidores según su tamaño y fuerza, y tenerlo como referencia.
- ✔ Oriéntalo a objetivos, aunque no se lo digas a nadie. Así intentarás bajar los costes, optimizar los gastos e ir teniendo cada vez más retorno de la inversión (ROI).

- ✔ Establécelo según un porcentaje de las ventas y así seguirás el ritmo de la empresa. Ya sabes, triunfa uno y triunfa el equipo. Pero no hagas lo que hacen muchos, que en cuanto bajan las ventas disminuye el presupuesto de marketing. En momentos de crisis es cuando más se debe apostar, con mucha incidencia en controlar los costes al máximo; eso sí, lo contrario te lleva a una muerte lenta y agonizante.
- ✔ Que cada acción tenga la misma lógica. Cada acción incluida en el plan debe tener un presupuesto, un objetivo y un propósito.

¿De qué te ha servido conocer tus carencias, los segmentos en los que podría haber una necesidad latente y cómo te presentarías ante ellos? Un psicólogo te diría: para llevar un paso más allá tu proceso de autoconocimiento. Y, en tu negocio, para empezar a afilar el lápiz.

Ahora viene lo divertido, plantear el modelo que vas a seguir en líneas generales, es decir, la estrategia general, y empezar a dar los pasos para conseguirlo: establecer las metas, los objetivos y los presupuestos necesarios para alcanzarlos.

De lo general a lo particular, deberás plantearte una serie de preguntas:

- ✔ Por qué hacemos esto: la respuesta en tu misión, visión, valores y propósito corporativo.
- ✔ Qué queremos conseguir: la respuesta a través de tus objetivos.
- ✔ Cómo alcanzamos los objetivos: la respuesta en la estrategia a seguir.

Para que te hagas una idea, puedes centrarte en:

- Incrementar los beneficios.
- Ganar participación en el mercado.
- Mejorar las satisfacción del consumidor.
- Cumplir el presupuesto que te marcan desde la central de tu empresa.
- ...

PARA PYMES

La definición de objetivos y asignación de presupuestos suele ser un proceso muy complicado en una pequeña empresa. ¿Cómo sabes cuánto hay que invertir? ¿Dónde inviertes? ¿Qué es inversión y qué es gasto? No hay fórmulas: cuando inviertes a veces arriesgas y a veces hay acciones que no retornan la inversión. Ningún libro serio te puede asegurar lo contrario, la vida es así. Sin embargo, hay formas de aproximarse: en la banda superior sitúa tu visión, tus objetivos, y en la banda inferior, tus necesidades, tus prioridades.

Si te planteas lanzar un nuevo proyecto, este es tu único objetivo: sobrevivir, busca el camino que te lo permita. Si quieres quedarte como estás, no te plantees objetivos, estás muerto.

Los **objetivos** son los resultados que aspiras alcanzar. Un objetivo es ese punto de destino que se marca en el horizonte, esa situaciones que pretendes consolidar en un plazo de tiempo con unos recursos determinados.

Establecer objetivos es necesario para marcar el rumbo de la organización e inspirar el movimiento. Si sabes dónde quieres llegar, podrás trazar una ruta que te lleven hacia allí o dibujar alternativas que te permitan desviarte y salvar escollos.

Tipología de objetivos

- ✔ **Objetivos estratégicos**. Son los objetivos de negocio; se encargan quienes marcan el destino del viaje. Aumentar un 27% la facturación en 3 años.
- ✔ **Objetivos tácticos**. Son los objetivos propios de un área de negocio o departamento; indican el camino a seguir y los medios y recursos que hay que utilizar para llegar a ese destino. Aumentar el tique medio un 15% en España este año.
- ✔ **Objetivos operativos**. Tienen que ver con cómo se van a utilizar los recursos en ese canal en concreto. Aumentar un 17% el tráfico social en 1 año.
- ✔ **Métricas**. Detallan los aspectos o acciones que se deben desarrollar para conseguir los objetivos operativos. Crear un nuevo sistema de URL semánticas.
- ✔ **KPI**. Es el número que indica el porcentaje de consecución de cada métrica; el indicador es el número y la métrica, el concepto.

Una métrica se refiere a la medida numérica directa, que representa un conjunto de datos de negocios con relación a una o más dimensiones. Un ejemplo sería las visitas a la web por mes. **La métrica nos dice qué y el KPI nos dice cuánto**.

Un KPI es un indicador vinculado a un objetivo; normalmente un KPI es un resultado referido en término de tasa o porcentaje que nos informa de si se está por encima o por debajo del objetivo que se ha determinado previamente.

Es decir, un KPI es un reflejo cuantificado de un objetivo de la empresa, un mecanismo de control que nos permite saber el grado de consecución de los objetivos que hemos marcado. El indicador de rendimiento nos tiene que dar respuesta a los para qué.

El **objetivo** facturación de 1.000 euros en ventas de producto B al trimestre.

La **métrica** es "facturación de producto B por semana".

El **KPI** sería la visualización de dicha facturación en porcentaje. Si hasta la fecha se han vendido productos B por valor de 800 €, en ese momento estaríamos al 80 % de consecución del objetivo.

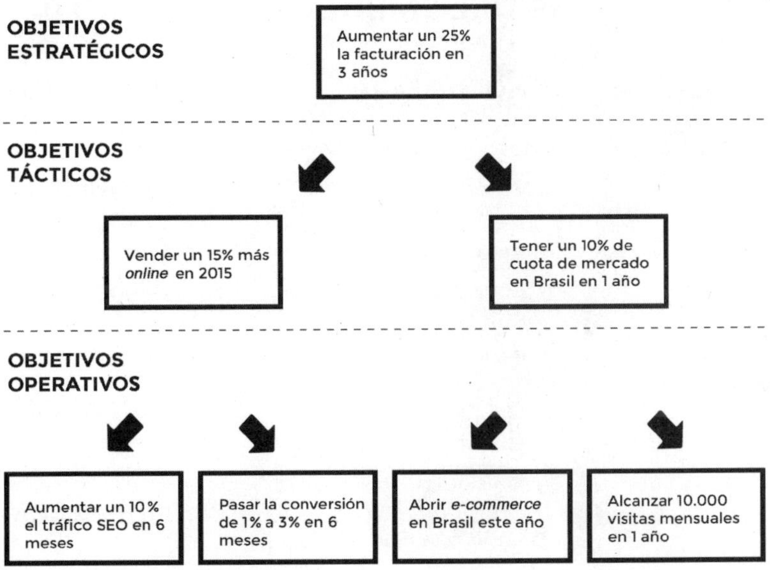

Figura 3-1: Objetivos estratégicos, tácticos y operativos

Grupos de objetivos

- ✔ **Objetivos de visibilidad**. Notoriedad y reconocimiento para la marca. A cuántas personas les han impactado nuestros mensajes.
- ✔ **Objetivos de adquisición**. Adquisición de tráfico para nuestros entornos corporativos: web, *e-commerce*, blog, entornos sociales... Cuántos usuarios han visitado nuestra página web.

- **Objetivos de compromiso** (*engagement*). Se trata de alcanzar un vínculo emocional con el público. La marca tiene relevancia para las personas. Cuántos usuarios han publicado una reseña comentando un producto de una nuestra web.
- **Objetivos de conversión**. *Convertir* significa alcanzar un objetivo, cualquiera que sea el objetivo previamente definido como *goal*: una compra, rellenar un formulario de contacto, una descarga de un documento... Cuántas ventas hemos tenido en un periodo concreto.
- **Objetivos de fidelización**. Todo lo que hace que nuestros clientes y usuarios sigan siéndolo, no nos abandonen e incluso vuelvan a comprar. Cuántos compradores son recurrentes.

Figura 3-2: Fase del embudo

VISIBILIDAD	ADQUISICIÓN	COMPROMISO	CONVERSIÓN	RETENCIÓN
N.° menciones en medios	N.° visitas totales	N.° comentarios	N.° *leads*	N.° usuarios recurrentes
N.° fans por red social	N.° usuarios únicos	N.° recomendaciones	N.° ventas	N.° compras recurrentes
N.° enlaces a tu web	N.° visitas por red social	Tasa de rebote	N.° usuarios registrados	Frecuencia de retorno
N.° veces compartido	N.° visitas por *key-word*	Tiempo de permanencia	N.° suscriptores *news*	Frecuencia recompra

Cómo enunciar objetivos

Los objetivos han de ser SMART, según sus siglas en inglés:

- **Específicos** (*Specific*): Concretos y detallados. Vender un 15 % más de productos de limpieza.
- **Medibles** (*Measurable*): Se debe poder registrar esa evolución. Si tu objetivo es consumir un 30 % menos de papel tendrás que saber cuánto papel se compra y consume en el periodo.
- **Alcanzables** (*Achievable*): No hay nada que desmotive más que un objetivo imposible de alcanzar. Triplicar la facturación sin inversión no motiva a luchar para conseguirlo.
- **Relevantes** (*Relevant*): Su consecución debe impactar en el negocio. Aumentar un 30 % las visitas de usuarios con camisetas amarillas es específico, medible y alcanzable, pero no relevante, a no ser que vendamos camisetas de colores.
- **Temporales** (*Time-bound*): Es imperativo que se encuadren en un marco temporal para generar foco, asignarles recursos e indicadores. Si dices que quieres vender un 15 % de productos de limpieza, no es lo mismo conseguirlo en tres meses que en tres años.

EJEMPLO

Cómo defines tus objetivos, desarrollas las políticas y les asignas un presupuesto. Tomaremos como modelo el de las 4P, el que está más implantado.

Propósito

Crear una comunidad de entusiastas de bicicletas de diseño y funcionales.

Resultado deseado, objetivo general

Incrementar los ingresos brutos un 7 %.

Objetivos

- Incrementar la generación de *leads*/prospectos en un 25 %.
- Mejorar la tasa de conversión de un 3 a un 5 % (el 7 % de los *leads* llegarán a convertirse en clientes).
- Bajar la pérdida de clientes del 5 al 2 %.
- Aumentar las unidades vendidas un 6 %.
- Aumentar el beneficio derivado del servicio posventa un 15 %.

Políticas:

Producto:

- Lanzamiento de una nueva bicicleta menos pesada.
- Relanzamiento de una bicicleta clásica creada en la década de 1970, con materiales actuales para el segmento coleccionista.
- Formación de una división de creación conjunta con nuestros clientes, en la que pueden diseñar su propia bicicleta con un configurador y proponer las mejoras que desearían tener en futuros productos, votarlos y ir implementando algunas.

Precio:

- Incremento del precio en nuevos productos un 10 %, atribuyendo el coste a la innovación y materiales.
- Precios de productos *vintage* un 15 % por encima del producto básico.
- Posventa: Introducir un seguro que cubra cualquier desperfecto en la bicicleta, recogida/entrega gratuita de la misma y bicicleta de repuesto mientras se está arreglando.

Promoción:

- Patrocinio de carreras y salidas en bicicleta. En dos vertientes, una tipo maratones populares y otra dedicada a los entusiastas de la marca (en este caso una única carrera que englobe a todo el público y donde un equipo técnico de la marca revisa gratis cada modelo con cita previa como incentivo para la participación).
- Campaña de *display* anunciando el nuevo modelo y apuntando al *e-commerce* de la marca.
- *E-mailing* a todos los clientes con "asegura tu bici".
- Posventa: Introducir un seguro que cubra cualquier desperfecto en la bicicleta, recogida/entrega gratuita de la misma y bicicleta de repuesto mientras se está arreglando.

Distribución (plaza):

- Incentivos de ventas: regalo de un viaje multiaventura con todos los gastos pagados al punto de venta que alcance los objetivos propuestos.
- Revisión del plan de comisionado en los productos de mayor margen para que el punto de venta también se vea más incentivado, aumentando su comisión entre un 3 y un 5 %.

Dibuja tu estrategia

La gente se pone muy gallito cuando habla de estrategia, pero no es más que la forma en que se construye una propuesta de valor para el segmento al que nos dirigimos. Ya lo decía Sun Tzu en *El arte de la guerra*: "Los expertos son capaces de vencer al enemigo creando una percepción favorable en ellos, y así obtener la victoria sin necesidad de ejercer su fuerza".

Cuando adoptamos una estrategia determinada, decidimos en qué dirección vamos, qué directrices maestras nos van a guiar para definir nuestra posición y cómo organizaremos los recursos de los que disponemos. Con la estrategia dibujamos el tablero, decidimos la mesa. Con la táctica jugamos, llevamos a cabo acciones para conseguir objetivos concretos.

Nadie sabe nada. Descubre lo que se te da bien y, después, incide en lo que te gusta. Piensa en la recompensa, no necesariamente económica. Busca tu mercado. Aprende de un maestro al que admires. Fracasa mucho y barato, ofrece tu valor antes de exigir dinero. Escucha y sé creativo... Estamos en un momento en el que no puedes seguir haciendo lo que se hacía antes de la misma forma.

Hazte un plano para saber si te estás metiendo en un mercado suavecito o si, por el contrario, tendrás que ir con la navaja en la boca. ¿Cómo saberlo? Analiza estos cuatro aspectos:

- **Competidores**: Se te había pasado por la cabeza, ya. Hay que estar atento sobre todo a si es fácil entrar y salir del mercado. Si tu negocio es una empresa proveedora de algo muy técnico y especializado, por ejemplo, desarrollas pesas de precisión, no tendrás problema si aparecen nuevos competidores, aunque tendrás más para deshacerte del negocio. Si eres transportista, en cuanto te despistes saldrán diez como tú, pero, si te cansas, con vender la furgoneta ya lo tienes hecho. Y luego mira los tipos de competidores que hay: si tienes unos gigantescos y tú eres pequeñito y flexible, no sois competencia, estáis jugando en ligas diferentes. Compara también la calidad, la fidelidad de los clientes...
- **Proveedores**: Imagina que haces productos derivados del petróleo, o que necesitas un elemento muy escaso que tu proveedor puede venderte a ti o a cualquier otro y dejarte sin capacidad productiva... O puede ser al contrario, y tú tengas más poder para negociar con él. ¿Cuántos proveedores hay en el mercado? ¿Son ellos los grandes, o lo eres tú? ¿Quiénes poseen la escasez?
- **Productos sustitutivos**: Ay, amigo, y si tu segmento está amenazado por novedades, ¿cómo podrás reaccionar?

- ✔ **Clientes**: En tu relación con tus clientes, ¿quién corta el bacalao? ¿Ellos te necesitan o tú dependes de ellos? ¿Cuántos clientes necesitas para ser rentable? ¿Cuánto margen te reporta cada uno?

Cómo lograr ventaja competitiva

Y, entre nosotros, tampoco hay tantas estrategias diferentes. Existen tres formas de **lograr una ventaja competitiva** y, aunque es muy difícil, se pueden combinar:

1. Ser líder del bajo coste

Consiste en mantener un coste más bajo que los competidores, logrando un volumen de ventas alto.

Para llevar a cabo una estrategia de liderazgo en costes debes estar muy seguro de que puedes mantenerla en el tiempo. Se la critica porque hace que al final se entre en guerras de precios y el producto vaya perdiendo cada vez más valor, la empresa tiene menos beneficios y el mercado es cada vez más difícil y se quema: siempre puede haber un tarado que decida no ganar nada para que tú pierdas el liderazgo.

Esto tenía sentido cuando había cuatro grandes multinacionales con capacidad para esta propuesta, con un gran volumen y poder de negociación. Se optimizaba la logística, se compraba a través de centrales... pero únicamente para el líder. No es una estrategia recomendable para que se siga en todo el mercado.

El ejemplo clásico de líder en bajo coste es la cadena de supermercados Wal-Mart que, con su eslogan "precios siempre bajos", define su estrategia de empresa. Esto, sin embargo, no está al alcance de cualquiera, porque Wal-Mart hace uso de su tamaño y cadena de suministro para que las operaciones sean a gran escala; cuenta con más de 85.000 proveedores y 103 centros de distribución masiva en Estados Unidos. Este modelo puede sostenerse gracias a la eficiencia en costes: integración logística al segundo, con económicos proveedores nacionales y bajos salarios de proveedores en todo el mundo, y muchísima rotación de producto: grandes volúmenes.

La Responsabilidad Social Corporativa (RSC) es cada vez más importante porque, tanto las grandes multinacionales como las medianas empresas, están bajo el punto de mira de la opinión pública. Este concepto engloba estrategia, sistemas de gestión y prácticas concretas que buscan un equilibrio entre las dimensiones económica, social y ambiental. Si por ahorrarte unos centimillos o unos millones de dólares estás dispuesto a fundirte el planeta o a las personas que en él vivimos, te puedes encontrar con una crisis de reputación de magnitud desconocida.

Seguro que te suena este ejemplo porque hubo muchos titulares del tipo: "Nike explota a niños asiáticos para coser sus balones". En Sialkot se exportaban, en 2010, 30 millones de pelotas al año, o aproximadamente el 70 % de la producción mundial de balones de fútbol cosidos a mano, y cerca del 40 % del total del mercado. Parece que más de 7.000 niños en Pakistán cosían balones Nike y esto produjo una fuerte indignación pública por ser un producto que, en los mercados donde se comercializa, no era precisamente barato.

Ante situaciones de este tipo, las empresas se ven obligadas a reaccionar y emprender este tipo de acciones de RSC, como fue la creación en 2009 del Sialkot Blue, un equipo de fútbol para los niños pakistaníes de Sialkot que trabajan cosiendo balones en el marco del programa "Football for Hope", impulsado por la Organización Internacional del Trabajo (OIT) y la Federación Internacional de Fútbol Asociado (FIFA). Parece que, gracias a esa iniciativa, se introdujeron unos 10.000 niños en 255 centros de educación no formales, más otros 5.800 de ellos dentro del sistema de educación formal.

RECUERDA

No confundas coste con precio.

Me encanta cuando oigo que el precio es el coste más el margen que la empresa quiere ganar... Se me erizan los pelos de todo el cuerpo.

El coste es lo que nos cuesta producir un producto o presentar un servicio al cliente; el precio es lo que paga el cliente. Para que exista un interés por parte de la empresa entre el precio que paga el consumidor y el coste de producir hay una diferencia: el margen (de beneficios).

El precio es lo que el cliente está dispuesto a pagar. Lo anterior es requisito indispensable, sí, pero trabaja un poco y estudia a tu consumidor, hombre/mujer/lo que haya decidido ser.

2. Presentar una propuesta diferenciadora

Puedes plantear esto de dos maneras:

- ✔ **La clásica**: presenta los productos de forma distinta y más atractiva que los productos de la competencia en alguna de sus características: calidad, duración, servicio, etc.
- ✔ **La alternativa**: "Es necesario llegar a donde otros han llegado para seguir en el juego, pero los ganadores serán los que tengan la habilidad de inventar nuevos juegos". Gary Hamel nos cuenta que, si eres capaz de ofrecer algo genuinamente bueno, los consumidores querrán elegir tus productos y desearán pagar más por ellos.

3. Enfocarse, crear nuevos nichos

Esta estrategia se basa en dividir el mercado en partes, segmentarlo, e intentar cubrir con tu oferta una parte con una propuesta diferenciadora o de bajo coste. En realidad, vale la pena plantearse la segmentación del público en cualquiera de las estrategias genéricas que consideres más adecuada, por eso más adelante volveremos sobre este concepto.

Quien mejor ha sabido transmitir la esencia del enfoque ha sido Steve Jobs, con su trabajo en Apple. "Think different" es otra clara declaración de intenciones de cuál será la estrategia de la empresa: en este caso, basarse en la innovación, la calidad y en presentar productos radicalmente originales.

Desde que Steve Jobs volvió a Apple en 1997 y decidió eliminar la mitad del *portfolio* para vender únicamente aquellos productos que pudiera hacer mejor que nadie, las presentaciones de producto en Apple se convertían en un fiesta seguida por millones de personas alrededor del mundo, porque no era un producto lo que se presentaba sino una categoría inexistente hasta el momento.

- El **iMac** en 1998. Un ordenador que integra la CPU en la pantalla para todos aquellos que estaban hasta el moño de la caja y los cables y tan bonito como solo un Mac puede serlo.
- El **iPod** en 2001. O cómo algo tan pequeño puede cambiar las reglas de la industria musical. Apple pasa de ser un proveedor de hardware para convertirse también en un proveedor de software y cualquiera puede gestionar su música a través de iTunes. iTunes es una tienda de canciones en formato digital que surgió como la alternativa legal a servicios de descarga masivos clausurados como Napster y se basaba en la popularidad y facilidad para el usuario. Según NPD Group, iTunes es actualmente responsable del 63 % de todas las ventas de música digital. Se consume cada vez más música, pero se venden cada vez menos discos porque cada sencillo ha de tener valor por sí mismo.
- El **iPhone** en 2007. iPhone = *smartphone*. En 2007 vimos un teléfono que hacía de todo, bonito, sin menús capaces de aniquilar 37 millones de neuronas al intentar comprenderlos. Táctil, con una cámara que hacía fotos maravillosas y no los simulacros a los que los usuarios estaban acostumbrados, con una pantalla que gira 90° y te permite navegar con comodidad por internet. Un paradigma de empatía, llega el *smartphone* para el consumidor y no solo para el ejecutivo.
- El **iPad** en 2010. ¿Y en casa qué? Me estoy dejando la vista con el iPhone mientras veo la televisión y no quiero estar recluida en la habitación con el PC, y el portátil pesa. Pues en casa el iPad, no te preocupes.

Ir a donde no hay competencia

Consiste básicamente en evitar los entornos donde la competencia es tan feroz que termina pareciendo un océano que se vuelve rojo después de que todos los tiburones se destrocen mutuamente, e ir a buscar océanos azules donde no te peleas con nadie. El quid de la cuestión en este tipo de estrategia es la fortísima apuesta por la creatividad y la innovación. Esa inversión se ve recompensada al pasar de un espacio en el que tu producto se percibe de menor valor en mercados con crecimiento y rentabilidad reducidos, a otro con una oportunidad de fuertes ganancias donde las reglas las marcas tú.

Muchas veces simplemente tienes que estudiar los límites de los mercados ya existentes e ir dos pasos más allá con una propuesta de innovación de valor: combina innovación con utilidad, precio y costos.

Cirque du Soleil es un ejemplo de sacar un producto de su contexto y ofrecerlo en una categoría donde no hay competencia. El circo como nunca lo hubieras imaginado: sin domadores ni leones, con imaginación, historias contemporáneas y una factura extraordinaria. El ejemplo clásico de un océano azul ;-).

Segmenta: decide quién va a saber lo que vales

Has definido el mercado en que vas a ofrecer tu solución. Ahora la pregunta es: ¿vas a dirigirte a todo el mercado o solo a ciertos segmentos?

Si no eres un Adonis que gusta por igual a hombres y mujeres, gays y heteros, probablemente tendrás que decidir si partirás de hombre que busca mujer/hombre/ambos, o mujer que busca mujer/hombre/ambos. Ya no estamos en el instituto, hemos crecido y nos hemos pasado al *dating online*.

Pues eso, hoy en día establecer una segmentación de público es una manera efectiva de satisfacer una necesidad y optimizar los costes de marketing.

- ✔ **Todo el mercado**: tu producto o servicio es estándar para todos los consumidores. Coca-Cola, de ahí la expresión "triunfas como la Coca-Cola". Pero si no eres Coca-Cola ni lo intentes.
- ✔ Ciertos **segmentos**: tu producto está diseñado específicamente para un grupo de consumidores homogéneo, con pequeñas diferencias en sus necesidades o deseos. A quién asocias este segmento de automóvil:

   - Deportivo: ¿con cuarentón que quema neumático?
   - Berlina familiar: ¿con madre que compra en el centro comercial?
   - Mini: ¿con moderno de ruta hacia festival de música?

  Es que está estudiado...

  Aunque ofrezcas el mismo producto a todos los segmentos, puedes desarrollar líneas específicas para cada grupo.

  Listerine ofrece un tipo de enjuague bucal para cada necesidad. Los criterios de segmentación en este caso parten de las necesidades dentífricas: lucha contra el sarro, cuidado de encías, sabor suave, buen aliento, cuidado total...

  Ligeresa parte de la base "la vida no está hecha para contar calorías", y con ello se dirige a ese segmento de la población que quiere comer sano y ligero, independientemente de si hablamos de una mantequilla o una mayonesa.

- **Nichos**: la unidad mínima de consumidores en la que un mercado es rentable. Esos productos que se crean cuando las necesidades están más definidas o son colectivos muy conectados.

Cada vez hay más consumidores concienciados con la sostenibilidad tanto en ecología como en forma de pensar. Jugaia apuesta por los juguetes km 0.

Hoy en día, establecer una segmentación de público es una manera efectiva de satisfacer una necesidad y optimizar los costes de marketing. Para que se considere segmento, el grupo de personas tiene que cumplir una serie de requisitos:

- **Accesible**: tienes que llegar al grupo al que te diriges a través de canales de comunicación y distribución.
- **Medible**: el segmento se puede medir, se puede saber cuántas personas lo componen, su poder adquisitivo...
- **Sustancial**: suficientemente grande y rentable para que merezca la pena la actividad de la marca.
- **Viable**: el producto que ofreces tiene que ser interesante para el segmento al que te diriges, con un precio atractivo y con unos costes que tu empresa pueda asumir.

Si quieres saber qué potencial de mercado tiene un tipo de escopeta, en primer lugar averiguarás cuántas licencias de caza se expenden en tu área de influencia. De todas ellas, estudiarás cuál es la tipología de cazadores más atractiva y prometedora y, con esa información, terminarás de dar las características al producto. Parece que el segmento es accesible: hay medios y publicaciones específicos y canal de venta (armerías), miles de cazadores registrados en España y más personas que asisten a cacerías.

- Mercado de referencia: armas de caza.
- Grupo de compradores: cazadores de caza mayor.
- Tecnologías: rifles, escopetas, pistolas.

El rifle es muy diferente a los de su categoría por sus opciones de personalización, calidad y precisión. Estudiaremos cuántas unidades se deben vender en cuánto tiempo para que, con el precio de venta propuesto, la inversión sea rentable.

Algunas pistas para que establezcas criterios de segmentación:

- **Geográficos**: país, región, ciudad...
- **Socioeconómicos**: edad, género, profesión...
- **Psicológicos/de personalidad**: estilo de vida, valores, intereses...
- **Ventajas**: fidelidad a la marca, sensibilidad al precio, motivos de compra...

Una de las tipologías de canal de la gran distribución han sido los supermercados "de proximidad", ya que muchas personas decidían hacer la compra en el supermercado más cercano a su casa. Así, las cadenas se han expandido según características como la renta disponible por distrito. Por esa razón es muy raro que encuentres un supermercado Día al lado de un Supercor.

Antes de lanzar tu producto, no olvides estudiar:

- ✔ ¿Cuántos segmentos existen ahora mismo?
- ✔ ¿Qué tamaño tiene cada segmento? ¿Está en crecimiento o en decrecimiento?
- ✔ ¿Cuántas ventas hay por segmento?
- ✔ ¿Cuánta rentabilidad estimas que tiene cada uno.

Cómo aportas valor: posicionamiento

Si crees que las decisiones de compra se basan en procesos racionales, párate un momento a pensar: ¿por qué pagamos el doble por un Volkswagen que por un Seat si pertenecen al mismo grupo, comparten tecnología y proceso de fabricación? ¿Qué nos hace suspirar por unos pendientes de Tiffany?

No es el producto en sí, es la promesa que entraña, la satisfacción que te reporta, el estatus que te otorga su pertenencia, las aspiraciones que ves cumplidas lo que estás comprando.

El valor no es igual al precio; ni todo lo caro aporta valor ni todo lo barato carece de ello, sobre todo porque las palabras "caro" y "barato" cobran sentido en función de si las expectativas iniciales se ven cubiertas o insatisfechas. El precio es lo que un consumidor está dispuesto a pagar por lo que compra; piensa en función del valor por dinero: lo que consigue por lo que paga.

La propuesta de valor es el conjunto de las mejores razones por las que el consumidor comprará tu producto: hazlo creíble y pónselo fácil.

Tienes que explicarle los beneficios que le reportará tu producto, servicio o idea en una frase, de manera clara y concisa.

Encuentra una manera de apropiarte de una palabra, un concepto único para explicar tu existencia:

- ✔ Que llame su atención y que le provoque una reacción: "Justo, eso es lo que necesito".
- ✔ Que lo pueda entender, recordar y explicar a otros.
- ✔ Que le llegue a la cabeza y al corazón.

No le hables de propiedades o de unidades de medida, sino de cómo mejorará su vida, su negocio o él mismo.

Tu propuesta de valor se dirige al consumidor pero el objetivo es que tus proveedores, competencia, empleados, accionistas, incluso los medios y la sociedad puedan identificar, interiorizar y hacer suyo el valor específico que les da tu oferta y digan "lo quiero".

Elige: puedes ser dependienta de una tienda de perfumes y explicar a cada clienta tus trucos de belleza o ser isasaweis y que tu canal de YouTube tenga 100 millones de visualizaciones

Capítulo 4

Modelos de marketing

Los modelos de marketing sirven para organizarte el trabajo. El análisis no conduce a nada, debes salir de la parálisis y empezar a moverte.

Modelo de las 4P

Marketing Mix: **4P** es el modelo más famoso y utilizado del mundo, hoy en día evolucionado a 7P. Este modelo tiene la ventaja de que es sencillo de utilizar, y puede incluir más P dentro de cada apartado. Y una crítica bastante acertada: se construye desde el punto de vista del productor, no del consumidor.

Producto

Antes hemos dicho que es lo que satisface una necesidad o deseo. Añadimos cualquier cosa que pueda ponerse a la venta, ya sea una persona, una idea, un país, un objeto o una experiencia.

Cuando decides sobre producto, lo haces sobre todo en: el *packaging*, las características físicas como el color, composición, la amplitud y profundidad del *portfolio*, el servicio posventa... Ten en cuenta que cuando hablamos de producto en realidad nos referimos a cualquier punto del proceso tangible o intangible, las decisiones que tomes afectarán a cómo se posiciona el producto, cómo se explota la marca, cómo cada producto complementa al resto de tu oferta. El producto es la base de todo negocio, su oferta al mercado.

Precio

El precio es lo que el comprador paga por el producto. El precio es el coste de producción más los beneficios. El truco cuando trabajes con precio es que ambas partes estén contentas.

Y es mucho más que eso, es otra de las formas importantes de comunicar cómo es tu producto, en qué segmento se mueve, qué promesa ofrece y qué puede esperar el consumidor de él.

El precio es uno de los más importantes mecanismos para estimular la demanda de un determinado producto o servicio y el único de los elementos del marketing mix que genera ingresos, el resto son todo costes.

Hay categorías de producto muy sensibles al precio, muy elásticas, en las que cualquier pequeña subida disminuye las ventas y otras en las que las oscilaciones de precio prácticamente no afectan (piensa cuánto tiempo pasas comparando precios de viajes y lo poco que dejas de comprarte tu maquinilla de afeitar de 5 hojas por mucho que sea 5 veces más cara que una normal).

En la batalla por el liderazgo de las colas uno de los aspectos que frenó a Pepsi fue que siempre se había situado por debajo del precio que su rival, por lo que ella misma se había relegado a la segunda posición en la mente del consumidor. No era tan buena como la Coca-Cola.

A veces tu comprador es el consumidor final, a veces es un intermediario, pero no has he perder de vista el precio que paga el consumidor final por el producto porque la percepción de valor recae en él, el resto son las guerras de cada uno por sacar el máximo beneficio en la parte que le toca.

Vueling y su concepto de *low cost* se ha trasladado a su comunicación de marca desde el primer día: aviones modernos pero sencillos; comunicación directa que te explica "para nosotros volar es realmente un placer, y sabemos que pagar menos no equivale a tener menos servicios o comodidad"; funcionalidad en los procesos de compra.

El concepto *low cost* de Ryanair es mucho más extremo, se ha suavizado un poco en los últimos tiempos pero las declaraciones de su icónico CEO, Michael O'Leary, sobre pasajeros que viajan de pie para que viajar en avión se asemeje a un autobús y así reducir costes son inolvidables.

TIP

El modelo *low cost* llevado al extremo es hacer que se prescinda de cualquier elemento de valor añadido, y eso es un gran peligro. ¿Dónde está el límite de la reducción de costes: en la seguridad de los clientes, en la de los trabajadores?

En 2013 al menos 1.100 personas morían y unas 2.500 resultaron heridas en el derrumbe de un edificio en Bangladesh.

Las condiciones de trabajo en Asia han sido denunciadas por varias ONG y realmente es complicado establecer dónde están los límites, pero parece que en este caso el edificio presentaba grietas importantes que fueron advertidas el día anterior y se ignoraron por parte de los propietarios.

Bangladesh alberga alrededor de 4.500 fábricas textiles que producen para multinacionales como Tesco, Wal-Mart, H&M, Marks & Spencer,

Kohl's, Carrefour, el grupo Benetton, The Children's Place, DressBarn, Mango, Monsoon o Primark. Muchas de ellas han firmado un acuerdo de prevención de estos riesgos como reacción a este suceso, pero es el sistema de reducir costes a cualquier precio lo que ha de estar en el punto de mira.

De todas maneras, estudia realmente a tu consumidor porque uno de los errores más comunes en marketing es echarle la culpa al establecimiento del precio cuando se comprueba que al final es mucho menos importante de lo que parece porque nuestras decisiones de compra no son tan racionales, no recordamos si pagamos un 5 % más la vez anterior.

Promoción

Cuando hablamos de promoción la idea es cualquier método que se use para dar a conocer, promocionar, el producto o sus beneficios.

Promoción engloba:

- **Publicidad.**
- **Relaciones públicas.**
- **Promoción de ventas.**
- **Fuerza de ventas.**
- **Marketing directo.**
- **Todo aquello que te sirva para promocionarte**, ya sea pagado, propio o ganado.

Distribución (plaza)

A través de la distribución decides la forma y el lugar donde vender tu producto. Hay tres formas principales.

- **Vender en directo**: vendes directamente al consumidor, al cliente final
- **Vender a través de intermediarios**: hay empresas que venden tu producto
- **Mixto**: tiendas propias y distribuidores

Como todo comunica, la distribución es otra forma de generar expectativas y comunicar el posicionamiento de marca. Decide qué mensaje quieres transmitir en el punto de venta y elige la forma de distribución que pueda hacerlo.

No es la misma percepción la que se tiene de un producto que se ofrece de forma selectiva, en puntos de venta especializados o boutiques, que en la gran distribución, la tienda del barrio o tiendas propias de la marca.

Entrar en una tienda Nespresso es tener una experiencia de compra de 1.000 euros por un producto de 10; esa experiencia de compra está a años luz de lo que me puede ofrecer un lineal del supermercado. Tengo contacto directo con una marca que me dice "*What else?*". Como si ese "qué si no" englobase todas las opciones del universo y fuese una locura simplemente plantearse alguna de ellas.

Personas

Los clientes, empleados, accionistas y todos aquellos involucrados con la empresa: sus públicos relevantes.

La relación de las personas que representan la marca con los clientes tiene impacto directo en la percepción que tienen los consumidores sobre la marca. No nos engañemos, los negocios los hacen personas con personas. Por tanto, el poder de las personas no puede ser subestimado en ningún modelo de marketing.

¿Por qué prefieres que te atiendan en FNAC o en las Apple Store? En una encuesta veríamos que muchas respuestas coinciden en que quienes atienden son auténticos apasionados que transmiten su entusiasmo.

Procesos

Desde la concepción del producto hasta el contacto del producto con el cliente o la prestación del servicio, se siguen una serie de procesos.

Si has diseñado los procesos para la satisfacción de tu cliente y logras excelencia en ellos no habrá quien te derrumbe. Un *call center* que contesta a la primera, tiene un trato cordial y resuelve los problemas hace llorar de alegría; un servicio de logística que entrega a tiempo y en perfectas condiciones es un importante fidelizador. Vaya, lo normal.

Starbucks Idea

Se puede ir más allá, Starbucks invita a los clientes a publicar sus ideas para mejorar su experiencia. Es una forma de crear, mantener y hacer crecer la comunidad de clientes a la vez que se recogen sus opiniones, se muestran tendencias de consumo y se recogen ideas con talento. Se mezcla Innovación, Relaciones Públicas, Desarrollo de Producto... en una misma plataforma.

La respuesta la da Howard Schultz, CEO de Starbucks:

"El corazón de la Experiencia Starbucks es la conexión humana. Cada semana, alrededor de 50 millones de clientes se conectan con más de 170.000 asociados (empleados) en las tiendas Starbucks en todo el mundo, creando un sentido de comunidad sin paralelo.

Esta comunidad única de Starbucks ha inspirado a mucha gente a sugerir que Starbucks participara del fenómeno de las comunidades en línea. Bien, ahora estamos preparados para empezar.

Bienvenido a MyStarbucksIdea.com. Esta es tu invitación para ayudarnos a transformar el futuro de Starbucks con tus ideas, y construir juntos sobre nuestra historia una cocreación de la Experiencia Starbucks".

Pruebas físicas

La prueba física es todo aquello que rodea al proceso de compra y contribuye a que el consumidor se haga una idea fidedigna del resultado final. Es de especial interés en la prestación de servicios, ya que vendes algo antes de que el consumidor pueda tener una experiencia directa y, por lo tanto, tienes que recreársela. Es una forma de "probar antes de comprar".

Usarás el punto de venta, el folleto corporativo, la página web, el uniforme del personal: todo aquello que se pueda ver, tocar y oler ha de validar el mensaje que quieres lanzar y estar en sintonía con el resultado final.

Modelo de las 4C

El modelo de las 4C surge fruto de dos necesidades: orientación hacia el consumidor y orientación hacia estrategias de marketing de nicho.

Se ofrecen cada vez más servicios y menos productos, y el marketing tiene que evolucionar por fuerza. El consumidor, además, está saturado por el bombardeo de ofertas masivas que no le dicen nada. Si quieres llegar a todos, contentar a todos y gustar a todos acabarás no calando en nadie. Ya no hay café para todos, uno quiere el Volutto y otro hacerse un puchero con la media de su madre. Vaya, hay que descubrir qué quiere el cliente y ofrecerle un producto/servicio que satisfaga esa necesidad.

- **Consumidor en vez de producto**. El consumidor o cliente es quien compra tu producto o servicio, la persona a la que satisfaces una necesidad o deseo. Es decir, quien te da de comer. Y, te lo digo una vez más: deja de pensar en los productos que puedes ofrecer para centrarte en qué pueden necesitar las personas y entonces complácelas hasta el éxtasis una y otra vez.

  CONSEJO

  No debería ser necesario, pero te lo recuerdo... Si quieres llevar a tu cliente hasta el infinito y más allá ten presentes tus capacidades y moldéalas a gusto del consumidor; no ofrezcas una solución estándar. Crea una solución a medida que supere a tu competencia y crea clientes fieles. Mira a tu señora, intenta hacer el ejercicio, igual te sorprendes del resultado. Y para bien.

- **Coste en vez de precio**. El precio se ve afectado por múltiples factores. El coste de producción es uno de ellos, pero si piensas desde el punto de vista del consumidor te darás cuenta de que también hay costes en la satisfacción de las necesidades. A tu cliente le cuesta su tiempo ir a comprar tu producto, le cuesta esfuerzo aprender cómo se usa, le cuesta dejar de usar su producto de siempre.

  Debes valorar los costes de tu producto y ponerlos en contexto para que al cliente le cueste muy poquito irse contigo, porque tenga la idea en la cabeza que va a ser muy fácil, muy gratificante y muy rápido.

  El precio de un *smartphone* de alta gama es similar al de un ordenador. Sin embargo, eso significa ahorrar en cámara de fotos, tener todos los servicios de correo y aplicaciones de conectividad en la mano, un GPS que nos lleva donde necesitamos en cualquier momento, llevar la música con nosotros. ¿Cuánto cuestan todas esas cosas juntas? Probablemente más de lo que cuesta el *smartphone*...

- **Comunicación en vez de promoción**. Consiste en mirar mucho más lejos que en promocionar un producto o servicio. Debes comunicarte con tu público más allá de intentar venderles.

  También incluye publicidad, relaciones públicas, fuerza de ventas, promoción de ventas, marketing directo, etc., pero sobre todo es pensar que la marca comunica de forma directa e indirecta, que está presente en la conversación que se genera en torno a ella y que es la conversación la que ahora dirige el mercado. Y muchas veces esa conversación la inicia un consumidor que espera respuesta.

- **Comodidad en vez de distribución (plaza)**. Compramos por internet, en casa o directamente a través el teléfono, a veces compramos en internet y recogemos en tienda, otras veces nos vamos a un córner de la marca en el centro comercial y otras a la tienda emblema que hay en el centro de la ciudad. Viendo este panorama, ¿en qué te tienes que centrar como marca? En hacerlo fácil y cómodo, está claro.

Cada tipo de cliente tiene sus preferencias en cuanto al lugar en que comprar. Debes conocer cuáles son y brindar un buen servicio en todas ellas. Ofrécele información accesible y fácil de entender, dispón los productos donde se espera que lo estén, crea un *call center* resolutivo y contrata a personal orientado en la satisfacción del cliente.

Tabla 4-1: Comparación entre 4P y 4C

Producto	Cliente
Precio	Coste
Promoción	Comunicación
Distribución (plaza)	Comodidad

Los nuevos modelos del marketing: Lean Startup

El mundo se mueve muy rápido, está interconectado, no duerme. **Los modelos del marketing actuales deben ser movimientos que den respuesta a cómo se construyen y se lanzan productos en una realidad de gran incertidumbre.**

Ese mundo en el que uno iba a la universidad, se sacaba un título universitario y comenzaba a trabajar en el departamento de marketing de una empresa que le proveería de un puesto de trabajo fijo y estable durante años. Ese mundo en el que los planes de marketing respondían a la estrategia a cinco años de la empresa y que consistían en revisar el presupuesto del año anterior y cambiar un par de partidas. Ese mundo... ya no existe.

El método *Lean Startup* se centra en la creación de valor para el cliente final basándose en la innovación para construir negocios viables.

La propuesta de valor es cómo explicas a tu cliente que te tiene que comprar a ti y no a la competencia.

¿Qué no es una propuesta de valor?

- **Un eslogan:** el "¿Te gusta conducir?" de BMW.
- **El enunciado del posicionamiento o *tag-line*:** "Líderes en el sector de la automoción desde 1950".

En este mundo impera una gran incertidumbre, surgen nuevas ideas, surgen esas *startups*. La metodología *Lean Startup* afirma que el **espíritu emprendedor** está en todas partes.

No hace falta que montes una *startup* para mostrar espíritu emprendedor. De hecho, todas las grandes empresas necesitan líderes intraemprendedores que tiren del carro desde dentro.

Ese enfoque en sí mismo es el **nuevo management**.

El principio del **aprendizaje validado** te ayudará a descartar rápidamente lo que no funciona para quedarte con lo que aporta valor a tu cliente.

La mayoría de *startups* fracasan porque invierten tiempo, dinero y recursos en desarrollar el producto erróneo. Lo hacen por ciegas y sordomudas, prefieren hacer experimentos con lo que creen que necesitan sus clientes que escuchar lo que quieren y ponerlo en práctica. Una vez fracasan, se dicen: "Aplicaremos lo aprendido la próxima vez". NO. Tu idea de negocio no es más que una hipótesis que debes validar con tus clientes.

Lean nos habla de construir proyectos viables que inicialmente consuman lo mínimo y traten de aprovechar los recursos al máximo. Todo aquel gasto en recursos y tiempo que no cree valor para el consumidor final es un desperdicio. ¿Cómo encontramos esa validación? Haciendo que las métricas de nuestra empresa sean las que más importan a nuestros clientes e implementando mejoras sobre ellas.

Para poner tu idea en el mercado debes seguir un plan, más que centrarte en si puedes crear el producto sería más correcto que te plantearas "¿Puedo crear un modelo de negocio sostenible a partir de este producto?".

Conseguirlo (o desestimarlo) es un proceso de tres fases:

- ✔ **Construir** o convertir las ideas en productos. Céntrate en crear un Producto Mínimo Viable (PMV), corroborar la hipótesis de valor y la hipótesis de crecimiento.
- ✔ **Medir** cómo responden los consumidores. Tus retos con la contabilidad de la innovación, la implementación de indicadores accionables y no vanidosos, cómo aprender y optimizar e implementar en lotes pequeños.
- ✔ **Aprender** si lo que conviene es pivotar o perseverar. ¿Qué debes aprender? Si cambias o te mantienes, con experimentación propia y coraje.

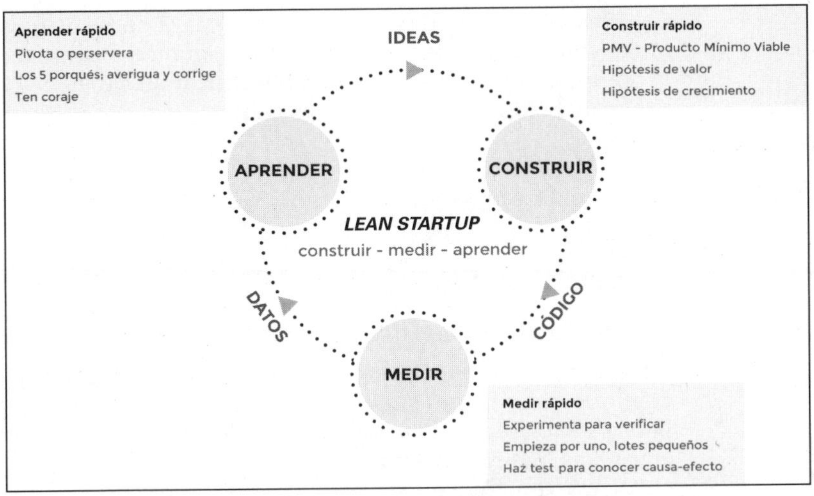

Figura 4-1: Proceso en tres fases para posicionar una idea en el mercado

Herramientas para poner en práctica el método Lean Startup

Lean Canvas = ***Generación de modelos de negocio*** **+ Lean Startup**

La primera herramienta de trabajo que has de tener en cuenta es:

Generación de modelos de negocio

Esta herramienta te ayuda a comprender y trabajar con tu modelo de negocio integrando las distintas áreas de tu empresa. Es muy conocida por su nombre en inglés, *business model canvas*, y se dirige a detectar los elementos que generan valor al negocio y trasladarlos a los clientes potenciales.

Se habla de **9 módulos que componen un modelo de negocio** y pueden identificarse en una hoja:

1. **Clientes**. Todas las empresas viven de sus clientes, aunque algunos paguen y otros no. Es importante segmentarlos y definir cada segmento para estudiar el comportamiento de cada uno y extraer conclusiones, porque pueden requerir distintos canales o formas de funcionar (crecimiento) y unos pueden ser más rentables que otros.
2. **Propuestas de valor.** Cada conjunto de productos o servicios aporta unos beneficios a los clientes; es lo que se conoce como valor añadido.

3. **Canales**. Son los medios de la empresa para darse a conocer entre los clientes, ayudarles a evaluar los productos o servicios, favorecer la compra, proporcionar valor y garantizar su satisfacción en todo el proceso. Los principales canales son:
   - Persona - teléfono.
   - Punto de venta físico.
   - Entrega física.
   - Medios tradicionales (televisión, radio, prensa...).
   - Medios digitales (*websites*, redes sociales...).
4. **Relaciones con los clientes**. Las empresas definirán el tipo de relación que quieren con sus clientes y cuáles son sus objetivos respecto a ellos (captarlos, fidelizarlos, desarrollarlos). Cada vez más empresas incluyen a los clientes en la creación de productos y servicios (Amazon.com, Lego...). En las relaciones con clientes tendrás en cuenta los recursos que dedicarás para mantenerte en contacto con ellos *versus* a qué esperan ellos de ti. Sus expectativas variarán en función del precio del producto o servicio.
5. **Ingresos**. Tendrás que identificar cuánto están dispuestos a pagar los clientes por tu producto o servicio y con qué métodos de pago cuentan. Básicamente, hay dos modelos:
   - Pagos puntuales = cuando haces la compra en el supermercado.
   - Pagos recurrentes = los del seguro médico privado.

   Las fuentes de ingresos son diversas:
   - Ventas directas = tienes una tienda y vendes prendas de ropa femenina.
   - Alquileres = tienes locales que arrendas.
   - Cuotas de servicio = el pago mensual de la televisión por cable.
   - Cuotas de suscripción = el pago de la matrícula del gimnasio.
   - Licencias = cedes los derechos para que se hagan camisetas con tu marca.
6. **Recursos clave**. Son los que permiten que puedas entregar tu producto o servicio:
   - Personas: los famosos recursos humanos.
   - Físicos: la fábrica, la oficina, los vehículos de transporte. Hay marcas como Zara que se han basado en una estupenda gestión inmobiliaria y han prescindido de la publicidad, ya que sus tiendas son la mejor carta de presentación en las mejores ubicaciones.

- Intelectuales: las ideas, marcas, metodologías, procesos, patentes o derechos de autor... todos esos intangibles.

  Una marca como Intel es un ejemplo del valor que puede tener la gestión de los intangibles. ¿Has leído en algún sitio "Intel inside"?

- Económicos: cómo gestionas el dinero, el efectivo, las líneas de crédito y las garantías financieras.

7. **Actividades clave**. Son las acciones que debes llevar a cabo para que tu modelo de negocio funcione:

   - Producción: ten en cuenta en esta actividad el diseño, desarrollo, producción, prestación del servicio y la resolución de problemas.
   - Venta: en la venta contemplarás tanto promoción, prescripción, venta y posventa.
   - Soporte: aquellas actividades que garantizan que lo anterior se lleva a cabo con garantías, tareas administrativas...

8. **Asociaciones clave**. A veces, contar con la colaboración de empresas en red contribuye a aumentar la eficacia de un modelo de negocio: proveedores, socios, asociados, *joint ventures*... Todo vale si es con criterio. Hay algunas áreas de tu negocio que puedes externalizar y ahorrarte dinero y disgustos. Hace un tiempo en trabajamos con Billage para crear su identidad y empezar a dar forma a su modelo de negocio, que simplifica la gestión de las pymes.

   Por otro lado también puedes integrarte horizontalmente: un espacio de bodas puede ofrecer los servicios de disc-jockey, florista y catering.

9. **Costes**. Lo último pero no menos importante: debes estudiar cuáles son los centros de coste de tu negocio. Por un lado estarán los recursos clave, por otro las actividades, sin olvidar las asociaciones. Analizar los costes siempre ha de ir de la mano con conocer qué recursos económicos están comprometidos y disponibles para saber qué grado de liquidez tienes y cuál es tu rentabilidad. En una *startup*, recuerda el concepto de "escalabilidad": si multiplicas todo por mil, ¿el modelo sigue aguantando? Si no, busca la manera.

Lean Canvas

Te propongo que uses este lienzo: aúna lo mejor de la generación de modelos de negocio y está optimizado para *Lean Startup*. Incluso tiene una aplicación *online* en la puedes trabajar con él.

Es interesante porque integra el conocimiento del mercado y del producto, lo que facilita el trabajo a los emprendedores que parten de hipótesis más sencillas.

Figura 4-2: Lienzo para los modelos de negocio

1. **Segmentos de clientes**. El inicio siempre es el mismo: detectar a un grupo homogéneo de personas con una necesidad y averiguar quiénes podrían ser los *early adopters* para comenzar a trabajar con ellos.
2. **Problema**. Qué tres cosas de tu área de actividad molestan más a tus futuros clientes. Averígualo, estudia cómo las aborda tu competencia y plantea opciones que solo tú puedas resolver o lo hagas de una manera diferente a como se está haciendo ahora. En esta etapa, piensa a nivel global: qué problema existe, qué alternativas hay en el mercado y cómo plantear un complemento o producto sustitutivo.
3. **Solución**. Para construir la solución de los tres problemas que tenían los clientes escoge tres características concretas con las que les va ayudar tu producto o servicio. Cuando te pongas a desarrollar, céntrate en eso; cuando se te ocurran otras cosas, pregúntate si estos tres problemas ya están resueltos y no salgas de ahí hasta que la respuesta sea sí.
4. **Propuesta de valor**. Ensaya tu *elevator pitch*: tienes 30 segundos en un ascensor para convencer a un posible inversor de que se deje su patrimonio en tu empresa. ¿Qué le dirías? ¿Cómo le convencerías?
5. **Ventaja competitiva**. Qué es diferente a lo que hacen los demás o qué haces distinto que sea sostenible en el tiempo, difícilmente copiable y relevante para tu target. #tomaya.
6. **Canales**. Piensa en tres momentos: preventa, venta y posventa. ¿Cómo te relacionarás con tus consumidores y con el resto de *stakeholders*? Pues esos son los canales que has de tener abiertos, tanto físicos como digitales.

7. **Flujos de ingresos**. ¿Cómo vas a ganar dinero? Piensa en los modelos de ingresos con los servicios puntuales, los recurrentes, los márgenes, el valor durante ciclo de vida de los clientes...

8. **Estructura de costes**. ¿Qué te cuesta dinero? ¿Cómo es su distribución a lo largo del año? Averigua cuáles son tus costes fijos y, de ellos, cuáles son estructurales y cuáles son flexibles... Es muy importante tener los costes bajo control y dedicar al principio toda la inversión en producto, ni en marketing ni en comunicación, hasta que tengas una propuesta viable y que funcione en un grupo de clientes que te aseguren la supervivencia.

9. **Métricas clave**. Va a ser una constante en este libro que cada proceso acabe con una medición, análisis, decisión y puesta en marcha de las correcciones. Define qué tienes que medir, elige todos los indicadores que muestren si tienes pinta de sobrevivir o si, por el contrario, tu muerte es probable, y cuánto tiempo de vida te queda.

RECUERDA

Entre las dos ópticas, la generación de modelos de negocio sirve para todo tipo de empresa, mientas que el método *lean* se dirige más a *startups*. Esto significa que la generación de modelos de negocio se centra tanto en clientes como en inversores, emprendedores... y principalmente se ocupa de los segmentos de clientes, los canales y las relaciones con los clientes. Su aproximación se basa en la infraestructura, las fuentes de financiación y las fuentes de ingresos. La posición de la empresa en el mercado tiene que ver con cómo encajar de una forma inteligente la propuesta de valor en términos cuantitativos y cualitativos. Comprende áreas como la comprensión, la creatividad, la discusión y el análisis constructivo. *Lean Canvas*, por otro lado, se dirige claramente a *startups* y emprendedores, es un método menos elaborado porque carece de segmentos de clientes y plantea directamente solucionar un problema, por qué canales, qué costaría y cuánto vas a ganar con ello. Para lograrlo, hay que conseguir una ventaja competitiva que te aleje de la competencia y capitalizarla al máximo, no se recrea en entornos más elaborados.

Customer *development o desarrollo del cliente*

Has conseguido lo que parecía imposible, detectar una necesidad que crees que quema profundamente y de forma crítica a un grupo de personas suficientemente grande y dispuesto a pagar por aliviarse... ¡Hip, hip, hurra! Pero, en realidad, que tu producto encaje con el problema del consumidor es muy difícil.

Sé que soy una aguafiestas, pero este libro trata de superar obstáculos con ingenio. En paralelo al equipo de desarrollo del producto, crea otro que se encargue del desarrollo del negocio. Estos dos equipos trabajarán coordinadamente: los que desarrollan el cliente aprenden de los usuarios y transmiten su *feedback* a los que desarrollan el producto. El producto pivota hasta ser aquello que el cliente demanda. Cuando se habla de pivotar se refiere a hacer modificaciones en la estrategia o modelo de negocio porque no se están consiguiendo los objetivos esperados.

American Airlines encargó a Rolls-Royce motores para 50 aviones con un plus de mantenimiento integral. Una cosa llevó a la otra y los de Rolls-Royce le pusieron tanto empeño a su servicio ampliado con reparaciones, suministros y mantenimiento que se convirtió en el segundo fabricante mundial de motores para aviación.

***Fases de la metodología* Customer development:**

1. **Descubrimiento del cliente**. Descubre a tu cliente y sal a conocerlo desde el minuto cero, no te quedes en casa haciendo cábalas sobre cómo es. Sal a la a calle y *Just do It*. Primero busca un problema que pique, una necesidad que merezca resolverse. Déjalo reposar unos días y, cuando te pongas frente a tu futuro consumidor, pregúntate si el problema es real y cuál es la intensidad con la que lo sufren. A cada respuesta significativa realiza cambios y vuelve a salir a preguntar sobre el resultado.
2. **Validación con el cliente**. Ya has diseñado una solución para aliviar los problemas de los clientes. Ahora quieres que se produzcan los primeros pedidos para que haya una prueba real del mercado. Los primeros clientes se llaman ***early consumers***, saben que tu producto está en **fase beta** y están dispuestos a aportar mejoras. En este punto te sirve salir con el producto mínimo viable y, a partir de él, ir madurando tu propuesta. Es importante que tengas en cuenta que aquí no se trata de vender tu producto. Las ventas llegarán en la fase de ejecución; tu objetivo es validar la solución. Si la respuesta ante el producto es positiva, sigue adelante. En este modelo, cada "no" nos devuelve a la casilla anterior, porque es un proceso iterativo. Iterar es repetir una y otra vez el proceso hasta dar con el modelo de negocio viable.
3. **Creación y cocreación con clientes**. Has entrado de lleno en la fase de ejecución. Tenemos un segmento rentable de clientes pero necesitamos estimular la demanda y empezamos a **invertir en marketing y ventas**. En esta fase quieres salir de un mercado de ***early consumers*** hasta alcanzar una masa crítica suficiente, el ***mass market***. De la validación cualitativa del producto pasamos a la validación cuantitativa.

   Ya claro, y me dirás: ¿cómo sé si hay un encaje con el mercado? Apunta:

   • Hay personas dispuestas a pagar por el producto/servicio.

- Cuesta menos conseguir el cliente que el beneficio que obtenemos por él.
- Hay un número suficiente de personas interesadas como para ser un segmento que haga que tu negocio sea rentable.

4. **Construcción de la empresa**. Te has hecho mayor y tienes que dejar aquel garaje en el que se forjan las ideas para **estructurarte como empresa** formal con tres departamentos clave: **marketing, ventas y desarrollo de negocio**. Estos tres departamentos trabajarán con sus propios objetivos para **escalar el negocio**, explotando el éxito inicial del producto. Esta metodología centrada en el cliente y qué quiere este realmente de un producto o servicio te ha permitido evaluar la viabilidad del negocio desde los inicios. Con la introducción gradual de los departamentos no se ha incurrido en gastos iniciales estructurales innecesarios y te has podido centrar en tener lo que realmente importa: un producto que necesita un número suficiente de personas.

Metodologías de trabajo ágiles

Hay veces que las cosas son buenas y funcionan. En mi trabajo como consultora de marketing a veces me encuentro con cejas que se alzan al bajar las estrategias de marketing a puntos y acciones concretos que tengan sentido. Pues bien, estos nuevos paradigmas vienen con un kit de trabajo y todos lo agradecemos.

Si trabajas con *startups*, o estás en una *startup*, tendrás que aprender a planificar los proyectos y llevar las reuniones de otra manera. Probablemente tus equipos de desarrollo tendrán implementadas estas metodologías. Te lo explico brevemente para que puedas hacerte una idea de qué significa funcionar con metodologías de trabajo ágiles.

Las nuevas empresas suelen nacer en entornos digitales y, en contextos de gran incertidumbre, necesitan gestionarse como proyectos ágiles, con rapidez y flexibilidad, probando distintas funcionalidades a medida que vamos validando con clientes o pivotando hacia otras opciones, y si no se dan los resultados esperados.

Las metodologías ágiles se conciben en el contexto actual, donde los equipos no son estáticos: se trabaja en fases cortas y se llevan a cabo actualizaciones concretas del producto. Una vez que se supera la actual, se acomete la siguiente, se testea cada actualización en función de las necesidades del cliente acometiendo cada punto en vez de limitarse a pensar en un producto concreto predeterminado que tiene que salir como se había planteado en el inicio. Divide el proceso en pasos cortos y efectivos. Hacemos, probamos experimentos y decidimos en función de los resultados.

Cómo se integran las estrategias *Lean Startup* y estas metodologías ágiles:

- *Lean Startup* se encarga de "qué" se tiene que hacer.
- Las metodologías ágiles se encargan de "cómo" hacerlo.

Manifiesto de las metodologías ágiles:

- ✔ **Las personas y su interacción, por encima de los procesos y las herramientas**. Se valoran la autonomía, que cada individuo decida; la autosuperación, se evalúa de forma periódica el producto que se está desarrollando; y el autoenriquecimiento, que se transfieran los conocimientos. Entregas tempranas: entre 15 y 60 días. Eso tiene que durar cada hito y debe ser continuado. Promueve la comunicación del equipo más que las formalidades, e incluye no solo a técnicos sino a personas conocedoras del negocio.
- ✔ **El software en funcionamiento, frente a la documentación exhaustiva**. La documentación es necesaria para transferir el conocimiento, pero el valor está en el producto o servicio en sí, no en kilos de documentación para justificarlo. Es el principal indicador de la evolución del proyecto: qué nivel de acabado tiene el producto o cuál es el tiempo previsto para finalizarlo, no el tiempo transcurrido frente al planificado.
- ✔ **La colaboración con el cliente, por encima de la negociación contractual**. Los contratos son otro de los elementos que pierden importancia en favor de la integración del cliente en el proyecto y el aportarle valor en cada iteración más que en el momento de la negociación.
- ✔ **La respuesta al cambio, por encima del seguimiento de un plan**. Se valoran preferentemente la anticipación y la adaptación en cada paso del proyecto frente a la planificación y el control. Los requisitos son cambiantes. Si una iteración no funciona, tendrás que explorar vías alternativas.

En resumen, los proyectos ágiles se basan en 12 principios:

1. Nuestra prioridad es satisfacer al cliente mediante la entrega temprana y continua de software con valor.
2. Aceptamos que los requisitos cambien, incluso en etapas tardías del desarrollo. Los procesos ágiles aprovechan el cambio para proporcionar ventaja competitiva al cliente.
3. Entregamos software funcional con frecuencia, entre dos semanas y dos meses, con preferencia al periodo de tiempo más corto posible.

4. Los responsables de negocio y los desarrolladores trabajamos juntos de forma cotidiana durante todo el proyecto.
5. Los proyectos se desarrollan en torno a individuos motivados. Hay que darles el entorno y el apoyo que necesitan, y confiarles la ejecución del trabajo.
6. El método más eficiente y efectivo de comunicar información al equipo de desarrollo y entre sus miembros es la conversación cara a cara.
7. La principal medida de progreso es el software funcionando.
8. Los procesos ágiles promueven el desarrollo sostenible. Los promotores, desarrolladores y usuarios debemos ser capaces de mantener un ritmo constante de forma indefinida.
9. La atención continua a la excelencia técnica y al buen diseño mejora la agilidad.
10. Es esencial la simplicidad, o el arte de maximizar la cantidad de trabajo no realizado.
11. Las mejores arquitecturas, requisitos y diseños emergen de equipos autoorganizados.
12. A intervalos regulares, el equipo reflexiona sobre cómo ser más efectivo para, a continuación, ajustar y perfeccionar su comportamiento en consecuencia.

Las principales metodologías ágiles, en las que cada una tiene sus características, son las siguientes:

✔ **Scrum**. Toma su nombre de la forma de trabajo en equipo, con el avance en formación de melé (*scrum*, en inglés) de los jugadores de rugby y por eso cada avance es un *sprint*. Se centra en entregar el máximo valor para el cliente en el mínimo plazo de tiempo posible. Permite inspeccionar rápidamente y repetidas veces el software actual. El negocio es quien establece las prioridades, pero los miembros del equipo se organizan para determinar la mejor forma de entregar el trabajo. Hay un documento, el *product backlog*, que reúne los requisitos del proyecto y de las funcionalidades deseadas según su ROI. El *sprint backlog* es el subconjunto de requisitos que serán desarrollados durante el siguiente *sprint*. Se describe cómo se van a implementar los requisitos durante el *sprint* y ninguna tarea superará las 16 horas. Cada día de *sprint* se realiza la reunión de 15 minutos sobre el estado del proyecto, el *stand-up meeting*. En cada *sprint* todo el equipo puede acceder al software y decide si entregarlo tal como está, continuarlo o mejorarlo en el siguiente *sprint*.

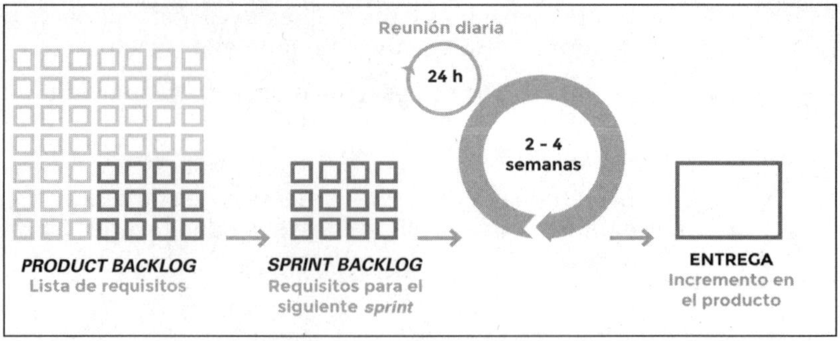

Figura 4-3: Esquema de una reunión diaria

- **Kanban**. Esta metodología es, en realidad, un flujo de trabajo:
  - Empieza por lo que conoces. Kanban no se encarga de decirte qué roles debe jugar cada miembro del equipo.
  - Cambios evolutivos y gráficos. El sistema se basa en pequeños cambios que cambian de estado: un tablero muestra los estados del proyecto: en proyecto, haciéndose, hecho. Es más suave que Scrum y genera menos resistencias en la organización; no se basa en iteraciones, sino en el flujo de trabajo.
  - Ahorro de tiempo. No hay estimaciones, ni se detiene el flujo de trabajo hasta el final. Todo el equipo trabaja hasta que se acaba la tarea.
  - Esto provoca que sea intuitivo, ordenado y acotado.
  - Se puede combinar con las otras metodologías.

RECUERDA

Los nuevos modelos de marketing siguen la evolución del marketing general:

- El enfoque de las 4P era muy narcisista: con qué recursos cuenta la empresa para llegar a sus consumidores y alcanzar los objetivos de venta.
- El enfoque de las 4C contempla la perspectiva del consumidor en una realidad cada vez menos generalista, donde hay que afinar las propuestas al mercado.
- El enfoque de marketing actual se centra en la creación de valor para el cliente final y se plasma en los principios *Lean Startup*.

Capítulo 5

El plan de marketing: cómo cuadrar estrategia, presupuesto y calendario

Con cuidado. Con la cara de tu jefe roja de ira porque, una vez más, los objetivos son altos y los recursos bajos. No te servirá de consuelo, pero él también ha enervado a su jefe, y el jefe de todos tiene un collage con las caras de los accionistas. Están acostumbrados a crecimientos de dos cifras, a un mundo predecible, a asumir pocos riesgos, y les cuesta darse cuenta de que todo ha cambiado y ya no volverá a ser como antes. Infelices.

Pese a que no sabemos qué pasará en seis meses y menos en cinco años, debes trabajar sobre supuestos y construir escenarios. Planifica tus acciones, tus inversiones y cómo y cuándo esperas amortizarlas. El departamento financiero necesita tus estimaciones de ingresos y la partida de gastos para ajustar el plan de negocio de la empresa. Sí, acojónate, de tus estimaciones sale si hay que echar personal, si hay que comprar fuera y se puede invertir dentro, o si hay promociones este año.

Pues venga, a por ello.

Cuánto ingresas: ventas y clientes, clientes y ventas

En las 4P ya vimos que tres se refieren a gastos (producto, promoción, distribución o plaza) y una a ingresos (precio). Es lo primero que debes ajustar: cuánto esperas ganar y qué debes invertir para conseguir ese objetivo de ventas. No estaría mal si consiguieses que alguna de las P de gasto empezasen a producir ingresos... Es una idea.

Sabes cuántos clientes tienes, cuánto compraron el año pasado y qué productos adquirieron. Si tu empresa es nueva, sabes a qué mercado te diriges, cuál es su volumen potencial y tu participación esperada en el mercado. Si no lo sabes, vuelve al capítulo 2 y haz la cuenta.

Ni el cliente siempre tiene la razón, ni todos los clientes son interesantes. Valora el coste que te comportan tanto en términos económicos como el resto de componentes del coste: emocionales, de tiempo...

Clientes potenciales

Valora el interés real del cliente en tu producto y su posibilidad de compra y califícalo en poco probable, probable y muy probable.

Muy probable es quien quiere y puede comprar, así de claro. La que entra desolada en la tienda de Jimmy Choo con un vestido de Dolce & Gabbana, unas sandalias de Manolo Blahnik y un Rolex en la muñeca porque no tiene zapatos para el cóctel de esta noche. La de "gracias, estoy mirando" no llega ni a la categoría de "poco probable". El comercial lo sabe, y centra su energía en el primer segmento.

Clientes actuales

Analiza tus clientes y comprueba si son rentables. No lo hagas a bulto; segmenta a los clientes haciendo un ABC por volumen de compras y nivel de descuentos, por aquello de no mezclar churras con merinas.

Este no es un libro de contabilidad ni financiero, pero conviene que sepas hacer las cuentas básicas para tomar decisiones con respecto a qué es lo necesario, dónde mirar y dónde centrarte.

Tabla 5-1: Coste de captación de un cliente (coste de las ventas)

1. Coste anual total del vendedor	52.500 euros
2. Visitas anuales vendedor	300
3. Coste promedio de una visita del vendedor	52.500 / 300 = 175 euros
4. Visitas promedio necesarias para convertir un cliente potencial en cliente	3
5. Coste de captar un cliente	175 × 3 = 525 euros

Tabla 5-2: Ganancias que proporciona un cliente (rentabilidad media)

1. Ingreso anual por cliente	700 euros
2. Lealtad promedio en años	5
3. Margen de beneficio para la empresa	15 %
4. Beneficio por cliente	400 * 5 * 0,15 = 525 euros

En este caso, vemos que el coste de las ventas es igual a la rentabilidad de un cliente, por lo que no hay espacio para incluir el coste de publicidad, operaciones... Es decir, se debería incrementar la rentabilidad o reducir los costes.

Hablando de costes, debemos revisar en qué puntos de la cadena de valor perdemos clientes, qué significa esa pérdida para la empresa, para descubrir qué puntos priorizamos en la inversión.

Tabla 5-3: Cuánto cuesta perder clientes

1. Clientes totales	50.000
2. Pérdidas por atención al cliente	1 % (500 clientes)
3. Pérdidas por errores en el etiquetado	4 % (2.000 clientes)
4. Pérdidas totales de clientes	5 % (2.500 clientes)
5. Ingreso anual por cliente	700 euros
6. Pérdidas totales en ventas	2.500 clientes × 700 euros = 1.750.000 euros
7. Margen de beneficio para la empresa	15 %
8. Pérdidas totales en beneficios	0,15 × 1.750.000 euros = 262.500 euros

Teniendo en cuenta que todos los años pierdes 2.000 clientes por problemas de etiquetado, lo que conlleva 1.400.000 euros en ventas y más 210.000 euros en beneficios, está claro que en las prioridades del departamento de marketing del año que viene se incluirá un rediseño del *packaging*. Por tanto, el presupuesto de una máquina nueva de etiquetado de 30.000 euros para el departamento de logística no suena tan disparatado, ¿verdad?

Las cuentas las hemos hecho a un año; si la lealtad media son cinco años, empieza a multiplicar y piensa: ¿qué pasaría si la lealtad media de mi cliente fueran diez años? Que debes hacer lo necesario para conseguirlo, seguro que es lo que piensas.

Cuánto gastas: en qué agujero cierras el cinturón

Menos que el año pasado y conseguir un 5 % más... :-P

No hay una respuesta correcta, pero "depende" es la peor respuesta, por obvia.

Para establecer a cuánto ascenderá el presupuesto de marketing hay dos formas básicas de calcularlo:

- Lo que necesitas para conseguir tus objetivos.
- Lo que puedes gastar con el flujo de caja que tienes.

Tienes que hacer el ejercicio de las dos maneras. Si lo haces solo de la primera, acabarás vendiendo viajes a la Luna; si solo lo haces de la segunda, te convertirás en ceniza de la apatía y escasez de imaginación que te dará.

Establece las partidas y dibuja un presupuesto anual por áreas:

Tabla 5-3: Presupuesto anual por áreas

Área	Suma de EUROS
Comunicación	245.000 €
Acciones redes sociales	120.000 €
Ferias	45.000 €
Publicity y WOM	80.000 €
Herramientas de venta	440.000 €
Catálogos	90.000 €
Mejoras en e-commerce	50.000 €
Tarifas	30.000 €
Telemarketing	150.000 €
Internet	120.000 €
Identidad Corporativa	75.000 €
Papelería	50.000 €
Rediseño de packaging	25.000 €
Publicidad	1.230.000 €
Exterior	80.000 €
Prensa	270.000 €
Producción	80.000 €
TV	600.000 €
Internet	200.000 €
Punto de venta	480.000 €
Displays	175.000 €
Formaciones	30.000 €
Muestras	25.000 €
Promociones	250.000 €
Total general	2.470.000 €

Valora el presupuesto en función de las ventas. Este presupuesto está en el contexto de una empresa que factura 35.000.000 euros al año. La inversión del departamento de marketing representa aproximadamente un 7 % de las ventas de la empresa. Plantea un sistema gráfico que muestre lo asignado a cada área:

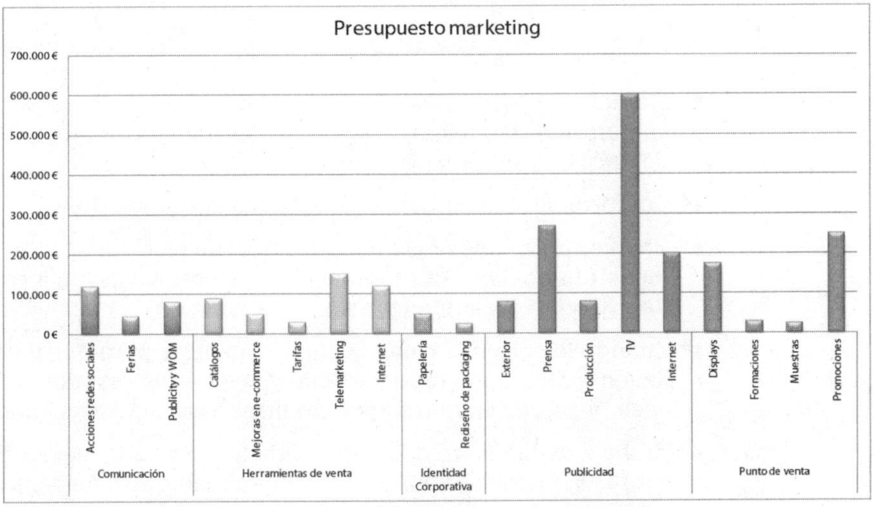

Figura 5-1: Presupuesto de marketing

Y plasmas las acciones en un calendario para tenerlas ordenadas y accesibles a primer golpe de vista:

Figura 5-2: Calendario de acciones de marketing

Tener toda la información organizada te ayuda en varios sentidos:

- ✔ Siéntate a analizar cuál es el presupuesto total y cómo vas a dividirlo en partidas. Eso te exige una labor de análisis previo y de detección de necesidades presupuestarias.
- ✔ Comprométete contigo mismo y con la organización.
- ✔ Una vez plasmados los indicadores gráficos en la hoja de cálculo, te muestran posibles descompensaciones que te llevan a revisar la distribución presupuestaria.
- ✔ Cuando lo ves en el calendario, te organizas para que las tareas se lleven a cabo en tiempo y forma, y descubres descompensaciones o acciones que deben ir junto con otras y no te habías dado cuenta.
- ✔ Trabaja de lo macro a lo micro y de lo micro a lo macro. Por un lado, sabrás si puedes asignar más a publicidad que a herramientas de venta, pero por otro actualizarás los costes de los proveedores y sabrás por dónde no puedes recortar.

- ✔ Establece acciones en función de los resultados de venta: si en septiembre se vende "x", dedica esta parte del presupuesto a esta acción en octubre; si se vende "x - n" pospón la acción un mes y, si se vende "x + n", amplía el presupuesto. Trabajar con escenarios te lleva a no tener que revisar constantemente el presupuesto y rectificar sobre la marcha.

En tu caso, echar bien las cuentas es muy importante, por lo que te recomiendo que dejes la mentalidad de Visa que hemos tenido durante años y pienses que tienes que pagar las cosas a tocateja. Hazte una hoja de cálculo con los ingresos de la empresa y los gastos del departamento. Para calcular la tarifa del año que viene, paga al impresor antes del 31 de diciembre; si haces una campaña SEM que dure tres meses, imputa el presupuesto diario en la parrilla. En agosto casi no hay ventas, pero en mayo te sales. Apúntalo todo y te saldrán unos meses con pérdidas y otros con ganancias, así evitarás el pánico.

Cómo hacer estrategias y presupuestos en tiempos de turbulencia

Según un estudio global de McKinsey, el:

- 55 % de las empresas encuestadas tienen dificultades para presupuestar sus ventas.
- 30 % de las empresas encuestadas tienen dificultades para descifrar las preferencias de sus clientes.
- 28 % de las empresas encuestadas tienen dificultades para identificar fuentes de financiación.
- 24 % de las empresas encuestadas tienen dificultades para anticipar acciones de sus competidores.

A veces el problema que te encuentras no es que no sepas hacer lo anterior, sino que se te han caído todos los mitos, que los supuestos sobre los que trabajabas ya no son válidos, que los consumidores son multicanal y no sabes dónde o cómo captarlos. Ya. Estamos jodidos, se acabó el confort. Es hora de adaptarse no una, sino mil veces.

La situación actual viene marcada por un serie de factores que favorecen la inestabilidad y el sistema basado en las ventajas competitivas tradicionales. Hemos entrado en una nueva era en la que "lo único estable será la inestabilidad".

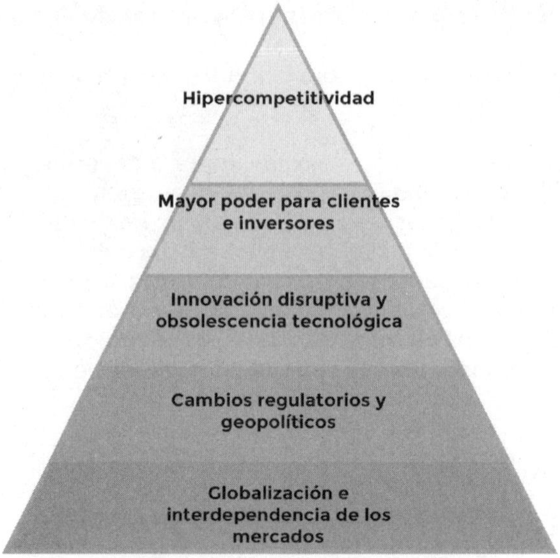

Figura 5-3: Factores que favorecen la inestabilidad en la situación actual

Tradicionalmente, ante situaciones similares, se ha recortado: presupuesto, recursos, personas. Y cuando dejas de recortar porque has llegado al mínimo sostenible y sigues sin tener mejora competitiva, ¿qué haces? Si no lo sabes, te lo digo: bajas la persiana. Muy bien, parece que este sistema te lleva a una muerte lenta y dolorosa, a la agonía. Quizá haya que buscar alternativas.

Un ritmo de cambios acelerado exige una evolución estratégica al mismo nivel, en cuanto al tiempo en desplegarla y la actitud frente al cambio. La clave ya no está en reaccionar, en ser reactivo, sino en anticipar, en ser proactivo. En vez de esperar a que lleguen los cambios y adaptarte a ellos, anticípate y provoca el cambio antes de que el cambio llegue a ti.

Si siempre te ha ido bien y has sido una empresa con altos niveles de excelencia, no estás más protegido, sino que lo llevarás peor. Eres el triunfador, el que siempre hace las cosas bien, el que acierta con sus intuiciones. Por eso es tan fastidiosamente difícil llevarte la contraria, porque casi nunca te equivocas. Por eso te cuesta reconocer que no vas por el buen camino, es una senda poco transitada para ti. Y pones muchos frenos antes de decidir que, efectivamente, tienes que cambiar tu modelo de negocio.

Te voy a dar 3R para que puedas dominar las formas esenciales de innovación:

Tabla 5-4: 3R para dominar la innovación

Revolución	Renovación	Resiliencia
La revolución es innovación dentro del sector. Es decir, hacer algo diferente, no convencional, a lo que hacen el resto de concurrentes. Contraes un riesgo mayor, pero los beneficios, si la estrategia tiene éxito, está por encima de la media. Irrumpen con fuerza quienes presentan nuevos modos de hacer y nuevas formas de hacerlo. Silestone revolucionó las encimeras de cocina; iPhone, la telefonía; Spotify, la forma de escuchar música.	Trabaja en círculos concéntricos: reinvéntate tú y reinventa tu sector después. Innova respecto a tu modelo de negocio. Cuando Ferran Adrià se incorporó a El Bulli en 1984, era un restaurante normal con más de veinte años de historia. Pero su ambición era crear un laboratorio de ideas que lo convirtió en el mejor restaurante del mundo.	A veces te llega el gran palo, a veces lo ves venir y en otras ocasiones parece que pasabas por allí y te tocó lo que no era tuyo. Te caracterizas por esa capacidad de ir encajando y amoldándote a los embates. Lo tuyo es la reconstrucción continua, eres un resiliente nato. La innovación está en tu ADN, en tecnologías, procesos, valores y conductas. La gran crisis de IBM en la década de 1990 fue necesaria para que la empresa se reinventase.

Cómo adaptarte al cambio

RECUERDA

Dos chavales pueden revolucionar la industria por completo. En la década de 1970 ya lo hicieron Bill Gates y Paul Allen creando Microsoft, o Steve Jobs y Steve Wozniak creando Apple. En la década de 2000 volvió a suceder con Mark Zuckerberg y Facebook... y estamos pendientes del hito de esta década. La clave está en ese espíritu emprendedor que tira adelante con ingenio, trabajo y riesgo. La clave está en crear. La clave está en reinventar. La clave está en reciclar. La clave está en colaborar. Pero cuidado: cuando busques un colaborador no te mires al espejo, que para eso ya estás tú... Busca tu complemento. Si eres el de los números, encuentra al de las ideas.

Algunas claves que te servirán en este proceso:

- **Foco: céntrate en tu *core business* y en los segmentos de clientes principales**. Vuelve a los orígenes, a aquello que dota de sentido y valor a tu propuesta, porque tendrás que luchar por tus clientes. Todo lo que no funciona, fuera. Quédate con los rentables y los fuertes: son tiempos darwinistas.

- **En los segmentos que te quedan, conoce del cliente hasta el DNI.** A la velocidad que cambia todo, corres el riesgo de quedarte por el camino si no lo haces según sus gustos, sus deseos, sus expectativas: mantente a su lado y sueña por él.
- **Si tienes que recortar presupuesto, hazlo donde toca**. Si necesitas reducir presupuesto, prescinde de los segmentos secundarios, pon toda la carne en el asador y aumenta el de los más fieles.
- **Conserva el valor**. No se te ocurra hacer descuentos en tus mejores marcas. Siempre llega un momento en el que toda innovación se copia: espero que, cuando te copien, estés sacando la próxima innovación y no puedas ser sustituido. Los mercados se saturan y las estrategias se agotan: un fuerte crecimiento inicial lleva a un punto de estancamiento cada vez más corto al que sigue el declive. Cuida tu reputación: los mercados son conversaciones en las que los que caen mal son destruidos por el poder del cliente. Que tus beneficios no se basen en el desconocimiento o en el falta de poder de negociación del cliente y, una vez alcanzado ese punto, no puedas aportar más.
- **Ábrete**. No hables, escucha. No pienses en emitir mensajes, piensa en conversaciones. No hay un emisor corporativo, hay muchos portavoces: cada empleado, cada cliente. No pienses en el beneficio del accionista, piensa en el beneficio de la comunidad. Asume que cedes parte del control. Si no lo cedes, lo perderás.

Parte II

La transformación digital

—En nuestra empresa de marketing llevamos muy bien el *branding*, el *managing* y el *packaging*. Lo que no va muy fino es el *facturing*.

Capítulo 6

Qué significa la transformación digital

Era el chamán, el hechicero. Su función era preservar y alargar la vida de su tribu. Recolectaba las plantas curativas y conocía los secretos de su aplicación. Observador, pasaba horas contemplando la naturaleza.

La vida en la tribu era sencilla, una veintena de personas que colaboraban en la supervivencia. Ellas solían encargarse de cuidar de los niños, recolectar frutos y dar caza a los pequeños animales que encontraban cerca de sus asentamientos, curtir las pieles que les servirían de abrigo cuando fueran en busca de nuevas tierras que les alimentasen, y vigilaban y alimentaban el fuego. Ellos exploraban, cazaban, fabricaban armas e instrumentos cada vez más avanzados, y defendían al grupo.

Hacía un tiempo que habían desarrollado nuevas herramientas. Los alfareros sabían crear recipientes para almacenar alimentos y cocinar. Ya no tenían que asentarse al lado del agua o desplazarse constantemente porque podían reservar grano y excedentes.

El clima templado en el valle del Tigris se había convertido en desértico. Eso hacía que su vida de caza y recolección fuese cada vez más dura. La escasez de plantas le permitió fijarse en que al tiempo de enterrar una semilla, nacía una planta... Pensó que si eran capaces de hacer eso con el trigo ya no tendrían que seguir con esa vida.

Nuestro chamán fue uno de los artífices del desarrollo de la agricultura, una nueva etapa tecnológica para el joven *Homo Sapiens*. **Una transformación tecnológica a ese nivel lo cambia todo, porque la tecnología transforma la sociedad**.

La agricultura implicó que dejaran de ser nómadas para cuidar de sus cultivos en lugares fijos de residencia. La posibilidad de tener excedentes de alimento provocó un boom demográfico desconocido hasta la fecha, que surgieran nuevas actividades derivadas de la vida en las ciudades, como artesanos, agricultores, guerreros, y también la posibilidad de desarrollar civilizaciones... Todo eso por un hechicero con una semilla.

La transformación digital es más o menos lo mismo. Vivimos un momento de cambio con implicaciones tecnológicas.

En 2011, el instituto IBM para el valor de las empresas publicó un estudio con los retos y oportunidades derivados de la transformación digital. Sus descubrimientos sugerían tres líneas de transformación digital que requerían cambios en las operaciones internas para construir la propuesta de valor a los clientes:

1. Crear e integrar las operaciones digitales. Después, dirigir la propuesta de valor para alcanzar la plena transformación.
2. Mejorar, ampliar o remodelar la propuesta de valor al cliente con contenido digital, visión y compromiso. Después, centrarse en la integración de las operaciones digitales.
3. Construir un nuevo conjunto de capacidades alrededor de la nueva propuesta de valor al cliente y el modelo que opera en fases iterativas.

Para las empresas, la transformación digital es un viaje que suele iniciarse con lo más operativo, pero que termina afectando al modelo de negocio:

- ✔ **Contenido**. La comunicación guía esta primera fase en la que el interés se centra en optimizar los procesos y capacidades de comunicación. Se empieza por la comunicación con los clientes. El mercado empuja y tienes que dar una respuesta, lo haces de la mejor forma posible y empiezas a escuchar e investigar cómo liderar el cambio.
- ✔ **Funciones de negocio**. La segunda fase viene marcada por las funciones de los individuos. La organización se da cuenta de que las personas tienen que marcar hitos, capacitar a las personas, establecer funcionalidades. Una visión digital asume que el mundo es cambiante y que el conocimiento tecnológico y las habilidades digitales tendrán que ser recicladas constantemente, que las descripciones de los puestos devienen con una rapidez nunca vista, que hay que establecer estructuras pero que estas son flexibles, y que la colaboración y apertura son imprescindibles.
- ✔ **Procesos de negocio**. La tercera ola viene marcada por la integración digital de los procesos de negocio a través de todas las funciones. Una vez establecidas, las estructuran, empiezan a funcionar los modelos con una óptica totalmente operativa: la producción, los canales de atención al público, la gestión del negocio... se ven afectados por la digitalización.
- ✔ **Modelo de negocio**. El más alto grado de madurez se alcanza cuando la digitalización afecta al modelo de negocio. El foco no está en las tecnologías individuales sino en cómo aplicar el negocio desde una

perspectiva integradora, asumiendo las nuevas realidades sociales, la incertidumbre como norma, viendo fuentes de ingresos alternativas. Se transforma el negocio y cómo se trabaja en él.

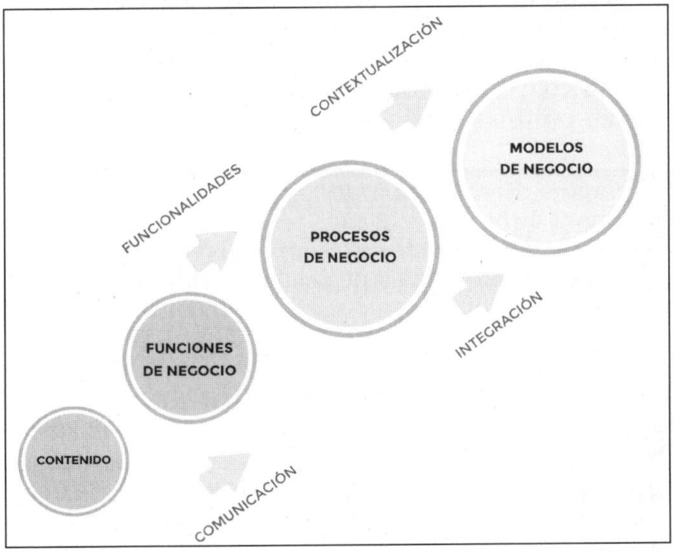

Figura 6-1: Esquema de la transformación digital en las empresas

Qué es internet y qué cambios ha supuesto

Internet ha convertido el mundo en una aldea y la ha hecho global. Ha acortado tiempo y distancia, y ha hecho crecer la raza humana (en Estados Unidos, 1 de cada 8 parejas se conocen por internet).

Los ordenadores nos hicieron mejores amplificando nuestras capacidades: almacenamiento, memoria, rapidez en el procesamiento de datos...

Internet, además, nos conecta.

Figura 6-2: Evolución de la conexión mundial a internet

Internet cambia nuestra percepción de elementos fundamentales en nuestras vidas:

- **El espacio — Global**. Estamos a un clic de distancia de cualquier parte del mundo, podemos informarnos de lo que sucede en el Reino Unido por los programas de la BBC *online*. ... Es GLOCAL. Todos estamos conectados con todas partes, nos volvemos globales mientras nos centramos en lo que pasa a nuestro alrededor, en nuestro barrio.
- **El tiempo — Real**. Está pasando YA y te enteras AHORA. El proceso de compra de hace veinte años pasaba por una oferta económica, un fax que llegaba a un sitio, un tiempo de recogida de la información y un procesamiento y envío de producto. Hoy en día es un clic y un tiempo de procesamiento y envío de producto.
- **El dinero — Gratis**. Todo tiende a ser gratuito. Los átomos tienden a la escasez mientras que los bits tienden a la abundancia.
- **La economía — En red**. Un resfriado de la bolsa de Nueva York se lleva por delante los mercados asiáticos.
- **La distribución — Sin intermediarios**. En un clic, del productor a tu casa. Para qué va ha haber alguien prestando un servicio que ha perdido su valor. Mira la industria discográfica: bajan las ventas de discos mientras sube la asistencia a conciertos.
- **La oferta — Infinita**. En la economía *long tail* no dependemos de la capacidad de nuestras estanterías para almacenar libros sino de qué libros interesan a nuestra clientela. La suma de las ventas de todas las rarezas supera las ventas de la suma de los 10 bestsellers.
- **El conocimiento — Inabordable**. Cada vez hay más conocimiento disponible para más personas, encontrarlo es fácil y barato, pero es costoso filtrarlo y utilizarlo con eficiencia.

Como otras tantas veces, ten cuidado con lo que deseas, no vaya a hacerse realidad. Esa sed de conocimiento que teníamos se ha convertido en empacho. Estamos *infoxicados*, intoxicados de información, y eso nos provoca déficit de atención.

Quienes trabajen en un mundo digital, deben tener claro que las personas solo dedicarán parte de su tiempo si las marcas adaptan sus mensajes a lo que les interesa, si adaptan sus canales a los dispositivos que utilizan, y si lo hacen de forma sencilla. Si no te adaptas a estas reglas, no tienes oportunidad alguna, ni te mirarán.

Los datos en el mundo digital: CRM, ERP, Big Data, internet de las cosas

Lo digital es el paso del mundo de los átomos al mundo de los bits. Esto quiere decir que el mundo digital es un mundo de datos: los datos son datos, las imágenes son datos, nuestras conversaciones en las redes sociales son datos, el contenido de nuestros correos electrónicos son datos. Todo son datos.

Sin tratar, estos datos son un océano de ruido sin sentido pero, una vez clasificados, pueden llegar a adquirir un gran valor porque se transforman en las claves para acceder a la banca *online* o a nuestro historial médico. ¿Has visto *Matrix*? ¿Recuerdas cuando todos aquellos unos y ceros de la pantalla se convertían en realidades? Bienvenido, estás en Matrix.

Los datos visibles y accesibles públicamente en internet son solo la punta del iceberg. A nivel empresarial, cada vez más compañías trabajan con **soluciones de almacenamiento "en la nube"** para que los sistemas, aplicaciones y documentos sean accesibles para cualquier dispositivo con credenciales 24×7×365 desde cualquier lugar. Por otro lado estaría el internet invisible, también conocido como ***Deep Internet***, que recoge todos los datos sin indexar y es una porción muy grande de la red desarrollada para que sea imposible de rastrear.

Los datos son la gasolina de internet. Muchos modelos de negocio se basan en recoger datos tuyos y míos y explotarlos, y tú también tendrás que plantearte cómo extraer información significativa para tu marca.

Los datos no son una preocupación del departamento de marketing, pero sí su explotación y generar estrategias y acciones que permitan extraer su valor. En este capítulo voy a abordar aspectos de los que no te tendrás que encargar, pero de cómo lo estén haciendo los departamentos de sistemas, tecnología... dependerán las posibilidades para plantear acciones que tengas y un conocimiento de la magnitud de sus posibilidades no te vendrá mal.

Big Data

Cada día se realizan más de 1.000 millones de consultas en Google, más de 250 millones de tuits en Twitter, 800 millones de actualizaciones en Facebook, 60 horas de vídeos subidos por minuto a YouTube, 10.000 transacciones mediante tarjeta de crédito por segundo... Es indudable el **crecimiento exponencial en la generación, procesamiento y almacenamiento de datos**.

Se estima que para 2020 las redes de banda ancha móvil alcancen al 80 % de la población mundial y se duplique el número de planes de datos. Se calcula que estarán en funcionamiento más de 6.000 millones de *smartphones* en todo el mundo, y que 9 de cada 10 personas tendrán un dispositivo móvil con el que conectarse a internet.

Imagina que todos los bits del último año se almacenasen en CD y se apilasen en una torre: llegarían a la Luna y volverían. Nos enfrentamos a ese volumen, y el *Big Data* intenta plantear soluciones a ese problema.

El **concepto de *Big Data*** se refiere a la forma de tratar ese volumen de información caótica que no puede capturarse, gestionarse, procesarse o analizarse utilizando procesos o herramientas tradicionales en un tiempo razonable.

El reto del *Big Data* es transformar los datos masivos en información útil para ser clasificada, interpretada y convertida en una herramienta de conocimiento y toma de decisiones. Sirve para detectar patrones, relaciones entre diversos elementos y tendencias que ayuden a interpretar la realidad. Encuentra conexiones que no aparecen a primera vista, es una herramienta útil para detectar correlaciones que pueden perderse al analizar conjuntos de datos más pequeños.

Rima Qureshi, vicepresidenta y directora de Estrategia de Ericsson, ha señalado que “este enorme crecimiento de la tecnología móvil avanzada y del tráfico de datos, impulsado por un incremento de la conectividad móvil y los *smartphones*, hará que la revolución de los *Big Data* sea equivalente a lo que en su momento supuso la aparición del disquete. Consideramos que el potencial de transformación a escala masiva creará multitud de oportunidades de nuevos ingresos para los operadores de telecomunicaciones, entre otros. Pero también implicará centrarse en una oferta competitiva en costes y abrirse a nuevos modelos de negocio para seguir siendo eficientes y continuar compitiendo”.

Veamos cuáles son las fases de un proyecto de *Big Data*:

1. **Adquisición**. ¿Cómo recoges los datos? El primer paso es poner en funcionamiento la tecnología para capturar la información de una forma fiable y eficiente.
2. **Organización**. ¿Cómo transformas los datos en información? A través de su clasificación, categorización y estructuración. Es importante que todos los datos se vuelquen en un repositorio común con un modelo de datos lógico y establecer una cadencia temporal.

   El último motor de búsqueda de `Walmart.com` incluye datos semánticos. Polaris es una plataforma que fue diseñada internamente, confía en el análisis de texto, el aprendizaje del programa y la minería de sinónimos para producir resultados relevantes de búsqueda. Wal-Mart dice que la adición de la búsqueda semántica ha hecho que las búsquedas que terminan en una compra aumenten de un 10 a un 15 %. "En términos de Wal-Mart, son mil millones de dólares."

3. **Análisis**. Se establecen los mecanismos para encontrar correlaciones válidas en el menor tiempo posible.

   En los departamentos de policía de Los Ángeles y Santa Cruz, un equipo de educadores y una empresa llamada PredPol cogieron un algoritmo que solía predecir terremotos, le dieron la vuelta y comenzaron a alimentarlo de datos de crímenes. El software puede predecir la probabilidad de crímenes en un radio de 500 metros cuadrados. En Los Ángeles, hubo una reducción del 33 % de robos y del 21 % de crímenes violentos en áreas donde se usó este software.

4. **Decisión**. Si todo el proceso se ha llevado a cabo correctamente tendremos información veraz y de calidad con la que tomar decisiones.

Dimensiones de un proyecto de Big Data

Para la correcta gestión de un proyecto con datos masivos, no debes olvidar:

- **Volumen**. En la fase de adquisición, tratas grandes cantidades de datos que pueden ser generados por personas, empresas y objetos conectados.
- **Variedad**. En la fase de organización, adviertes que los datos provienen de una gran variedad de fuentes y que existen diversos tipos de información. El término *data* incluye texto, imagen, audio y vídeo. Podemos hablar de la información que transmite tu *smartwatch* a tu programa de seguimiento deportivo o de los datos que nutren la base de datos de tu seguro médico.
- **Velocidad**. En la fase de análisis, el punto crítico es que esa generación y tratamiento de datos debe producirse de una forma ágil y flexible. Ten en cuenta que los datos pueden provenir de sensores o de cámaras en la vía urbana, de los ERP de empresas privadas como tu banco... y se tienen que almacenar y gestionar en tiempo real.
- **Veracidad**. Para una correcta toma de decisiones se debe asegurar la precisión y la calidad de los datos. Si el *Big Data* tiene sentido o no dependerá de convertir el ruido en conocimiento.

RECUERDA

¿De qué datos hablamos cuando nos referimos a los* Big Data*?

- **Datos de internet**. Datos que corren por internet y por las redes sociales, todo lo que compartimos las personas.
- **Datos de dispositivos**. Las tecnologías que conectan dispositivos entre sí, los datos que se trasladan máquina-a-máquina (M2M) y los transmiten a aplicaciones que transforman en información significativa los datos que recogen los sensores.

  Más del 30 % de los vehículos que transitan en las grandes ciudades buscan aparcamiento. Esto tiene repercusiones en el tráfico y en la calidad de vida de los ciudadanos por su impacto en el tiempo que tardan en trasladarse, en el estrés que les genera y en las emisiones que produce. Reducir la media de tiempo necesario para estacionar un vehículo de 15 a 12 minutos puede evitar las emisiones de 400 toneladas de CO_2 en una ciudad como Barcelona.

  Urbiotica ofrece soluciones de parking inteligente a través de sensores que se conectan a aplicaciones en la nube y son capaces de guiar a las personas hacia los espacios libres. Esto tiene beneficios para los usuarios, que tardan menos en encontrar aparcamiento y, por tanto, sus desplazamientos son más eficientes. Los gestores de parking controlan los modelos de cobro por franjas horarias y las administraciones se benefician de la menor contaminación ambiental y mayor rotación, que beneficia la economía local.
- **Datos fruto de las grandes transacciones**. Registros de los TPV o de las llamadas de los grandes *call centers*.
- **Datos biométricos**. Registros de información biométrica que se recogen en los escáneres de retina, huellas digitales, reconocimiento facial...
- **Generados por las personas**. Correos electrónicos, información médica, documentos electrónicos...

TIP

Las principales áreas en las que se está aplicando el *Big Data* son:

- Marketing personalizado utilizando tendencias sociales.
- Visión de negocio más precisa.
- Segmentación de clientes.
- Captura de oportunidades en ventas y marketing.
- Toma de decisiones en tiempo real. Macy's ajusta los precios casi en tiempo real de casi 73 millones de productos gracias a una aplicación SAS que se basa en la demanda y el inventario.

- Detección de pérdida de clientes.
- Cuantificación del riesgo.
- Análisis del sentimiento de mercado.
- Comprensión de los cambios en el negocio.
- Planificación y predicción de negocio.
- Mejora en el análisis de costes.
- Análisis del comportamiento de los clientes.
- Mejora del rendimiento de la producción.

La reelección de Obama

Tras su primer mandato, el presidente de Estados Unidos, Barack Obama, decidió utilizar *Big Data* para su reelección. Unas cien personas trabajaron en el departamento de analítica de la campaña: 50 fijos en las oficinas centrales, otros 30 itinerantes entre sedes, y 20 única y exclusivamente analistas de datos.

Las áreas de la campaña se enfocaron en tres aspectos:

- **registro** (recoger datos de los votantes convencidos),
- **persuasión** (dirigirse a los dudosos de una forma eficaz) y
- **voto del electorado** (animar a la participación).

Por primera vez, los tres equipos más importantes de la campañas (de campo, digital y comunicación) trabajaron con una estrategia unificada con los respectivos datos de cada uno. Entre las acciones más efectivas estuvieron: recogida de datos a pie de campo y realizar un *feedback* muy rápido vía notificaciones por correo electrónico por parte del equipo *online* (se mejoraba en tiempo y eficiencia); o detectar los nichos en los que funcionaría mejor la publicidad en televisión cruzando datos de los votantes con otros demográficos, audiencias, precios de publicidad, programas... (se mejoró en impacto y segmentación). Con su analítica, el **equipo de Obama optimizó la comunicación y mejoró la respuesta del electorado afín,** permitiendo no malgastar recursos, tiempo y dinero en los votantes no afines a su partido.

Internet de las cosas

La calefacción de casa se enciende cuando salgo de la oficina, el frigorífico me avisa de que los yogures van a caducar, mi cepillo de dientes concierta una cita con el dentista porque ha detectado una pequeña caries. ¿Ciencia ficción? No, aplicaciones reales de internet de las cosas.

Internet de las cosas o *Internet of Things* (IoT) es una red que interconecta objetos físicos valiéndose de internet. En este escenario, las personas, objetos y cosas se conectan entre sí a través de elementos que los identifican y transfieren los datos a través de programas infiltrados. Ya no es necesaria la interacción directa de una persona, sino que las tareas se programan.

Hoy en día, el 99 % de los objetos no están conectados a internet. **Con internet de las cosas, hablamos de la posibilidad de que cualquier objeto sea programable, conectable a internet y con capacidad para incorporarse en una base de datos para ayudarnos en el día a día**.

El CEO de Ericsson, Hans Vestberg, aborda así la revolución a la que nos enfrentamos: "Si una persona se conecta a la red, le cambia la vida. Pero si todas las cosas y objetos se conectan, es el mundo el que cambia".

¿Qué elementos componen las cosas de* Internet of Things*?

- ***Wearables***. Aquellos objetos programables que llevamos puestos: relojes, gafas, textiles, implantes...

  Smart Life es una empresa que ha desarrollado una línea de ropa deportiva con sensores integrados para recoger datos sobre la actividad eléctrica del corazón, la temperatura, la respiración o el nivel de calorías quemadas. La función de "cerebro" se realiza por un módulo que se coloca en la zona del cuello, no pesa más de 15 gramos, y monitoriza información vía bluetooth de bajo consumo, a 125 datos por segundo.

- **Programas**. Aplicaciones y estándares de programación/analítica.
- **Tecnologías**. RFID, NFC...
- **"Cosas"**. Edificios, coches, televisores, medios de transporte público...
- **Infraestructuras**. Servicios en la nube, conectividad wifi, redes de comunicación y almacenamiento.
- **Seguridad**. Elementos que preservan la seguridad de los datos y aplicaciones: *firewalls*, directivas de Gobierno...

  La aplicación del periódico *The Guardian* se basa en un concepto llamado "Momentos", que envía notificaciones a tu *smartwatch* con historias clave a determinadas horas del día. Como dicen desde *The Guardian*: "Por la mañana se puede esperar un pequeño resumen para ponerse al día con las noticias, una galería para distraerse mientras tomas el café de la tarde, el resultado de un partido si juega tu equipo favorito o un recordatorio de la noche de un artículo guardado para leer más tarde. Los 'Momentos' son siempre frescos, atractivos y útiles".

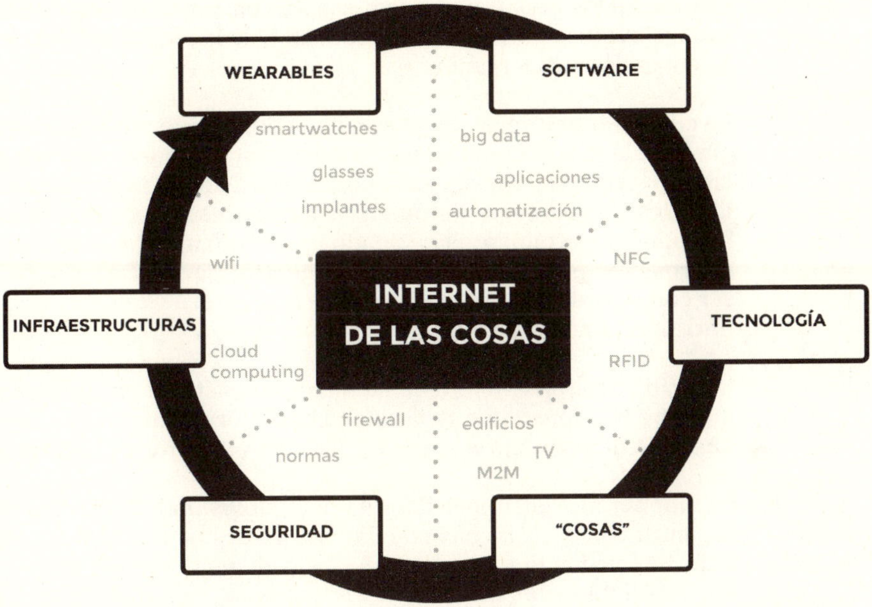

Figura 6-3: Elementos del internet de las cosas

La ventana de oportunidades que se abre para satisfacer las necesidades de las personas de una forma novedosa es amplísima. En primer lugar, porque no tendrás que molestar a tu cliente para pedirle datos, habrá una aplicación que se encargará de dotarte del conocimiento que necesitas sin ser intrusivo. Él se ocupará de que, cuando llegues a casa, esté programada tu serie favorita, un sensor te indicará tus niveles de glucosa y te propondrá una serie de platos para cenar con recetas que habrán sido propuestas por tu marca de confianza de verdura ultracongelada.

Llega *Internet of Everything*, todavía tienes unos años por delante para adaptarte.

Cómo gestionar empresas digitales: ERP, CRM...

ERP

Si quieres estar preparado cuando la revolución del *internet de las cosas* llegue a su punto de maduración, hay pasos de la digitalización que se tienen que implementar en tu empresa con cierta urgencia. Dos de las labores de los departamentos que están en contacto con el mercado son evangelizar y ser intraemprendedores. Que la tecnología funcione afecta directamente a tus resultados.

En cualquier empresa con una mínima dimensión, uno de los aspectos clave de la gestión reside en que las distintas áreas funcionen con eficiencia y transparencia. Eso significa que deberás implementar sistemas digitales que permitan automatizar los procesos empresariales (que no haya dos departamentos haciendo lo mismo), que haya un acceso a la información para todos los departamentos, que esa información pueda ser compartida por los miembros de la empresa y que se puedan hacer borrados con seguridad.

Una ERP, *Enterprise Resource Planning*, consiste en una serie de programas que funcionan por separado pero de forma integrada con las mismas bases de datos y representan la columna vertebral de la empresa.

La ERP permite gestionar diferentes módulos para las distintas áreas de la organización con una base de datos común y un motor de flujos de trabajo. Se pueden definir todas las tareas de un proceso y gestionar su aplicación en todos los módulos del sistema por separado pero atacando a una única base de datos lógica. Es decir, cada departamento tiene su módulo de gestión pero todos alimentan la misma ERP. Contabilidad, producción, recursos humanos, ventas... tienen su módulo particular que nutren la ERP general.

Puedes escoger entre una ERP propietaria, que trabaja en interno, o una ERP SaaS (*Software as a Service*), en la que pagas una cuota mensual por los servicios que necesitas y está alojada en "la nube". Cada vez oirás más la expresión *cloud computing* o "en la nube"; eso significa que, para usar el servicio, no necesitas servidores ni licencias, está alojado en internet.

Qué ERP escoger

Los grandes fabricantes tienen soluciones estándar que se instalan en tu empresa. Microsoft ofrece Navision, SAP es utilizado por grandes empresas de todo el mundo, al igual que Oracle; también existen soluciones para empresas medianas como Sage o Unit4.

La mejor ERP se adaptará a los procesos internos de tu empresa, con un proceso de implementación más ágil y una dimensión ajustada a las necesidades de tu empresa. La mayoría de las ERP están infrautilizadas y no superan las barreras de adopción de los usuarios.

Para que cualquier proceso de digitalización triunfe en tu empresa, empieza capacitando a las personas. Si no, de nada te servirá la mejor tecnología del mundo.

CRM

El CRM o *Customer Relationship Management* es una **estrategia de negocio que se basa en la satisfacción de los clientes.**

Cuando implementas una estrategia CRM, sitúas al cliente en el centro de la organización. La forma de hacerlo es identificar y administrar vuestras relaciones para mejorar la efectividad de los procesos y acciones. Te valdrás del conocimiento adquirido y la información personalizada que has ido extrayendo a lo largo del tiempo.

CRM se conoce como las metodologías, software y capacidades que ayudan a una empresa a gestionar las relaciones con sus clientes de una manera organizada porque es la memoria que te permite extraer todo ese conocimiento y poner en marcha las acciones. Con diez clientes y dos empleados puedes tirar de agenda, con 1.000 es necesaria cierta metodología para acordarse del nombre, dirección y cumpleaños de los clientes. El CRM es esa filosofía que deriva en que se construyan los "programas" para llevar a cabo el rol de "chivato": cuánto ha comprado el cliente en el último año, qué es lo que más le gusta, cuál es su tique medio, cuándo le tocaría su próxima compra... y lanza alertas que advierten de acciones a las personas que lo manejan.

Pero ¿qué implica situar al consumidor en el centro? Es cambiar tu forma de afrontar el proceso productivo: ya no pones un producto a su alcance e intentas optimizar cómo venderlo. Ahora escuchas lo que dice el consumidor e intentas crear productos que satisfagan sus deseos. En ese caso, el CRM crece y se hace social.

Como explica Paul Greenberg, "*Social CRM* es una filosofía y una estrategia de negocios que se apoya en una plataforma tecnológica, reglas de negocio, flujos de trabajo, procesos y características sociales, diseñado para implicar al cliente en una conversación de colaboración con el fin de proporcionar un valor de beneficio mutuo en un ambiente de negocios fiable y transparente. Es la respuesta de la empresa a la propiedad del cliente sobre la conversación en las redes sociales".

Cuando el CRM se convierte en *Social CRM* se implica a toda la organización, ya no solo intervienen el departamento de atención al cliente y marketing porque su alcance deja de ser tecnológico para ser holístico: las relaciones públicas gestionan la reputación, producción atiende las demandas en desarrollo de producto, atención al cliente se encarga de los aspectos operativos con los consumidores.

En el CRM tradicional, los canales de comunicación con la marca estaban definidos, ahora pasan a ser dinámicos, los eligen los clientes. Asimismo, los clientes marcan los procesos, el soporte y el control de la conversación. La gestión de la relación ya no tiene por qué seguir unas pautas marcadas; a veces el cliente comienza el contacto en canales sociales y la empresa se adapta. Y lo hace cuando quiere y puede: eso significa que la lógica ya no se rige por las necesidades de la empresa sino por la de las personas.

El *Social CRM* plantea perfiles dinámicos de clientes y una adaptación progresiva a sus expectativas. Si consigues llevarlo a cabo, la recompensa es una mayor **satisfacción del cliente y un aumento en su lealtad**.

El cliente sabe que estamos para ganar dinero con él, pero cada vez soporta menos conversaciones con un interés transaccional, aboga por la relación y porque existan interacciones basadas en sus sentimientos e intereses. Si antes los *insights* se detectaban de dentro afuera, ahora se prioriza un proceso de fuera adentro: tienes una oportunidad que debes aprovechar, escucha a los consumidores y crea una propuesta de valor con ello, no dejes que tus ingenieros te digan lo que quieren los clientes o que interpreten lo que los clientes dicen. Dedica el tiempo a crear ese servicio que te piden y déjales que lo prueben para obtener su *feedback* real.

El *Social CRM* y el *Big Data* son dos elementos condenados a entenderse. El reto consiste en enriquecer las bases de datos de la empresa con información cualitativa obtenida a través de diálogos *online* en los canales digitales para crear una experiencia omnicanal.

¿Qué puedes hacer con tu Social CRM?

1. **Escucha: monitoriza las conversaciones sobre tu marca** y cuál es el sentimiento predominante. Es un indicador muy valioso de la satisfacción de los clientes. Identifica cuáles son las personas con mayor influencia y si son clientes o no.
2. **Detecta *insights*, recoge el *feedback* de los clientes y adapta tus acciones de marketing**. El desarrollo de productos, la percepción de los precios, la valoración de la distribución... son aspectos que pueden ser integrados. Cualquier comportamiento del cliente puede analizarse, y puedes usar las redes sociales para recoger las impresiones ante lanzamientos de producto. Aprovecha los datos de los clientes para mejorar la segmentación de tus campañas de publici-

dad, o la acogida de las acciones de comunicación. Así mejorarás la rentabilidad de las campañas. Puedes utilizar las conversaciones para la generación proactiva de *leads* de ventas. Al conocer mejor a nuestro cliente le ofreces productos que hacen que compre cada vez más, compre más veces o compre productos con mayor margen.

3. **Integra el canal de atención al cliente**. Dando respuesta en tiempo real a las solicitudes que se plantean en los canales *online* mejoras su satisfacción y frenas las bajas.

   Para nutrir tu *Social CRM* puedes utilizar diferentes acciones y fuentes de información. El *software* puede incluir información sociodemográfica en el perfil de tus clientes, como su nivel de influencia en las redes sociales, sus gustos e intereses, su valor para tu marca y su nivel de compromiso con la *fanpage*. Puedes plantear concursos y promociones que recogen datos, encuestas que plasmen que te importa la opinión de tu comunidad, cupones promocionales a cambio de registros, puntos si los clientes traen nuevos clientes...

4. **Anticípate.** El *Social CRM* te puede servir para detectar el fraude, para el rediseño de procesos en la empresa o el mantenimiento predictivo. No olvides que el *Social CRM* tiene que ver con la minería de datos, su integración de los datos externos de la empresa y los datos internos para obtener patrones, segmentar mejor a los clientes y llegar a una mayor personalización.

   Hace unos años recibí este correo electrónico desde 11870 y me impactó lo bien que lo hacían.

   > ¡Hola Patricia!
   >
   > ¿Qué tal? Mi nombre es Elena, trabajo en `11870.com`, y soy la que echa un vistazo a los nuevos habitantes, por si necesitan algún tipo de ayuda.
   >
   > Ya veo que has empezado a dar tus primeros pasos... Espero que en los próximos días tengas un rato para seguir investigando `11870.com` y descubrir todo lo que puedes hacer por aquí. De todas maneras, si te pierdes o quieres aprender más, echa un vistazo a nuestra sección de ayuda en `http://11870.com/ayuda`.
   >
   > También te recomiendo que pruebes a buscar si tus amigos están ya en `11870.com` o invítales pinchando en el siguiente enlace.
   >
   > En cualquier caso, ya sabes: para cualquier duda o consulta que tengas, me comentas y te echo un cable.
   >
   > ¡Un saludo!
   >
   > Elena
   >
   > `http://11870.com/yunusuarioconcretoquenopongo`

Es importante que las comunicaciones que lanzas a tus clientes desde el CRM sigan unas sencillas pautas:

1. **Segmenta la base de datos**. En función de lo que el cliente compra, de su localización geográfica, del importe de su tique medio... **Así las comunicaciones serán más efectivas.**
2. **Estudia con qué frecuencia envías** promociones o comunicaciones porque, si abusas, quemarás la base de datos y te percibirán como un *spammer*.
3. **Cuida los mensajes en forma y contenido**. A veces el mejor diseño es el no diseño, un cuerpo de texto puede funcionar muy bien, otras veces hay que crear una plantilla, pero siempre cuidando al máximo los *copies*. Identifícate.
4. **Da opciones para responder.**
5. **Permite que los usuarios se den de baja** y no reciban más correos por tu parte o incumplirás la ley.

La movilidad en el mundo digital: interdependencia on-off en las compras, las aplicaciones...

Internet te conecta. Con tu móvil, la conexión está contigo, con los *wearables* la conexión está en ti. Todo ese mundo de conversaciones, posibilidades de compra, sugerencias... se hace real en cualquier momento y en cualquier lugar.

Con nuestros móviles podemos revisar los precios en cualquier punto de venta, comparar los productos con los de la competencia y obtener recomendaciones de nuestros amigos en menos de cinco minutos. Es probable que hayas invertido muchos esfuerzos para atraerlo hasta aquí, no lo pierdas ahora.

- ✔ **El uso del móvil crece a pasos agigantados**. Ya hay más teléfonos móviles que personas en el mundo, más de 7.500 millones. Según las previsiones, el 80 % de la población mundial poseerá un *smartphone* en 2020 y el comercio móvil representará el 15 % del total. Se calcula que consultamos nuestro *smartphone* cada 15 minutos.

  Los perfiles de los profesionales más conectados actualmente se encuentran en LinkedIn y el 70 % del tráfico de los usuarios que llega a la aplicación lo hace a través del móvil. Piensa en ello, son los pioneros, los que adoptan la innovación con mayor rapidez y utilizan prioritariamente el móvil para acceder ni más ni menos al sitio donde hacen pública su identidad digital profesional.

- **El móvil es personal**. El acceso a los móviles de última generación es mediante huella digital. Se consolida la tendencia que apunta al móvil como plataforma de acceso a todo tipo de servicios y se están desarrollando proyectos que lo convertirán en dispositivo de autenticación personal. A través del móvil se tiene una ventana abierta a servicios como la banca a distancia, la intranet de la empresa, los archivos personales, el contenido de los correo electrónicos, las fotos, la geolocalización. Esto significa que las posibilidades de crear estrategias de segmentación, incluso personalización de oferta son muy amplias y pueden llegar a ser muy efectivas.

  Proyectos como T-Mobilitat harán que el teléfono también sea el billete en el transporte público, un paso más allá de la verificación en dos pasos que ya tenemos con la banca *online* o las redes sociales.

- **El móvil es social**. Es el juguete más divertido que se ha creado en la historia reciente, que nos tiene constantemente en vilo por las conversaciones que mantenemos vía WhatsApp o Twitter con nuestros amigos, las citas que tenemos en Tinder o Hppn, las imágenes de la vida de amigos y referentes en Instagram.

- **El móvil es líquido, no distingue entre *online* y *offline***. Se integra con lo físico y lo digital, entrando y saliendo con soltura gracias a la realidad aumentada, los códigos QR o los pagos NFC.

  Conoces a una persona interesante en un evento de *networking*, escaneas el QR de la tarjeta que te acaba de dar y te bajas la *vcard* del contacto a tu aplicación de correo electrónico. ¿Hablábamos de físico o digital?

  EJEMPLO: Stiktu es una aplicación de realidad aumentada para iPhone y Android que permite escanear y dibujar lo que quieras sobre una imagen que has tomado. Además, se puede compartir el resultado en las redes sociales o que el resto de usuarios lo valoren en la plataforma.

- **La adaptación a móvil abarca a toda la empresa**. La movilidad no es solo una cuestión de dispositivos: el móvil hace que queramos algo, lo queramos ya y lo queramos aquí. Esto afecta a la atención al cliente, al *delivery*, al soporte de posventa...

- **El móvil es el dispositivo donde empezarán y acabarán los negocios en el futuro**. Adaptar tu negocio a las expectativas de los usuarios móviles es detectar las expectativas de los consumidores y hacer que puedan resolverse desde el móvil. Eso significa rediseñar las páginas, crear nuevas aplicaciones y herramientas. Las aplicaciones y herramientas vuelcan los datos de los usuarios en bases de datos a través de las cuales se puede hacer minería, predicciones y generar ingresos.

- ***Mobile first***. Si eres un *retailer* con expectativas de impulsar las ventas en los próximos cinco años piensa en "móvil primero". Cualquier iniciativa de desarrollo de tu tienda *online* debería orientarse a la optimización para dispositivos móviles, ya que es probable que el móvil sea la primera plataforma a través de la que los consumidores accedan a la tienda.

  Zalando es el mayor armario *online* de Europa. Con una facturación de casi 3.000 millones de euros para este 2015, la compañía apuesta por estrategias de movilidad. Las visitas desde **dispositivos móviles** aumentaron más del **57 %** durante el segundo trimestre, mientras que la **app** de Zalando se ha descargado cerca de **11 millones de veces** hasta el final del segundo trimestre de 2015. La marca cuenta con su propio equipo de ingenieros y desarrolladores para implementar mejoras técnicas para su parte de negocio móvil, como el buscador visual: a través de una foto o captura, la aplicación busca artículos similares para que el usuario compre gracias a lo que le inspira en la vida real.

- **El *Big Data* se alimenta del móvil** para extraer datos precisos con una mayor trazabilidad en menores lapsos de tiempo. Existe la necesidad de crear herramientas y plataformas para extraer los datos, procesarlos e interpretarlos de forma útil para las empresas.

La lógica del móvil imprime a las organizaciones una necesidad de adaptación a los nuevos tiempos. La movilidad marca unos enormes esfuerzos en crear propuestas muy claras.

La interdependencia en las compras: ROPO y showrooming

De digital a físico, de físico a digital. De la tienda al *e-commerce*, buscamos en digital para terminar comprando en tienda, vamos a las tiendas para terminar comprando en la tienda *online*. ¡Qué locura! ¿Por qué?

Las siglas ROPO significan *Research On-Line Purchase Off-Line*, y se refieren a la gente que busca *online* para terminar comprando en la tienda física. Estos compradores suelen estar bastante interesados en un producto concreto y se informan antes de la compra sobre las características del producto, la marca y las alternativas. Los consumidores ROPO gastan un 33 % más que los que no hacen búsquedas *online* previas, así que es interesante plantearse las estrategias digitales no persiguiendo únicamente un fin transaccional en el *e-commerce* sino también como movilizador hacia el punto de venta físico que les sirve para la evaluación final y la compra.

El ***showrooming*** es una práctica que consiste en ver, tocar y probar los productos en las tiendas físicas para, después, finalizar la compra *online*. Este tipo de consumidor es cada vez menos fiel y más sensible al precio y además, gracias al uso de los *smartphones*, puede hacer la compra *online* mientras está en la tienda física. El punto de venta se convierte en el expositor del producto. De hecho, existen multitud de aplicaciones para hacer *showrooming*, como Price Check de Amazon.

¿Por qué un *e-tailer* diseña una aplicación de *showrooming*? Para ganar ventas. La estrategia es sencilla: la aplicación comprueba el precio de un artículo a través del lector de QR del *smartphone* o por dictado (oral o escrito) y muestra distintos precios de tiendas *online*.

Amazon suele competir con el precio más bajo y añade un botón de "comprar", por lo que es probable que el comprador termine efectuando la compra en su plataforma a no ser que la tienda ofrezca algo de valor añadido con lo que el *e-tailer* no pueda competir.

Esta aplicación no es la única; también son muy conocidas Supertruper o Redline app.

Los consumidores tienen comportamientos de compra dispares en las tiendas. Mientras interactúan con su móvil, se orientan a lo siguiente:

- El 52 % revisa los precios.
- El 50 % busca información y *reviews*.
- El 39 % se lo dice a un familiar o amigo.

¿Cómo combatir el ***showrooming***? La fórmula para evitar el *showrooming* es aportar valor en el punto de venta físico o en el *e-commerce* de la marca. Hay marcas que han captado ese valor diferencial y ofrecen una experiencia de compra que acompaña al consumidor en el punto de venta con conocimiento de producto, asesoramiento y prescripción. Un ejemplo podría ser el estudio de tu forma de correr en las tiendas de Asics.

Como conclusión, la venta de productos a consumidor final o *retail* está volviéndose cada vez más complejo, pues pasa constantemente del *online* al *offline*. El consumidor tiene la información y la experiencia que comparte con otros consumidores y aprovecha los beneficios que le ofrece cada canal para terminar la compra de la forma más beneficiosa para sí mismo. Debemos revisar que la información sea coherente y se ofrezca una misma experiencia de compra a lo largo de todo el proceso y en los distintos canales, aportando valor más allá de las políticas de precios bajos.

Y aquí volvemos a la importancia de tener una buena propuesta de valor: cuanto más indiferenciado sea tu producto, más sensible es a ser evaluado solo por su precio. Si aportas innovación, una experiencia a medida o una buena política de fidelización, el cliente será menos susceptible a cambiarte por otro, de irse a otro canal.

Las aplicaciones

Para ofrecer una experiencia de marca en el móvil o la tableta del usuario, cuentas con dos opciones:

1. **Una versión responsiva de la página web o tienda *online*.** Una web es responsiva o *responsive* cuando su diseño se adapta a los distintos tamaños de los dispositivos donde va a visualizarse. En este caso, muestras el mismo diseño y contenidos que la web de escritorio.
2. **Una aplicación.** Una app es un programa específicamente desarrollado para móviles. Su diseño y contenidos son diferentes de los de la página web.

¿Por qué, entonces, se desarrollan aplicaciones si se puede reciclar el contenido de la web y adaptarlo? Las aplicaciones son la forma preferida por los usuarios para conectarse desde los dispositivos móviles; casi el 90 % del tiempo de conexión se destina al uso de aplicaciones. Para crear una experiencia 100 %, para ofrecer funcionalidades que una web no permite y, cada vez más, porque hay modelos de negocio centrados en el móvil donde la web es un soporte corporativo.

Las compras vía móvil representan ya el 35 % del comercio digital. Es importante destacar que seis de cada diez usuarios prefieren comprar vía aplicación: tienen más *engagement*, compran hasta tres veces más y vuelven con más facilidad, ya que la tienen descargada.

Sin embargo, esto no es la panacea. Cada mes se lanzan unas 40.000 aplicaciones, pero de media los usuarios solo usamos activamente 14 aplicaciones. Si tu aplicación no va a dar un servicio real y va a aportar valor de una manera que no se haga en otro canal, no la desarrolles, porque la lucha está en que las personas no solo la encuentren y la descarguen, sino que la usen.

En cuanto a sistemas operativos, el mercado tiende a polarizarse: o eres de iOS (tienes un iPhone o iPad) o eres de Android (el sistema operativo de Google). El más utilizado actualmente es Android, dado que multitud de fabricantes trabajan sobre él.

Hay aplicaciones de todo tipo y de todos los sectores. Las que consiguen más descargas son las de los juegos *online* pero en la medicina o los servicios encontramos propuestas de lo más innovadoras.

Incluso Google hace aplicaciones en un campo en el que la transformación digital también ha irrumpido con fuerza: la formación. Primer es un programa piloto de Google que te envía contenidos cortos y concretos para que te mantengas actualizado en temáticas relativas al marketing digital: publicidad, contenidos, métricas y estrategia. Píldoras de conocimiento de unos cinco minutos a las que puedes acceder incluso *offline*.

También hay aplicaciones para la cocreación de los consumidores como Eyeka, que pone a disposición de las marcas una comunidad de entusiastas creativos.

El entorno médico hace un uso creciente de aplicaciones. Touch Surgery se centra en mejorar las habilidades de los cirujanos con riesgo cero para el paciente.

Capítulo 7

El viaje de los consumidores en la era digital

Cliente. Persona. Consumidor. Target. Audiencia. *Stakeholder.* Público. Prescriptor. Portavoz. Embajador. Comunidad. Fan. Cliente potencial. *Lead.* Prospecto. Cliente actual. Cliente. El cliente. El cliente antes, durante y después. Siempre el cliente.

De eso va este libro, de personas que aman, sufren, comen, duermen. De cómo, cuándo y dónde lo hacen. De las experiencias que tienen mientras lo hacen y las que les gustaría tener. De su evolución a lo largo del tiempo y si lo que hicieron en el pasado lo repiten, o no, en el futuro. De que mientras lo hacen, consumen. Tú quieres estar a su lado; yo también. Tu marca quiere venderles; la mía también.

Cada vez que, como marca, entras en contacto con una persona, existe una oportunidad única de reafirmar la promesa, la causa, el valor que ofreces. Esa persona puede ser un cliente, un empleado, un proveedor, alguien que pasea por la calle... y tu punto de venta le hace detenerse y mirar el escaparate. Y esa oportunidad es el momento de la verdad, cuando todos los astros confluyen para que puedas demostrar lo que vales.

Si quieres anticiparte, conocer a tu público y plantearle las soluciones a aquellos problemas que todavía no ha podido verbalizar, empieza por un estudio exhaustivo de en qué situaciones interaccionas con ellos y qué experiencia extraen. Quítate la gorra de departamento de marketing... Este es un ejercicio global desde una perspectiva 360°: logística, atención al cliente, contabilidad, distribución... todas y cada una de las áreas de la empresa están interconectadas y hablan de quién eres como marca.

El viaje hacia tu marca

Inspira, cierra los ojos y da dos pasos atrás. Estás buscando todas las formas en las que los clientes llegan a relacionarse contigo desde una perspectiva global y sostenida en el tiempo. Quieres hacer la foto de la experiencia del cliente con respecto a ti con gran angular.

Como dice el CEO de Amazon, Jeff Bezos, la misión corporativa sitúa al cliente en el centro de la empresa. Entonces, **tu misión como marca es situar al cliente en el centro de la empresa contemplando el plano físico (producto, proceso, entorno) y emocional (en el que entran los aspectos personales y subjetivos de cada persona al percibir e interpretar la experiencia).**

Todas las marcas crean experiencias para sus clientes, lo quieran o no, de forma consciente o inconsciente, y con resultado bueno o malo. Tú puedes modelar el resultado, y para ello te recomiendo que crees un mapa de la experiencia de cliente (*customer journey map*) porque crear una buena experiencia del cliente consiste en identificar, trabajar e integrar los puntos de contacto. Algunos no dependen de tu acción directa, pero si has hecho un buen trabajo con el resto, los resultados no deben preocuparte.

Se conoce como ***consumer journey*** **o viaje del consumidor** al itinerario que sigue un consumidor desde que empieza el proceso de compra hasta que lo culmina. La irrupción de lo digital ha hecho que se complique este proceso que describíamos en la primera parte.

En el mundo predigital, este proceso se tenía en el punto de venta, o como mucho se tenía un deseo y la información había que recabarla a través de publicidad y promoción. La dinámica era lineal, un paso tras otro. Conocer las experiencias de otros consumidores era prácticamente imposible.

Fases de embudo de ventas tradicional

1. **Conocimiento**. El consumidor detecta una necesidad o deseo que una categoría de productos puede satisfacer. Ejemplo: el consumidor tiene sed y empieza a valorar qué puede ayudarle a saciarla. Descubre que tiene a su disposición agua, refrescos, zumos y varias marcas por categoría de producto.

2. **Consideración**. El consumidor ha decidido que le apetece un zumo de naranja y se encuentra ante diferentes opciones: la de tu marca y las de la competencia. En este momento tu labor como marca es la de que resalte tu propuesta y debes ofrecer una experiencia de compra personalizada a sus necesidades.

3. **Preferencia**. El consumidor compara los diferentes productos en el

lineal con características racionales y emocionales. Selecciona a los finalistas según sus criterios.

4. **Acción**. El consumidor se decide por tu opción o por la de otro. Tendrás más opciones de ser el elegido si tu experiencia de compra es más útil, sencilla y relevante.
5. **Retención**. Con la compra no acaba el viaje. La fidelización es uno de los elementos más importantes, ya que captar un nuevo cliente suele costar un 80 % más que retenerlo.
6. **Promoción**. Para el estudiante de matrícula, la mayor recompensa: un consumidor tan satisfecho que comparte y te recomienda. La recomendación boca oreja pasará a ser recomendación social. Vamos a verlo.

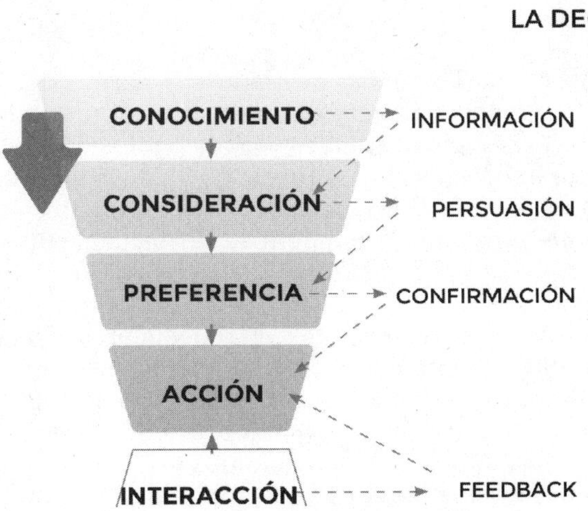

Figura 7-1: Pasos tradicionales en la decisión de compra

Pasos actuales en el nuevo viaje del consumidor

Lo digital ha cambiado el juego; no solo sus reglas, sino que ahora los puntos de contacto con la marca pueden ser síncronos o asíncronos. En cada uno de estos pasos la empresa optará por generar distintos tipos de contenido o usar diferentes canales en función de si desea captar a la atención, fidelizar, usarse como comparativa...

En la figura 7-2 se explican algunos de los medios y tipos de contenido que puedes usar para cada ocasión.

Figura 7-2: Medios y tipo de contenido que se pueden usar

Como responsable de marketing has de plantearte abrir todos los puntos de contacto en el viaje del consumidor. Como ya no es un proceso lineal ni claro, deberás tener en cuenta cuáles son los puntos de contacto más importantes en tu sector y para tu empresa, qué influye en los consumidores que compran tu producto. Algunos puntos de contacto son más importantes para tener una ventaja competitiva respecto al entorno o respecto a la satisfacción de las expectativas del consumidor.

La monitorización de las conversaciones en red y la presencia en medios sociales es una buena manera de estar en contacto con el consumidor a lo largo de todas las etapas del viaje, de todo el proceso de compra. Desde la búsqueda de información, la petición de opiniones, la compra a la recomendación..., los consumidores se ven influidos por lo que ven, lo que experimentan en primera persona y lo que comparten sus amigos.

Cómo influye internet en el nuevo proceso de compra

La era digital se caracteriza por un gran incremento de las interacciones, transacciones y formas de comunicación entre marcas e individuos. Nacen el *crossumer* (consumidor multicanal) y la comunicación *transmedia* (el concepto es único y se adapta a cada soporte; el medio ya no es el mensaje, pues los mensajes se adaptan al medio y al contexto). Se coordinan los puntos de contacto digitales y los analógicos. Es decir, antes de comprar, nos informamos vía web sobre el producto, sus características y los diferentes puntos de venta. Tenemos en cuenta las opiniones de otros consumidores y la relación de la marca con la comunidad. Y en el punto de venta podemos consultar aspectos del producto o el precio.

De hecho, en 2009, un estudio de McKinsey demostró que se habían producido cambios importantes en los hábitos de compra de los consumidores debido a la irrupción de los canales y dispositivos digitales y que el embudo lineal que se dibujaba antes ahora se parece más a un círculo.

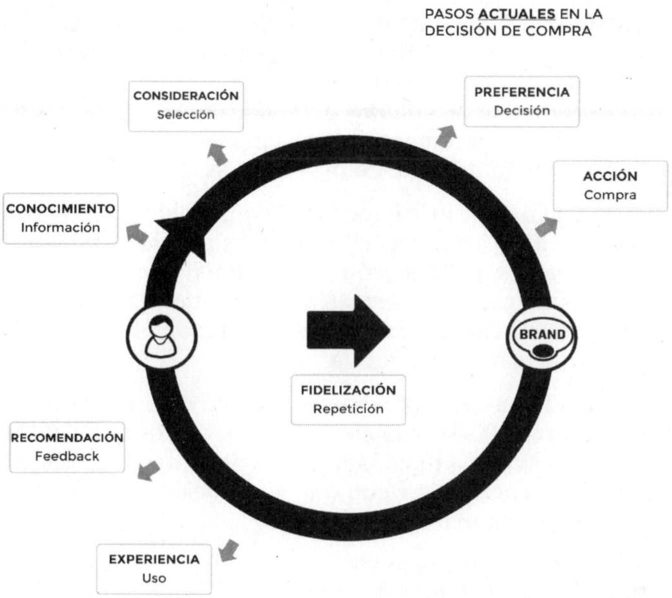

Figura 7-3: Pasos actuales en la decisión de compra

1. **Conocimiento**. Internet y las redes sociales permiten pedir consejo u opinión ante cualquier duda en un proceso de compra. Normalmente, al consumidor le interesan productos de una categoría, como televisores, y puede consultar de una forma sencilla y rápida: "¿Qué televisores me recomendáis?". Es lo que hace más del 70 % de la gente. A las marcas les sirve para:
   - Monitorizar las preguntas sobre la categoría y tomar un papel activo: pueden responder a aquellos consumidores que se interesan por los productos de su categoría sin ser intrusivos.
   - Monitorizar las preguntas sobre categorías y ver cuál es la respuesta de los consumidores: así sabremos si estamos en el *top of mind*, si no, cuáles son las características de nuestros productos que más y mejor se mencionan, las que peor...
   - Generar comunidad y ganar prescriptores. Fomentando que los consumidores actúen recomendando los productos.

   También debes ayudar al consumidor a tomar decisiones generando contenido y espacios que le den respuestas en su fase de investigación. Debes responder a qué está buscando y ofrecerle consejos y recursos, herramientas que le ayuden a llegar a los productos de nuestra marca, pero no de una forma directa sino con contenido útil. Más adelante entrarás con tus productos y servicios, pero no todavía.

2. **Consideración**. El consumidor ya ha investigado y se encuentra ante diferentes opciones: la de tu marca y las de la competencia. En este momento, tu labor como marca es validar tu propuesta y ofrecerle una experiencia de compra personalizada a sus necesidades. No sirve la mera comunicación publicitaria, sino que se ha de atender la posible oportunidad de compra.
3. **Preferencia**. En este momento el consumidor selecciona sus "finalistas" y decidirá según las evaluaciones previas. En el punto de venta tradicional, es una decisión más racional porque compara uno y otro en el mismo espacio, pero en internet puede ser algo más impulsivo y emocional. Apela a sus necesidades, condúcele a tu marca como la opción que sabe satisfacerle.
4. **Acción**. El consumidor se decide por tu opción. ¿Qué puedes hacer como marca? Diseñar una experiencia de compra sencilla, útil, atractiva y que ayude a tu consumidor a decantarse a comprar. Decide en qué canales actuarás y con qué mensajes. Todo ha de ser armonioso y funcionar como un reloj suizo.
5. **Fidelización**. Ahora has de convertirle en uno más de tu equipo y retenerle, la labor más difícil. Has conseguido llamar su atención y que hacer que confíe en tu marca: no traiciones su confianza. Espera que estés disponible cuando necesite ayuda, que cumplas con lo que prometiste, un soporte personalizado y que su voz sea escuchada. Ahí entra la labor en las redes como escucha, como atención al cliente, un *call center* integrado, un sistema CRM que le conozca.
6. **Promoción**. Los consumidores satisfechos tienden a compartir sus aciertos. Te conviene crear mecánicas en tu *e-commerce*, en tus envíos de *newsletters*, en tus comunicaciones... que favorezcan la promoción. No debes suplicar por la promoción, tiene que ser una consecuencia natural de tu trabajo o podrá volverse en tu contra. El consumidor debe convertirse en alguien más respetado, más valorado al asociarse a tu marca y, por ello, ha de contribuir con contenido valioso para el resto de consumidores. No lo olvides, es una ecuación basada en el *win-win*, todos han de ganar para que funcione.

En la era posdigital ya no hay fronteras entre digital y analógico y los puntos de contacto tienden a infinito.

Con esta iniciativa Tesco consiguió aumentar un 130 % sus ventas *online* y un 76 % el número de usuarios registrados en su página web en Corea del Sur. Puso el supermercado en el metro y, mediante la inclusión de códigos QR, facilitaba la compra *online* en un momento en el que los consumidores estaban aburridos esperando el metro, es decir, sin interrumpirles del resto de actividades que estuviesen haciendo, sin ser intrusivos.

`http://www.youtube.com/watch?v=fGaVFRzTTP4`

Tenlo claro, no hablamos de lo tradicional o de lo digital: hablamos de la experiencia. Busca la situación en la que tu cliente está más receptivo al contacto: el momento y el lugar. Organiza todos los soportes que estén a tu disposición para hacérselo deseable, agradable y fácil. Rapidito y sin dolor.

Imaginarium es un lugar de compras para padres e hijos. Se percibe desde antes de cruzar el umbral de sus establecimientos con esas dos puertas adaptadas al tamaño de cada tipo de cliente. Es un juego, una declaración de intenciones, un anticipo de lo que encontrarás dentro.

Proceso para categorizar el viaje hacia tu marca

Si te preguntas: "¿Por qué estoy perdiendo clientes?", "¿Dónde estoy invirtiendo de menos y de más con respecto a la experiencia del cliente?", "¿Cómo creo una experiencia excepcional para convertirme en una de las marcas top para mis clientes?"... Es el momento de pensar más a fondo sobre el viaje hacia tu marca.

¿Cuáles son las etapas fundamentales en este viaje?

Tabla 7-1: Etapas del viaje hacia tu marca

1. Conectar y atraer	*2. Orientar*	*3. Interactuar*	*4. Retener*	*5. Recomendar*
Conexión inicial con la persona.	Ayuda en el proceso de compra, ofrecer información y una visión general del producto o servicio.	Actividades que estimulan la intención de compra.	Al ver satisfechas sus expectativas iniciales, la persona es fidelizada con actividades.	La persona comunica su satisfacción a otros.

Cómo te relacionas con tu cliente

Cuáles y cuántos. Cómo son las situaciones en las que marca y público conectan. Descubre los nodos.

Los puntos de contacto

Un punto de contacto es cada vez que puedes conseguir una sonrisa por parte de tu consumidor. No la fastidies llevándote una queja.

- **Personas**. Sobre el 50 % de la experiencia subjetiva del cliente viene dada por el contacto con la marca durante el proceso de compra en el punto de venta, en el que las personas son esenciales. Por eso, trasladar los valores y misión de la empresa a cada uno de los empleados tiene que ser una de las tareas clave si quieres transmitir esa experiencia concreta que tanto te ha costado conceptualizar.

  En el trato con las personas entran muchísimas variables, pero hay tres fundamentales: descripción del puesto, plan de desarrollo profesional y formación. Uno tiene que saber qué se espera de él o ella, estar incentivado económicamente a corto y medio-largo plazo, y tener las habilidades y los conocimientos a la orden del día.

  CONSEJO

  Un profesor de la universidad nos enseñó que si tratas a los alumnos como tontos, no conseguirás nada de ellos. Si les retas intelectualmente quizá superen al maestro. Con los empleados pasa lo mismo: si les das autonomía y capacidad de decisión, se sentirán más libres y motivados para desarrollar su tarea.

  En Google, un 20 % de la jornada laboral se dedica a proyectos propios. Muchos de ellos han favorecido la creación de proyectos de Google Labs y la monetarización de la idea mientras se mantiene vivo el espíritu innovador.

- **Productos y servicios**. Lo más tangible, pero no deja de tener un fuerte componente emocional. Un cliente no solo adquiere un producto por su composición o por su buen marketing mix, lo hace por ciertas afinidades en valores, estética o concepción del mundo. El ser poseedor/usufructuario de ciertos productos te otorga una experiencia añadida: cómo debe de ser levantarse por las mañanas sabiendo que en el garaje tienes un Aston Martin esperándote. De llorar de emoción, un día tras otro.

  En cuanto a la experiencia, un producto es cada vez menos algo que "te llega" para ser algo "que construyes" gracias a los configuradores, a los programas de "Ideas", a la cocreación. Como cliente, puedes adaptar el producto a tu gusto de diferentes maneras. Como marca generas una mayor fidelización y compromiso, te nutres de ideas nuevas y frescas, estás al corriente de lo que desean tus clientes y dónde estás aportando valor.

✔ **Canales**. Son los medios a través de los que se produce la interacción. En el ejemplo hemos delimitado cuatro tipos de canal que pueden servir a modo de ejemplo:

- Punto de venta.
- *One to one*: relación directa de la marca con la persona fuera del punto de venta.
- Trato indirecto: relación de la marca con la persona a través de terceros.
- Medios de comunicación: relación masiva e indiferenciada.

✔ **Procesos**. Estudia en qué aportas valor al cliente a cada paso que das en tu proceso de producción o prestación del servicio. Si en algo no aportas, fuera. Si en algo restas valor en vez de sumarlo, cámbialo: redefine el proceso.

Tabla 7-2: Proceso para categorizar los puntos de contacto

→

1. Conectar y atraer	***2. Orientar***	***3. Interactuar***	***4. Retener***	***5. Recomendar***
Puntos de venta: el producto habla por sí mismo y se producen interacciones				
Escaparatismo *Trade marketing*	Folleto Demostración	*E-commerce* Ofertas comerciales *Call center* App	Atención al cliente Servicio posventa Servicio facturación	App *E-commerce*
***One to one:* se producen interacciones muchas veces en tiempo real**				
Packaging Recomendaciones *Mailing*	*Website* Catálogo informativo *Packaging*	Eventos Dispensador Logística Llamadas Correos electrónicos	Ofertas especiales *Mailing* Tarjeta de fidelidad Servicio de SMS Eventos	Redes sociales Boca oreja

(cont.)

Tabla 7-2: Proceso para categorizar los puntos de contacto *(continuación)*

Trato indirecto: se producen interacciones pocas veces en tiempo real				
RR PP Marketing en buscadores Estudios sectoriales	Foros Redes sociales	Foros Redes sociales	Publicaciones profesionales Promociones	*Reviews* de producto Foros Redes sociales
Medios de comunicación: se emiten mensajes				
Publicidad *Branded content*	*Publicity*	Cupones	*Branded content*	

Los momentos de la verdad

En 2005 se produjo un momentazo de la verdad, un bocado de realidad que cambió para siempre el enfoque del marketing. *The Wall Street Journal* publicó un artículo en portada que trataba sobre la importancia de los primeros siete segundos en los que el comprador se sitúa ante el producto en el lineal del supermercado.

Procter&Gamble denominó la primera exposición del comprador ante el producto *First Moment of Truth*, el primer momento de la verdad. Lafley, director ejecutivo de Procter&Gamble, escribió: "Por lo general, las mejores marcas ganan en dos momentos de la verdad. El primer momento ocurre en la góndola de la tienda, cuando el consumidor decide comprar un producto de una marca en lugar de otra. El segundo momento ocurre cuando el consumidor utiliza el producto en su casa y queda satisfecho o decepcionado".

Cada vez que tu posible consumidor entra en contacto con tu marca se produce un momento de la verdad, un momento en el que, en el mejor caso, la amará, y en el peor, la odiará... Normalmente la ignorará y eso es lo que debes evitar. El momento más importante ya no es el primero, es el cero.

ZMOT significa que hay un momento de la verdad anterior a encontrarse el producto en el lineal: es el momento en el que se busca o encuentra a través de internet. **ZMOT es el acrónimo de *Zero Moment Of Truth* (momento cero de la verdad).**

El consumidor de hoy, antes de encontrarse en el lineal del supermercado es posible que haya pasado un tiempo explorando en internet y eso cambia el proceso. Los puntos de contacto con una marca o momentos de la verdad pueden sobrevenir en cualquier momento.

- Un amante de los vinos que compara los Rioja del año antes de salir de la oficina para llevar un detalle a la comida familiar en casa de su novia.
- Un jubilado que comparte información sobre su tratamiento médico en un foro especializado.
- Una madre que espera a la salida del colegio que hace la compra a través de la app de su supermercado de confianza.
- Un joven en el aeropuerto que consulta páginas de viajes *last minute* para contratar un vuelo de última hora a un precio mínimo.

Tradicionalmente se hablaba de un momento de tres pasos:

- ✔ **Estímulo**. Silvia está viendo su serie favorita y aparece un anuncio de una barra de labios de un rojo intenso. Piensa "me encanta".
- ✔ **Punto de venta físico (góndola)**. Pasa por su perfumería y descubre que un par de azafatas están asesorando a las clientas sobre esa marca de barras de labios, la atienden, la asesoran y compra el lápiz de labios.
- ✔ **Experiencia**. Silvia sale a cenar con sus amigas y se siente encantada con su nueva barra. Tiene un color que le sienta genial, dura más que otras, siente su boca hidratada. Casi se siente como la actriz del anuncio. Genial.

Figura 7-4: Paso del estímulo al momento de la verdad

Sin embargo, hoy en día hay un importante paso en este proceso: nos ponemos a buscar en internet o nos llega la información por parte de otra fuente.

El momento cero de la verdad tiene una serie de características:

- ✔ Se produce ***online***: suele iniciarse con una búsqueda en Google, YouTube, Yahoo!, Facebook o cualquier otro motor de búsqueda.
- ✔ Ocurre **en tiempo real**: en cualquier momento del día o de la noche. Las búsquedas móviles se duplican cada año.
- ✔ El **consumidor elige**: tiene el control y decide dónde buscar o a quién creer.
- ✔ La **decisión de compra es emocional**: las emociones cobran parte activa en la decisión de compra.
- ✔ Se producen **interacciones multilaterales**: marcas, amigos, especialistas en marketing... compiten por ganar la atención del consumidor y ayudarle en su decisión de compra.

Es decir, en todas las categorías de productos existe un momento entre el estímulo y la compra y, como profesional del marketing, debes aprovecharlo.

Figura 7-5: Paso del estímulo al momento de la verdad pasando por el momento cero

TIP

Para qué sirve trabajar con el modelo de puntos de contacto

Si trabajar con las 4P, organizarás mejor el trabajo del departamento de marketing. El modelo de los puntos de contacto y la experiencia del cliente te ayudarán a colocarlo en el centro de verdad porque:

- Estudias el impacto de la satisfacción del cliente en cada interacción que tiene con la empresa.
- Optimizas las inversiones según las áreas más valoradas por los clientes y que le aportan menos valor.
- Aumentas los contactos de calidad con clientes potenciales y trabajas en la retención del cliente.
- Trabajas desde esta perspectiva todos los puntos de la cadena de valor y procesos de la empresa.
- Analizas, escuchas, pones en práctica, analizas...

Cómo demanda tu cliente: push y pull

Para analizar la actitud de la demanda, imaginémonos que diriges una panadería de una de las principales arterias de la ciudad que ofrece todo tipo de panes y pastelería *delicatessen*.

Por un lado, tienes que hacer presión en el canal de ventas para que el consumidor se interese por el producto: eso es una estrategia *push*. En este caso estimulas las ventas con un par de chicas repartiendo *flyers* por la calle con el desayuno del día. En estas estrategias tiene un gran peso la función del comercial o distribuidor.

Por otro lado, te interesa que el consumidor se sienta atraído por tu producto y lo demande: eso es una estrategia *pull*. En este caso, buscas una necesidad insatisfecha en un grupo de consumidores y diseñas una propuesta que satisfaga esa necesidad. Cual flautista de Hamelín, harás que los consumidores se sientan atraídos por ella. Creas una línea especial para celíacos, y los consumidores y el boca oreja hacen que cada tarde te quedes sin existencias.

Además, unas veces el consumidor sabe lo que quiere y otras no, así que te tienes que hacerte valer de estrategias *push* y *pull* para incentivar la demanda.

La **demanda manifiesta** es aquella en la que el consumidor sabe lo que quiere y lo explicita. En este caso, María llega a la panadería y te pide una *baguette*, como todas las mañanas, a eso de las diez y media.

La **demanda latente** es aquella en la que el consumidor siente cierta picazón pero no consigue darle forma hasta que le ofreces una solución que se ajusta a lo que puede tener en mente. Sabes que a María le gusta picar algo a estas horas, va probando cosas o a veces la ves con una pieza de fruta. Hoy le dices: "¿Una ensaimada, María?". Y sus ojos sonríen como la niña que lleva dentro y te dice: "¡Sí!".

Los recursos para la relación con el consumidor: propios, pagados, ganados

Tradicionalmente, hemos seguido un patrón similar para comunicarnos: un **emisor** emite un **mensaje** a través de un **canal** que quiere que reciba un **destinatario**. A veces la señal es interferida a lo largo de su viaje por algún **ruido**. Para que el mensaje sea comprendido por emisor y receptor, deben compartir el mismo **código** y la comunicación debe situarse en un determinado **contexto** para que adquiera todo su significado.

Las empresas utilizan todos los recursos que tienen a su disposición para comunicarse con sus consumidores. Como recursos se entienden los espacios en los que pueden relacionarse, ya sea a través de los canales que tienen abiertos o de diferentes medios de comunicación.

Vayamos por partes, que dijo Jack (el destripador).

Al principio, la comunicación requería que hubiese dos personas en el mismo espacio para que hubiese comunicación, compartiendo espacio y tiempo. Más tarde, con la cultura, se pudo enviar mensajes a través del espacio y del tiempo con las pinturas rupestres tipo Altamira o las cartas un pelín después. Con la llegada de los medios de comunicación de masas, un mensaje podía transmitirse a millones de personas a la vez, es el modelo representado por la Teoría de la Información.

Para optimizar tu forma de trabajar, como marca tienes que utilizar un modelo que te sirva para categorizar cómo te relacionas con tu público y cómo gestionas tu presupuesto.

Se suele hablar de medios, pero hoy en día sería más adecuado pensar en recursos o espacios, ya que al centrarnos en un consumidor conectado constantemente, multidispositivo, cualquier cosa puede convertirse en medio.

Tu marca está presente en las relaciones con los consumidores de tres maneras:

Figura 7-6: Cómo se relaciona la marca con los consumidores

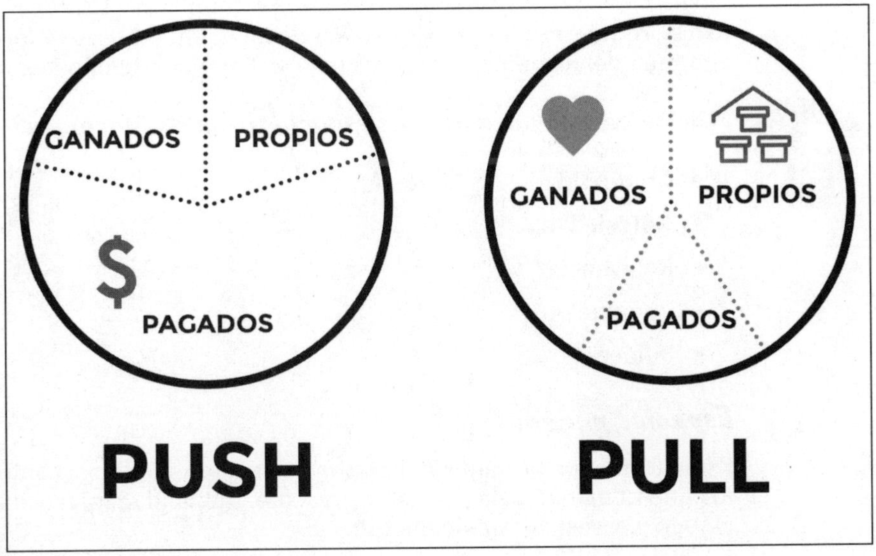

Figura 7-7 : *Push y pull*

Espacios propios

Los espacios propios son todos aquellos recursos, lugares, canales, medios y contenidos corporativos que controla tu marca. Es decir, los puntos de venta, los catálogos, la página web, los espacios creados por la marca en redes sociales...

Los espacios propios son los referentes de la marca, donde se encuentran la esencia, los valores y el discurso corporativo. Sirven para validar el discurso que tenemos en otro tipo de espacios y convertirlos en ganados, para establecer relaciones duraderas con nuestros clientes actuales y potenciales.

Progresivamente, como marca, te estás convirtiendo en medio porque generas contenido que difundes en cualquier espacio de tu propiedad, físico o virtual. Emites vídeos en tu *website*, en tu tienda, en tu página de Facebook; tienes un programa de televisión en un canal de TDT que también cuelgas en tu blog.

¿Por qué preferir los medios propios? Porque, en principio, son más baratos, duraderos y versátiles. Porque, de todos los espacios, los propios son los que más puedes controlar, aunque debes olvidar para siempre esa pretensión. Porque puedes analizar mejor lo que pasa en ellos, ya que cuentas con información de primera mano.

Eso sí, requiere su tiempo, creación de un equipo interno y formación continua del mismo y, si todo va bien, al cabo del tiempo ves resultados.

¿Qué necesitas para que tus espacios propios funcionen?

- Credibilidad.
- Notoriedad.
- Relevancia.
- Reputación.
- Influencia.

Espacios pagados

Están formados por aquellos recursos, canales, medios y contenidos en los que tu marca paga por estar presente. Publicidad, patrocinios, *publicity*, córners en centros comerciales...

Los espacios pagados te ayudan a catalizar tu comunicación a lugares que nunca llegarías orgánicamente, a personas que jamás te conocerán y además de una forma inmediata con un presupuesto acotado. Pero te tienes que gastar dinero y, en función de tus objetivos, mucho. Eso sí, lo que hayas preparado te sirve para alimentar los canales propios y crear espacios ganados, aunque ten en cuenta que la credibilidad de anuncio es siempre menor. Además, no te da muchos quebraderos de cabeza por aquello de "quien paga manda" y es de efecto inmediato.

Espacios ganados

La reina del baile.

Se genera cuando se habla de ti como resultado de la experiencia de marca, sin que tú hagas nada para propiciarlo. En este caso, los consumidores se convierten en medio a través de cualquier plataforma, mediante el boca oreja. Internet se ha convertido en el espacio de la recomendación y la crítica, donde los contenidos viajan de forma viral, global, en décimas de segundo.

Los espacios ganados son el terreno que se va a conquistar porque es el único reducto creíble para muchos consumidores. Tu labor como marca es tener una política de escucha activa y claros tus objetivos como empresa, tu misión y valores para interactuar con los consumidores. El crecimiento en los espacios ganados suele ser el resultado de una buena labor de *branding* y una buena gestión de los espacios propios y pagados.

Los espacios ganados siempre están activos y son una fuente inagotable de información en el proceso de compra o evaluación de los consumidores. Además, reflejan la realidad de lo que pasa en tiempo real, por lo que debes de tener muy presente lo que está ocurriendo en ellos y reaccionar con agilidad ante las críticas. Porque, en este caso, tú no tienes el poder ni el control.

A veces te encontrarás con que es difícil medir el impacto y la escala. No pasa nada. Irás aprendiendo, es un nuevo partido con las reglas por escribir. Los básicos: establece mecanismos de escucha, crea la política editorial, un flujo de comunicación interno y un protocolo de crisis para poder afrontar los posibles retos y ... ¡a por ellos!

Capítulo 8

Cómo es el consumidor digital

El consumidor social soy yo, eres tú, cualquiera de las personas con acceso a internet que comenta y comparte sus opiniones y experiencias de compra de productos y servicios. Antes de la revolución digital los consumidores nunca habíamos tenido tanto poder: contamos con más y mejor información, más y mejores medios, mayores posibilidades de elección y menores costes.

Cada día estamos más interconectados a través de las conexiones de datos que tenemos en casa, en nuestro puesto de trabajo, en nuestro dispositivo móvil... y hablamos de cosas muy dispares. Podemos comentar una noticia, hacer planes para encontrarnos con nuestros amigos y criticar una marca en Twitter por la mala atención telefónica que estamos recibiendo.

- ✔ **El consumidor social tiene voz propia**. No es un sujeto pasivo de lo que hacen y proponen las marcas. Es un agente activo, productor y consumidor de contenidos digitales, y también se entretiene consumiendo contenidos creados por otros consumidores.
- ✔ **El consumidor social vive hiperconectado**. Y como todos lo estamos, todo se distribuye a velocidades de vértigo. Un toque de tu índice en la pantalla del móvil e inicias una cadena que puede terminar en cualquier parte del mundo.
- ✔ **El consumidor social vive hiperinformado**. Por primera vez en la era industrial, la señora que se acerca al dependiente conoce perfectamente todas las características del televisor que quiere comprar: marca, modelo, características, precio. Es la revolución digital; ya no hay una asimetría de conocimiento entre oferente y demandante.
- ✔ **El consumidor social es multicanal y ubicuo, está activo 24 × 7 × 365.**
- ✔ **Internet está abierto 24 horas al día** y funciona en todos los husos horarios. Las personas y los sistemas están conectados en todo momento, lo que hace que tú debas tener en cuenta el ámbito de actividad de tu negocio. Si vendes el 80 % de tu producción a América Latina y tu marca tiene una presencia fuerte allí, deberás plantearte que tienes que atender tus canales también en esos horarios.

- **Las opciones de compra se multiplican** y el comportamiento del consumidor es cada vez más complejo. Tenemos dos, incluso tres, pantallas delante: el televisor, la tableta y el móvil. Con una vemos una película, en otra quizá estamos comprando *online* y a través de la última conversamos con nuestros amigos por WhatsApp.
- La **labor de la marca** es ser capaz de prestar atención y transmitir la misma experiencia de compra a través de todos los espacios, independientemente de las personas y los canales.
- **El consumidor social anda escaso de atención**. Estamos *infoxicados*, intoxicados por exceso de información, y hay que dar con algo que nos interese mucho para que le dediquemos unos segundos en nuestras apretadas agendas. Busca qué mueve a tu tribu y dáselo en el formato que más le guste.
- **Al consumidor social le gusta pasárselo bien**. La gamificación no es más que eso, generar contenidos, técnicas y dinámicas propias de los juegos y el ocio en actividades no recreativas.

Hiperconectado

Si quieres generar oportunidades a través de las redes sociales, debes tener en cuenta que estamos más relacionados que nunca y que lo que gusta a muchos es visto por muchos más, compartido, difundido... **El consumidor social habla de sus marcas preferidas, de las que le decepcionan... recomienda y comenta las opiniones de otros.**

¿Qué es lo primero que haces por la mañana? En un estudio con entrevistas a 3.600 estudiantes universitarios de entre 18 y 30 procedentes de 18 países, nueve de cada diez confirmaron que miran sus *smartphones* nada más levantarse para comprobar el correo y mirar actualizaciones en las redes sociales. Son personas hiperconectadas que han integrado el uso de internet en sus actividades diarias. Este número de actividades que se hacen gracias a internet no para de crecer. Y no solo consultan; comparten y opinan.

Las voces de los consumidores se expanden como nunca, parece que todo el mundo se conoce, y una simple crítica puede llevar a un importante apuro a una gran marca.

¿Qué mecanismos provocan este tipo de reacciones? ¿Qué es eso de los seis grados de separación?

Según Wikipedia, se llama ***seis grados de separación*** a la hipótesis que intenta probar que cualquier persona puede estar conectada a cualquier otra a través de una cadena de conocidos que no tiene más de cinco intermediarios (conectando a ambas personas con solo seis enlaces), algo que se ve representado en la popular frase "el mundo es un pañuelo". La teoría fue confirmada por un estudio de Microsoft en 2008.

Esto parece que se contradice con una teoría que posiblemente hayas leído: el ser humano puede tener únicamente 150 amigos. La ***teoría de Robin Dunbar*** sobre que el cerebro solo puede tener relaciones significativas con 150 personas, se refiere a que este es el número de personas con las que puedes tener **una relación que implique un mínimo de confianza y obligación, una historia personal que va más allá de conocer nombres y caras**. Pero ¿es lo que existe en las redes sociales? ¿Es lo que buscas como marca? Quizá, cuando consultas tu Timeline de Facebook, no solo quieres estar en contacto con personas con las que tienes una historia común, sino que buscas a tus referentes, las conexiones perdidas del colegio, el instituto, otros te sirven para ponerte al día sobre aspectos profesionales...

Un mensaje que emite cualquier persona tiene el potencial de multiplicarse y llegar a cada uno de sus nodos y los nodos de sus nodos. Es decir, la teoría de los seis grados y el número de Dunbar podrían complementarse. Tú tienes 150 grandes amigos y cada uno de ellos tiene 150 más.

Sin embargo, hay una variable que debemos tener en cuenta: muchos de nuestros grandes amigos o conocidos lo son por cercanía física, por compartir trabajo, por el estilo de vida... pero en las redes nos acercamos a personas para compartir aficiones o intereses comunes. Es decir, las redes sociales están llenas de lazos débiles. Mark Granovetter desarrolló el concepto de ***lazo o vínculo fuerte y débil para referirse a los tipos de relaciones que tenemos y forman nuestras redes***, y como lo hizo en 1973, seguro que no se centraba en lo virtual...

- **Lazos fuertes**: los que establecemos con personas cercanas y con bastante interrelación, como la familia, los amigos, los compañeros de trabajo. Establecemos códigos de comportamiento común, rutinas conocidas, y corre mucha información contextual (lo que no se dice: gestos, frases hechas, guiños, miradas). En principio, estos lazos están más motivados para ayudarnos y son más disponibles, tienden a la transitividad y generan redes de confianza.
- **Lazos débiles**: las conexiones con las que no tenemos gran interrelación, pero forman parte de nuestra red y nos enriquecen. Se crean relaciones menos estructuradas, en las que entran y salen miembros del grupo, se crean subgrupos para transportar ideas. Es decir, se facilita un flujo de circulación que promueve la movilidad. La fuerza de un vínculo interpersonal es fruto de una combinación de tiempo,

intensidad emocional, intimidad (confianza mutua) y servicios recíprocos fruto del vínculo. Estos factores son independientes, pero están muy interrelacionados.

En resumen, el consumidor hiperconectado puede conectarse a internet en cualquier momento. Esta capacidad aumenta con el uso creciente de dispositivos móviles inteligentes que pueden conectarse con otros dispositivos personales y mandar datos relevantes de los consumidores a través de internet.

Cada vez más no solo somos nosotros, como personas, los que nos comunicamos. Estamos entrando en la era del internet de las cosas, y hay dispositivos que se conectan entre sí compartiendo información útil para nuestras vidas. Estos son, entre otros, los famosos *wearables*, los dispositivos electrónicos que se incorporan en alguna parte de nuestro cuerpo interactuando continuamente con nosotros y con otros dispositivos con la finalidad de realizar alguna función específica: relojes inteligentes o *smartwatchs*, zapatillas de deportes con GPS incorporado y pulseras que monitorizan nuestro estado de salud son ejemplos de este tipo de tecnología, que se encuentra cada vez más presente en nuestras vidas.

Como profesional, busca esas conexiones, esas funcionalidades o dispositivos que pueden propagar tus ideas, desarrollar tu producto o maximizar tu modelo de negocio. También debes buscar los lazos débiles entre las personas que les ayudan a relacionarse dentro del ámbito de tu marca.

Cree en las personas, no en las marcas

Llevamos tantos años escuchando que TODAS las empresas son líderes en su sector, que proponen soluciones innovadoras y que el cliente siempre tiene la razón aunque te traten a patadas... que ya no nos lo creemos.

Según un estudio de Nielsen en 2013, el 87 % de los consumidores de 58 países confía en el "boca oreja" a la hora de comprar. De hecho, el "boca oreja" digital también es efectivo, y el 59 % de los internautas admite que los comentarios de otros consumidores a través de la red le ofrece confianza a la hora de adquirir un producto.

Por otro lado, los artículos en prensa escrita son otro gran pilar para los usuarios, ya que el 56 % confía en este medio, pero desconfía de la publicidad en espacios pagados como *banners* o acciones de marketing directo como el envío de SMS.

Si no puedes con ellos, únete a ellos: haz un buen producto, ofrece un buen servicio y hazlo visible.

Mi oficina está cerca de uno de los restaurantes con mejor *rating* en TripAdvisor de Barcelona. Cada día es más complicado hacerse con un hueco en la barra porque siempre está lleno. El mejor hoy, de casi 7.700 establecimientos, es Uma, con 192 opiniones que lo califican como excelente sobre un total de 204.

Cuesta no creer a 192 personas desinteresadas.

Estas navidades pensaba regalar un *smartwatch* baratito y, buscando en Wallapop, creo que me voy a decantar por un vendedor con muchas ventas y buenas valoraciones. ¿Cómo elegirías tú?

Prosumer: *produce y comparte contenido*

Antes eras un lector ávido, ese era tu papel, pero de repente empezaste a actualizar estados en las redes sociales, a comentar los hoteles que has visitado en TripAdvisor, a pedir opinión sobre un médico en los foros. Enhorabuena, eres un *prosumer*.

El *prosumidor* es quien produce y consume contenido. Somos canales de comunicación humanos, lo que significa que, además de ser consumidores, producimos contenidos. Es decir, los consumidores compartimos nuestras experiencias de consumo con otros consumidores:

PROducer + conSUMER = PROSUMER

Pero ¿qué se entiende por "creadores de contenidos"? La escalera de Forrester define tipologías de uso de internet y clasifica a los usuarios dependiendo de su mayor o menor grado de interacción con el medio:

- **Creadores**: crean blogs, sus propias páginas web, suben vídeos, música, escriben artículos o relatos para publicarlos.
- **Conversadores**: actualizan los estatus en las distintas redes sociales, *postean* actualizaciones en Twitter, Facebook, LinkedIn.
- **Críticos**: publican valoraciones o críticas, comentan en blogs de otras personas, participan en foros *online*, contribuyen a editar artículos en *wikis*.
- **Coleccionistas**: usan fuentes RSS, etiquetan páginas web, posts o fotos, puntúan en páginas web y blogs.
- **Sociables**: mantienen perfil en redes sociales, visitan redes sociales.

- **Espectadores**: leen blogs, escuchan podcasts, ven vídeos de otros usuarios, leen foros *online*, valoraciones y críticas de otros usuarios, tuits...
- **Inactivos**: ninguna de las anteriores.

Cada vez hay más personas que se pueden definir como *prosumers*, porque compartir fotos en Instagram o comentar en las actualizaciones de Facebook de nuestros amigos no sería el estatus superior de la escalera, el creador de contenido de valor, pero se englobaría dentro de la categoría de conversadores.

El *prosumidor* ha sido un perfil *early adopter*, es decir, se ha distinguido a quienes producen y comparten contenido por una serie de características asociadas a la innovación y las habilidades comunicativas:

1. **Innovadores**: les gusta probar las novedades que surgen en el mercado, se sienten cómodos con ello y los diferencia de los demás. Es decir, son un poco *geeks*: les gusta la tecnología y confían en las posibilidades que les ofrece, prueban nuevas herramientas.
2. **Les gusta la comunicación**: son buenos comunicadores, tanto *online* como *offline*. No les cohíbe comunicarse, de hecho, les empodera.
3. **Influyentes**: congregan a un gran número de personas a su alrededor y su opinión es tenida en cuenta por su comunidad. Dan a conocer tendencias, promueven hábitos de consumo, recomiendan marcas, etc.
4. **Escépticos**: no creen a pies juntillas lo que se les dice, les gusta crearse su opinión a través de sus experiencias.

¿Cómo pueden las marcas conectar con los ***prosumers*** **y aumentar su autoridad *online***?

Para las marcas, es importante dar a conocer su causa, su mensaje, sus productos. **Si, como se decía en el Manifiesto Cluetrain, "los mercados son conversaciones", en internet comunicar es propagar tu mensaje**.

En el apartado anterior hemos abordado la teoría de los seis grados de separación, de Duncan J. Watts, por la cual cualquier individuo puede estar conectado con otro a través de cinco intermediarios (amigos de amigos), con un total seis conexiones o enlaces.

La importancia de un nodo (persona o marca) en la red viene determinada por dos variables:

- La **conexión**, el número de relaciones de cada persona y las relaciones de cada uno de sus contactos. No es lo mismo relacionarse con cinco personas con cinco amigos cada una (31 personas en total), que relacionarse con cinco personas con dos amigos cada una (16 personas en total). Sin embargo, si esas cinco relaciones comparten los mismos conocidos directos, el número de nodos de esa red será menor que el de otra con conexiones muy diversas. Eso determina la posición de la persona en la red: cuantas más conexiones tenga nuestra red, más en el centro estaremos; mientras que si tenemos muchas conexiones pero con personas (nodos) poco relacionadas, tenderemos a alejarnos del centro. Todo ello hace que nuestra posición en la red sea relativa.
- El **contagio**, lo que fluye en la red social. Cuánto se comparte mi contenido como nodo determina tanto la influencia que tengo en mi red como el poder de influencia de mis relaciones hacia mí. *Influencia* es la probabilidad de un nodo de transmitir o impedir la transmisión de nuevas ideas o pautas de comportamiento en la red. Debemos tener en cuenta que el contagio deja de tener efecto a partir del tercer grado de separación.

A las marcas les interesa contar con personas que se encarguen de trasladar su mensaje por internet. Por un lado, pueden tratarse como medios de pago (si como marca patrocinamos contenidos, realizamos acciones con embajadores de marca y les pagamos por ello) y, por otro, serían medios ganados (todas las conversaciones que la marca "gana" de forma natural de las personas, los empleados, de la repercusión de sus acciones).

TIP

Esas conversaciones que las marcas ganan y se definen como "tráfico ganado" las realizan los *prosumers*. ¿Cómo llegar hasta ellos?

1. **Segmentando**. Conociendo a su comunidad: sus expectativas, sus valores, sus estilos de vida.
2. **Diferenciándose**. Buscando lo que solo ellas pueden dar a su público y transmitiéndolo.
3. **Comunicando, sin vender**. Los consumidores están cansados de la comunicación publicitaria, prefieren que se muestren los productos en su contexto, que se hable de sus características y beneficios, que se adopte una perspectiva personal. Si se aporta contenido relevante, se entronca con lo que interesa a su público y se les puede ofrecer.
4. **Con una buena reputación digital**. Actuando en red, siendo parte de comunidades y teniendo contactos con otros *influencers*.

5. **Acudiendo a ellos para ofrecer más valor conjunto**. Colaborando juntos se crean nuevas formas de generar valor en los clientes.

En definitiva, las personas que producen o distribuyen contenidos en la red pueden ser un gran aliado para las marcas a la hora de distribuir su mensaje.

Una marca debe trabajar para encontrar a las personas que puedan funcionar como embajadores de marca en un proceso que vaya del corazón a la periferia de la marca. Siempre comenzaremos con el público más afín e involucrado con nosotros, los empleados, los *stakeholders*, proveedores, clientes, instituciones amigas y de ahí iremos ampliando el círculo.

También se pueden usar influyentes embajadores de marca, líderes de opinión o famosos afines a nuestros valores y propósitos, que cuentan con una comunidad de seguidores susceptible de transmitir nuestro mensaje.

Hay que decidir qué contenido se difunde en cada canal y establecer un calendario de publicación. No solo consiste en difundir el contenido en sí, sino en establecer pautas para publicar distintos tipos de contenido en los diversos canales, que finalmente sea reconocido por el público y configure un plan de contenidos completo, no redundante y adaptado al medio.

Promocionar el contenido

Una vez que se publica el contenido, es imprescindible darle alas, hacer que llegue a las personas que puedan estar interesadas en él. Gracias al curador de contenidos, se pasa de la *infoxicación* al conocimiento. Sin embargo, no todos los procesos afectados por la facilidad de acceso a la información se consideran *infoxicación* ni pueden resolverse curando contenido.

La hiperinformación del consumidor genera una serie de consecuencias que las marcas deben saber gestionar.

Escaso de atención

Impactos por todos lados: visuales, auditivos, textuales... a todas horas y en todos los soportes. Una persona que viva en una ciudad media está expuesta a más de 3.000 impactos publicitarios al día; si vive en Nueva York, unos 5.000. Ante el impacto de la *infoxicación*, nos intoxicamos de información y, como ante las enfermedades, el cuerpo desarrolla sus propios mecanismos de defensa.

La respuesta del cuerpo humano es la de protegerse. No podemos con tanto, ni con la mitad, y como no sabemos discriminar desde el principio, establecemos una pantalla. Todos los estímulos similares que no nos han resultado interesantes, los ignoramos. A eso se le llama **economía de la atención**. Solo prestamos atención a lo que nos parece relevante.

Es vital para las marcas saber capturar y retener la atención de su público objetivo.

TIP

¿Cómo captar la atención de tu público?

Ha habido un cambio de paradigma en la forma de entender la comunicación empresarial:

- ✔ Ya no solo se trata de informar, hay que captar la atención.
- ✔ La forma de captar la atención es generar interés a la persona.
- ✔ La persona se sentirá interesada si consigues ofrecerle algo que cubra su necesidad o deseo y hay "química" con nuestra marca. Si consigues que surja un nexo, crearás una adhesión a tu propuesta que comúnmente se llama *engagement*.
- ✔ El *engagement* se consigue tanto por la propuesta tangible (producto) como por tu valor de marca, es algo que produce la marca. Toda la experiencia de marca provoca un sentimiento, una emoción que la persona se ve inclinada a seguir.

TIP

¿Cómo retener la atención de tu público?

Cuando consigas captar la atención, tu siguiente reto es no perderla:

- ✔ **Sé útil**. Es la mejor fórmula. Que tu propuesta de valor y tus contenidos sean útiles para tu consumidor te garantiza que te preste atención la primera vez y que siga conectado a tu marca.
- ✔ **Transmite emociones**. El tono corporativo hace que el consumidor se distancie de una propuesta que no termina de hablar su idioma. Usa tu personalidad como marca y háblale de tú a tú.
- ✔ **Cambia**. El aburrimiento, lo previsible es tu peor enemigo. Introduce novedades en el formato, contenido, tono.
- ✔ **Cuenta historias**. Cuenta una historia, la historia de tu marca, de sus valores, del porqué de su existencia. Los seres humanos estamos programados para escuchar relatos y así nos identificamos con los personajes, nos enganchan las historias.
- ✔ **Sé transparente**. Habla a tu target de lo que le interesa pero desde tu realidad. No inventes.

En febrero de 2014, Pepephone envió un comunicado a sus clientes explicándoles la decisión de migrar las líneas a las redes de Yoigo-Movistar.

> Tenemos claro nuestro orden de prioridades y nos debemos a nuestros clientes, es decir, a ti y al servicio que te prestamos. A nadie más. Y no porque nos queramos hacer los buenos. Simplemente porque vivimos de ello y no solo en sentido económico, sino también emocional, ya que tenemos la suerte de hacer nuestro trabajo de forma ética y responsable (algo que se dice en solo dos palabras, pero que se tarda seis años en construir). Esto nos permite dormir cada noche tranquilos sabiendo que no tenemos alfombras donde esconder cosas que el cliente no ve, que siempre podremos explicar todo lo que hacemos (a veces acertado y a veces erróneo) y que un modelo ético en telecomunicaciones no solo funciona, sino que además es rentable.

Uno de los aspectos más importante de una operadora de telecomunicaciones es la red a través de la que opera. Esta decisión no era banal. Pues bien, la filosofía de Pepephone consiguió hacerles la empresa de telecomunicación del mundo con más *engagement* en Facebook, por no hablar de su crecimiento, la fidelidad de sus clientes...

- ✔ **Da opciones de personalización**. No se compran productos, se compran experiencias.
- ✔ **Exclusividad**. El consumidor social desea sentirse parte de un grupo reducido y selecto de consumidores. Además, ahora cobra importancia no solo consumir, sino hacerlo de forma inteligente, por lo que es tan importante adquirir productos exclusivos como conseguirlos al mejor precio. Así, el 67 % de los usuarios que siguen una marca a través de las redes sociales lo hacen con la expectativa de conseguir ofertas exclusivas.

Fórmulas para llamar la atención con tus contenidos

Molestar

- ✔ **Sexo**. Y ya no tanto lo que hacemos, que eso no da para mucho titular (ten un bebé y me cuentas), si no de la controversia que se provoca al hablar, mostrar o insinuar el sexo. Sacar los tabúes del cajón es perturbar, provoca incomodidad.

  Ashley Madison, una web de contactos para personas infieles; una vez se han publicado las listas de sus clientes, ha provocado incluso suicidios.

  Eva Herzigova, que protagonizó la campaña de WonderBra, decía “Hola chicos” en la década de 1990, y dicen las malas lenguas que el anuncio en vallas provocó más de un accidente. Todavía se considera la campaña más icónica de la publicidad.

- **Religión**. Que le pregunten a Salman Rushdie, que se ha pasado media vida huyendo después de escribir *Los versos satánicos* por amenazas de islamistas.

  Cuando molestas al Vaticano, tienes garantizada una campaña de publicidad gratuita. La última de Benetton, con el Papa besándose con un imam, apareció en todo el mundo, incluso en la CNN.

  La historia publicitaria de Benetton siempre ha estado llena de molestia, controversia y polémica, y a su vez ha creado tendencia en el mundo de la publicidad. United Colors of Benetton fue pionera en vender moda con imágenes que nada tenían que ver con la ropa y que no dejaban indiferente. En la década de 1990, Benetton y Calvin Klein revolucionaron el concepto y la imagen de la publicidad de moda. Calvin Klein vendía sexo en anuncios como el protagonizado por Brooke Shields y la frase "Nada se interpone entre mis Calvin Jeans y yo". Benetton, en cambio, intentaba llamar la atención del público sobre las desigualdades sociales, el racismo, el sida o la guerra. Las campañas de Oliviero Toscani dieron la vuelta al mundo y hubo algunas que se enfrentaron a la censura.

  En 1991, la polémica llegó a las calles con la foto de un bebé con el cordón umbilical que todavía no había sido lavado. Italia, Francia e Inglaterra la prohibieron, y en Estados Unidos, Alemania, e Irlanda fue vetada en varias revistas y diarios. En España no hubo problemas y Toscani dijo de nuestro país que era el más tolerante y que había entendido su mensaje.

  Un ejemplo actual es la controvertida campaña Unhate lanzada en 2011, en la que se podía ver a diferentes líderes políticos y religiosos mundiales besándose en la boca. O unas gráficas más actuales en las que habla de integración e igualdad.

- **Violencia**. Este camino cada vez molesta menos porque está muy trillado. Pero te aviso: cuando pegas demasiado en la misma zona, el dolor ni se nota, la piel se convierte en callo. La violencia ha sido y es un recurso potentísimo pero, de tanto verlo en videojuegos, noticias, películas y tertulias televisivas ya no hace tanto efecto.

- **Honestidad**. Usamos fórmulas de cortesía constantemente. ¿A cuánta gente crees que le importa cómo estás cuando te pregunta qué tal te va? Imagina que te presentan a alguien y tras el "Cómo estás" la respuesta es "Pues aquí, con hemorroides"... Glups.

Crea claves comunicacionales

- **Rituales**. Los rituales nos ayudan a anclar el sentido de lo que hacemos e incorporarlo a nuestras rutinas. Nos centramos en el ritual y damos más valor a lo que hacemos. El "sistema tres pasos" de Clinique.
- **Oferta exclusiva de producto**. La exclusividad como diferencia. Ya sea comprándote unas Adidas "*my originals*", un Tesla o un vestido de alta costura, nadie llevará lo mismo que tú.
- **Mitos**. Narrativas que se convierten en parte de la estructura de una experiencia de consumo, porque proporcionan pistas importantes sobre lo que se supone que esa experiencia significa para nosotros.
- **Singularidad sensorial relevante**. Darle un meneo a los sentidos, que la belleza, el placer, lo sensorial te invada y lo percibas como algo extraordinario. Perú decidió jugar con esas imágenes de los parajes que te hacen soñar. Un logo inspirado en las Líneas de Nazca, que ahondan en la sensación de caminos inexplorados donde perderse, combina con una campaña de marketing, que incluye un vídeo, que le llevó a posicionarse como cuarto país en reconocimiento de toda América Latina, por detrás de Argentina, Brasil y Chile.
- **Iconos**. Esos signos y símbolos que fijan una experiencia de consumo y eliminan la posibilidad de que otro invada ese espacio, esa categoría. El toro de Osborne ha sido testigo de mis viajes de infancia.
- **Tribalismo**. La tribu LEGO.
- **Refrendo**. Preguntes a quien preguntes, la respuesta es unánime. Desde las autoridades más contrastadas hasta el más común de los mortales, la experiencia que te cuentan es positiva. La de historias de amigos que he escuchando y pivotaban sobre cuando se quedaron tirados en la carretera más olvidada, incluso con coches de alquiler y el RACC fue en su ayuda.
- **Continuidad**. El éxito del boca oreja es el resultado de la comunicación efectiva, el valor inherente a una experiencia y el apoyo del consumidor. Para continuidad, el mensaje del Barça, mantenido a lo largo del tiempo: "*Més que un club*".

Le gusta pasarlo bien: viva la gamificación

Una de las formas de llamar la atención del consumidor social es apelar a su lado lúdico. ¿Cuánta gente conoces de más de 30 años que sigue jugando a videojuegos, accede a aplicaciones de diversos juegos desde Facebook o se ha descargado Candy Crash? Mejor dicho, ¿a cuánta gente conoces que no lo haya hecho alguna vez? ¿Cuántos aprovechan esos momentos de transporte público hacia el trabajo para jugar desde su *smartphone*? Mira por el rabillo del ojo en el metro o en el autobús y te sorprenderás de que padres, madres o encantadoras ancianitas aprovechen ese instante para crear un momento de ocio.

Las marcas aprovechan las mecánicas de juego en entornos no lúdicos para potenciar el *engagement* con el consumidor, fidelizarlo, formarle... Es una estrategia para influirle y motivarle. A eso se le llama *gamificación*.

EJEMPLO

Según M2 Research, la aplicación de la gamificación en el mundo de los negocios ayuda a las empresas a aumentar la participación del usuario (47 %), genera más fidelización a la marca (22 %), crece el reconocimiento de marca (15 %), motiva a clientes y trabajadores (9 %) y forma a los empleados (7 %). Es decir, el uso de la gamificación genera beneficios en una dirección doble: interna y externa.

TIP

Tabla 8-1: Algunas mecánicas de juego que se utilizan en la gamificación

Puntos El jugador consigue puntos a través de acciones	*Niveles/barras de progreso* Se superan pantallas a medida que se avanza en el juego.	*Misiones* A través del juego se proponen desafíos a los jugadores que tienen que superarlos.
Desafíos Se producen competiciones entre la comunidad o jugadores concretos.	*Bienes virtuales* Se pueden conseguir o comprar bienes que ayudarán a los jugadores durante el juego.	*Regalos/trofeos* Se ofrecen bienes gratuitos a los jugadores o se los dan entre ellos.
Clasificaciones El desarrollo del juego otorga una posición concreta a cada participante.	*Premios* Se consiguen acreditaciones al ir superando objetivos.	

TIP

Tipos de jugadores

Cada persona tiene unas motivaciones al enfrentarse a un juego. Presentamos aquí los cuatro roles básicos:

- ***Achievers***. La principal motivación de este tipo de jugador es conseguir el mayor número de puntos o recompensas, ya que es una forma de que se reconozcan sus logros.
- ***Socializers***. Les motiva es el elemento comunitario, la posibilidad de conectar con otros jugadores y su interrelación. Son más observadores que activos, y a menudo comentan más que hacen.
- ***Explorers***. Su motivación se basa en explorar nuevas realidades más que ser reconocidos o relacionarse. Son *early adopters*, buscan juegos complejos y muchas veces juegan solos.
- ***Killers***. Su motivación es ganar. Les gusta la competencia, necesitan juegos donde pueda haber un claro ganador y valoran más el ganar que el dominar el juego.

A través de las dinámicas de juego se incentiva al jugador a participar, compartir e interactuar en alguna actividad de forma individual o con la comunidad. Un gamificación eficaz, dinámica y con una rica experiencia puede utilizarse para llevar a cabo una variedad de objetivos en todo tipo de ámbitos y sectores.

¿En qué áreas se puede utilizar la gamificación?

La gamificación tiene un carácter transversal. Puede utilizarse casi en todas las áreas de las empresas, ya que es una herramienta aplicable a casi cualquier rutina, material y actividad.

- **Recursos humanos**. Diversas compañías han utilizado la gamificación en sus acciones de reclutamiento, formación...

  EJEMPLO

  Google puso en marcha Google Code Jam en 2008. Es un concurso internacional dirigido a estudiantes y programadores profesionales que se compone de tres rondas *online* más la gran final, en la que los concursantes deben resolver puzles o problemas algorítmicos. Esta competición abre la posibilidad de ser fichado por Google y ofrece premios económicos. Una efectiva forma de contratación...

  EJEMPLO

  Deloitte ha fundado la Deloitte Leadership Academy y se ha asociado con Badgeville para crear un programa de formación interactivo que usa insignias, metas y premios que los empleados pueden compartir través de las redes para ganar visibilidad y notoriedad.

- **Ventas**. El uso de la gamificación para incrementar las ventas es una de las primeras aplicaciones que se ha dado a estas dinámicas en el mundo empresarial. El juego sirve para obtener información del público objetivo de una manera no intrusiva. A través de las diversas opciones del juego, se puede recabar información sobre sus necesidades y deseos. Por otro lado, es una magnifica herramienta de fidelización de clientes, gracias a las recompensas y beneficios que conllevan.

BBVA ha aprovechado el hecho de patrocinar la Liga Española de Fútbol y la NBA implementando una plataforma de *gaming* que permite a sus clientes ganar premios por realizar sus operaciones y consultas a través de una página web, BBVA Game.

- **Atención al cliente**. Se pueden realizar encuestas *online*, juegos en los que el cliente obtiene descuentos por compartir las experiencias...
- **Innovación**. Hay sectores que se prestan a la innovación a través del juego como el *e-learning* o el *e-health*.

Habitica es una aplicación para gestionar tareas personales que introduce elementos de mecánicas de juego con los que el usuario va ganando puntos al completar ciertas tareas y luego puede canjearlos por actividades lúdicas (ir al cine, juegos para la consola). La herramienta hace que las tareas que nos habíamos impuesto sean más atractivas, ya que conseguimos un refuerzo positivo al completarlas.

Esta área tiene un gran potencial de crecimiento y, cuanto mejor conozcas al consumidor de tu marca, más iniciativas se te ocurrirán para generar esta adhesión con elementos de gamificación, con mecánicas promocionales al uso o con la comunicación de la marca.

Smart: *gratis, mejor*

El nuevo consumidor se las sabe todas, domina las estrategias publicitarias y es sumamente escéptico ante promesas vacías de contenido, es un *crossumer*. El nuevo consumidor es *smart*, inteligente, y entiende que no necesariamente lo más caro es lo mejor, contrasta la información y llega a boicotear a las empresas que "le toman el pelo".

El nuevo consumidor es una persona activa dispuesta a pagar el precio que otorgan al producto o servicio, pero cada vez es más sensible a si es caro o barato. El consumidor europeo, por ejemplo, compra lo que busca tras comparar precios en diferentes canales y se dosifica, con un menor índice de compra por impulso que en el pasado. No solo se debe a la crisis, sino a que piensa que la actitud más inteligente es encontrar alternativas más baratas pero con poca pérdida real de calidad o satisfacción.
Y casi siempre lo consigue.

Lo gratis

Lo gratis ha existido siempre, era el gancho que te llevaba a comprar otra cosa en el presente o en el futuro. Si comprabas una impresora muy barata al final acababas pagándola por mil a base de los cartuchos de tinta con los que la alimentabas durante toda su vida útil. La base de la maquinilla de afeitar siempre fue la excusa para cuchillas siempre frescas. Los átomos son caros de producir, los bits no. De hecho, cuando la producción no se basa en átomos, sino en bits, la tendencia es que con el tiempo se abaraten. Internet es el territorio de lo gratis.

¿Qué es gratis? Igual que nos decía Bécquer, "¿Qué es poesía? [...] Poesía eres tú", gratis es lo que crees que es gratis.

- "Gratis la segunda unidad": no es gratis, la primera unidad subvenciona la segunda.
- "Gratis un mes": en realidad pospones el pago.
- "Niños gratis": el padre paga por él y por el niño.

Sin embargo, veremos cómo los modelos *freemium* o la economía colaborativa han alterado la construcción del precio en productos o servicios.

TIP

Ya te lo he dicho antes: si no tienes muy claro el modelo de negocio de algo que consumes gratis en internet probablemente el modelo de negocio eres tú, mejor dicho, son los datos que aportas (tu correo electrónico, tus características demográficas como consumidor, etc.). Ojo con los *disclaimers*, que probablemente estás consintiendo algo: que te envíen comunicaciones, que se haga uso de tus datos, vendes tu alma al diablo...

Lo freemium

Freemium mezcla lo gratis (*free*) con los servicios de valor añadido (*premium*). Existe un producto con una base gratis que pasa a costar dinero si se añaden más servicios o capacidad. Fred Wilson definió el modelo de negocio en 2006: "Ofrezca su servicio en forma gratuita, posiblemente apoyado por publicidad, pero tal vez no consiga muchos clientes gracias al boca oreja, a través de recomendaciones y referidos, marketing de buscadores, etc., y luego **ofrezca servicios pagados de valor añadido o una versión potenciada de su servicio a su base de clientes**" y el nombre *freemium* surgió de una encuesta a sus usuarios.

Los modelos híbridos de pago han abierto caminos muy esperanzadores para industrias en las que había una gran controversia, como la musical. Desde el cierre de Napster en 2001, toda la industria daba vueltas a establecer un sistema que proporcionase un marco de legalidad a las descargas musicales.

Spotify

En 2008 nace Spotify con una misión clara: que todos pudiéramos escuchar música en tiempo real. En este caso no se habla de descargas pero sí de uso en *Real Time* y de una gran capacidad social (creación de listas, capacidad para compartir listas o canciones con usuarios concretos o a través de redes, perfiles personales...).

- Desde el principio se dirigen a los países que detectaron que escuchaban más música desde el ordenador: Suecia, Noruega, Finlandia, Reino Unido, Francia y España, y se expanden a través de la versión gratis.
- Descubren que con la versión *free* no subsistirían y deciden abrir la línea de negocio Premium a través de acuerdos con discográficas y conseguir que 1 de cada 10 usuarios "importantes" se suscribiera a la idea y realizara micropagos.
- Terminan dando forma a un modelo gratuito con publicidad durante los 6 primeros meses o de pago y sin publicidad y más servicios. En el resto de países se expanden a través del modelo de cuota Premium.
- Los ingresos mensuales de Spotify son multiplicados por el cociente de los *streamings* del artista y el total de *streamings* de Spotify en dicho periodo. El 70 % de esa cantidad va a las discográficas, y por último, se aplica el porcentaje de *royalty* que va para el artista. El resultado promedio es que cada artista "se lleva entre 0,006 y 0,0084 dólares por cada reproducción en *streaming*". Es decir, probablemente muy poco dinero, pero ¿y el valor que tienen los 60 millones de usuarios activos mensuales y los 15 millones de suscriptores Premium con que cerraron en 2014?

RECUERDA

La clave de los modelos *freemium* está en que permiten que el cliente pruebe el producto antes de comprarlo y que se haga una idea de su valor, se le mete el gusanillo y termina haciendo el *upgrade* al producto superior.

Compra experiencias, no productos

Los productos, por sí mismos, ya no dicen nada. No quiero un café, quiero entrar en una tienda Nespresso, que me traten como a una reina e imaginarme a George Clooney haciendo algún comentario chisposo a mi lado. Según Gartner, el 50 % de las inversiones de productos de consumo será redirigido a innovaciones de experiencia del cliente. Las empresas con modelos de negocio disruptivos como Uber, Netflix y Zappos están desafiando con experiencias de digitales a consumidores más alineados con esos hábitos de consumo.

Cómo puedes conseguir un efecto WOW en tus clientes:

- ✔ **Implícate**. Ofrece a tu cliente un interés genuino, trátalo con cortesía y estate dispuesto a escucharlo y ayudarlo siempre.
- ✔ **Sé excelente en la atención**. Ten paciencia en tus explicaciones, verifica el stock de los productos, ayúdale a buscar lo que quiere, ten un conocimiento profundo de tu producto y comparte con el cliente las curiosidades y aspectos insospechados.
- ✔ **Ofrece una experiencia de marca completa**. Sé coherente en todos los aspectos de la marca, cuida el diseño y la atmósfera, la calidad del producto y haz que el cliente se sienta especial.
- ✔ **Sé ágil**. No hagas esperar a tus clientes en la cola, cuando se dirijan a los dependientes ni cuando quieran reclamar.
- ✔ **Soluciona sus problemas**. Lo primero es solucionar el problema, hacerlo rápido, compensar por las molestias ocasionadas o mejor, intentar paliarlas mientras dura la incidencia y buscar alternativas.

EJEMPLO

La marca japonesa GU, hermana de Uniqlo, ha creado un servicio llamado GU Fitting (probador GU) que permite que sus clientes se lleven las prendas para probárselas y decidir al día siguiente si las devuelven o se las compran. Este servicio está disponible para 30 personas al día que pueden llevarse tres prendas cada uno dejando su nombre y teléfono de contacto. Las prendas que las personas deciden no quedarse se utilizan para vestir a los maniquíes.

Quiere que se le escuche

A veces, escuchar es "hacer cosas". Es decir, ante el "Cariño, ¿puedes poner la lavadora?", que la respuesta sea sí o no es un punto a favor, pero lo que quiere quien lo dice es que el otro se involucre y, como resultado, haya una lavadora menos que poner y ropa en el tendedero.

1. **Diálogo**. El primer paso es tener canales abiertos, escuchar y responder en tiempo y forma. Obvio.
2. **Personalización**. La personalización hace los productos o servicios más exclusivos, y provoca más apego. En servicios, nos podemos encontrar que se desarrollen contenidos específicos para un grupo

de clientes en función de sus expectativas y los territorios donde confluyen con la marca.

- Nutella llevó a cabo una acción de personalización de sus envases con tanto éxito que Coca-Cola hizo lo mismo al año siguiente. La primera semana, el cupo de etiquetas programadas se agotó en dos horas y se pasó de 35.000 a 300.000 seguidores durante la acción. La dinámica era sencilla: los consumidores accedían a la página de Facebook de Nutella y se descargaban la aplicación "Etiquetas personalizadas". Introducían el nombre con el que quería personalizar la etiqueta y los datos de envío y al cabo de unos días se recibían las etiquetas en casa.
- En el caso de American Express Open Forum, se dirigen al segmento pyme a través de contenidos exclusivos que ayudan a los pequeños empresarios en su día a día.
- Munich My Way. El primer momento de la interrelación con la marca lo situaríamos en la personalización del producto. Sé lo que me gusta y lo hago a mi medida, único. La marca de zapatillas Munich te permite personalizar tu calzado.

3. **Cocreación**. Es un paso más allá de la personalización; incluye al usuario en el proceso productivo.

   - En 2012, Orbea lanzó su Orbea Dude, una bicicleta resultado de un concurso entre diseñadores, ciclistas y amantes de la bicicleta en general.
   - Mutua Madrileña, a través de su portal Soy Innovador, busca nuevas ideas para mejorar sus productos y premia a los usuarios de la web para incentivar la participación.

   Una de las ventajas de la cocreación es que los consumidores hacen los productos " gratis" y, además, sin las cortapisas mentales de las personas de la organización. En una gran herramienta de innovación.

SOLOMO

Vivir en un mundo global abre un gran abanico de oportunidades y, a la vez, un estado de confusión y desconexión con la realidad. En este contexto, lo **local** aporta un punto de veracidad y adecuación a las necesidades concretas, de proximidad cultural que se construye con el aspecto **social** y se termina de definir al compartirlo gracias a la tecnología **móvil**.

La estrategia de marketing de cualquier empresa debe estar totalmente integrada y tener en cuenta los factores: SOLOMO (SOcial, LOcal y MÓvil) porque así son los consumidores digitales.

Puedes desarrollar multitud de iniciativas desde esta perspectiva. Imagina que trabajas para una cadena de electrodomésticos que tiene una red de franquicias: puedes localizar todas las tiendas en Google Business, crear ofertas en Foursquare, que los clientes hagan *check-in* y compartan sus comentarios. Se pueden crear acciones de fidelización para los clientes y de captación para las personas que se encuentren cerca de las tiendas. Piensa qué pueden hacer tus clientes más cercanos con sus móviles y qué les gustaría ver de lo que hacen sus contactos.

Cómo llevarlo a cabo:

- **Ten en cuenta al usuario móvil**. El móvil ha cambiado la forma de configurar los espacios sociales propios. Ahora es imprescindible pensar en el comportamiento del consumidor en el entorno hiperlocal, es decir, desarrollando aplicaciones para móvil, gestionando espacios sociales donde el componente móvil cobra importancia, como Google Business, Facebook Places, Google Plus, Foursquare incluso WhatsApp... en los que animar la decisión de compra y atender a los clientes.

  Es necesario que la web tenga un diseño adaptado a móviles o que se desarrollen aplicaciones específicas. Crea promociones específicas para el usuario móvil. Aparte de la geolocalización, puedes crear campañas de SEM para móviles.

  Los clientes de Zara pueden escanear el código de barras de una prenda y la aplicación muestra información adicional del producto, como recomendaciones de otras prendas que complementan el *look*. Por ejemplo, al escanear una falda, se muestra la falda con una blusa sobre un maniquí y unos zapatos adecuados según las tendencias de moda del momento.

- **Ten en cuenta al cliente local**. La mayor parte de las consultas que realizamos en buscadores como Google están relacionadas con empresas y productos de nuestro entorno cercano. De hecho, **más del 20 % de las búsquedas globales tienen intención local, cifra que aumenta hasta el 50 % cuando la búsqueda se realiza desde un teléfono móvil o tableta**.

  - Desarrolla acciones de fuerte componente local: aprovecha para difundirlas fiestas, eventos, actividades deportivas y las guías locales como Yelp!, 11870 o Páginas Amarillas.
  - Optimiza el SEO *on site*, añade la palabra de tu ciudad o del área de alcance de tu negocio tanto en las URL, los títulos y el contenido.
  - Utiliza los microformatos al programar tu página web, incluyendo la dirección física. Los microformatos se usan en las páginas web

para describir un tipo de información (por ejemplo, una opinión, un evento, un producto, una empresa o una persona). Cada entidad tiene sus propiedades. Por ejemplo, una persona tiene las siguientes propiedades: nombre, dirección, cargo, empresa y dirección de correo electrónico.

- Incluye un fichero KLM. Los ficheros KML albergan información geográfica utilizada por aplicaciones como Google Earth, Google Maps, Bing Maps y compañía para representar datos geográficos en un mapa. Por su parte, los *geositemaps* son un extensión más del protocolo de *sitemaps*.
- Detalla tu dirección tal y como la trabaja Google, es decir con estructura NAP (*Name, Adress, Phone*; es decir, Nombre, Dirección, Teléfono). Tiene que aparecer igual en todos los sitios. Si te defines como Restaurante vegetariano Vegan no aparezcas en otro lado como Comida vegana Vegan porque perderías *linkjuice* hacia tu web.

✔ **Copa los canales sociales, úsalos y facilita la recomendación social**. Crea una identidad digital para aquellos espacios digitales y utilízalos como extensión de la actividad comercial de la empresa. Registra tu nombre, que viene cualquier listo y te quita el canal de tu marca por haber llegado antes y ya nos vemos como siempre, con pepito63... Y eso no es profesional.

El boca oreja ha pasado a los canales sociales, donde se comparte, recomienda y critica. Dinamiza la conversación, facilita los comentarios, da vida a la conversación.

Capítulo 9

Cómo son los negocios digitales

La convergencia de canales: de la multicanalidad a la omnicanalidad

En los inicios del *retail* todo era sencillo: el consumidor iba al punto de venta y retiraba el artículo. Fin.

De repente todo se complicó. Empezaron a diversificarse los puntos de contacto con el consumidor y surgió el concepto **multicanalidad**. El consumidor puede contactar con su banco a través de la oficina, de la página web, del *call center*, del cajero automático... Eso es un modo de venta con **canales cruzados** (*cross-channel*). Con el advenimiento de la era digital, la complejidad no hizo más que agravarse, la tendencia es conectar los canales de manera que se interrelacionen entre sí. La **onmicanalidad** es esa interconexión de los canales de venta para proporcionar una respuesta coordinada entre los canales.

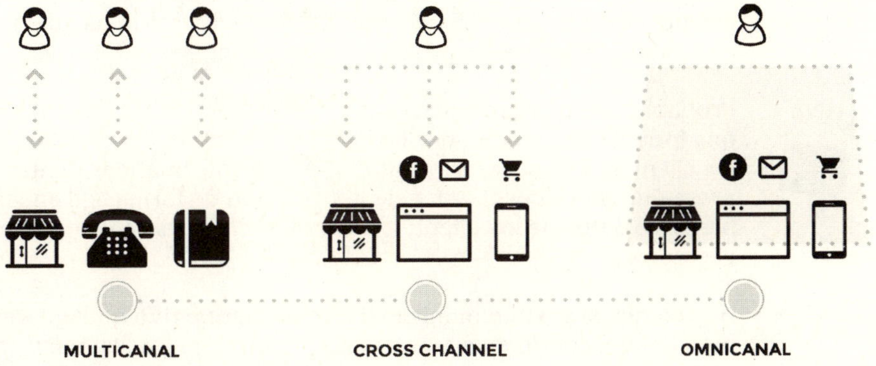

Figura 9-1: De la multicanalidad a la omnicanalidad

- **Multicanal**. Existen varios canales que actúan de forma independiente sin conexión entre ellos, el cliente los percibe como entes separados. La marca gestiona los canales de forma independiente, intentando homogeneizar la comunicación.
- ***Cross-channel***. Hay cierta homogeneidad entre los canales, y el usuario los percibe como parte de la misma marca. La marca tiene una visión del cliente y coordina los canales para responder en el mismo canal en el que el cliente inicia la conversación.
- **Omnicanal**. El cliente tiene una percepción de marca única, más allá de la experiencia de cada canal por separado. Existe una integración por parte de la marca en operaciones, marketing y tecnología que permite dar un servicio global y adaptado a los medios que prefiere el cliente.

La omnicanalidad surge de la necesidad de las empresas por adaptarse al consumidor social. Ya no es suficiente con contactar con los clientes a través de todos los canales de venta; es necesario ofrecer una experiencia de compra que integre los canales de forma coherente y coordinada y ofrezca soluciones transversales en cada paso del viaje del consumidor.

Esfuérzate en crear una **estrategia de marketing integrado** que contemple múltiples canales y soportes como *smartphones*, tabletas u ordenadores. ¿Por qué? Porque el consumidor omnicanal, el que utiliza al mismo tiempo todos los canales a su alcance, gasta de media un 50 % más que los que únicamente utilizan el canal tradicional, y un 20 % más que los que usan varios canales independientes (multicanal).

Desarrollar una estrategia omnicanal eficaz recopilará los datos para ofrecer distintas soluciones a cada consumidor: aterrizar en una página de campaña podría llevar a una persona a recibir un descuento en la siguiente compra vía *newsletter* y a otro le llevaría a un página de producto en función de las reglas de sus perfiles y compras anteriores.

Probablemente la experiencia con Adolfo Dominguez sea *cross-channel*, ya que todavía hay mucho por hacer para ofrecer experiencias omnicanal a los clientes. Son necesarios unos sistemas informáticos dentro de la empresa que permitan el cruce de información de forma ágil en las distintas bases de datos de los clientes, un equipo capacitado y una orientación al cliente.

Hoy en día, la gestión omnicanal es más un objetivo que una realidad, pero debes tenerlo en cuenta para ir adaptando los sistemas, los procesos y a las personas para, en un futuro cercano, ofrecer a tu cliente acceso a tus productos cuándo, dónde y cómo él quiera.

Elementos que has de tener en cuenta para crear un viaje del consumidor:

- **Gestión del proceso de ventas**. Integración de gestión de pedidos, punto de venta y gestión de relaciones con clientes con el fin de aprovechar sus datos clave y favorecer su compra y su recurrencia. La gestión del pago mediante tarjeta, NFC o aplicaciones es una tendencia al alza. En *e-commerce* se tiende al pago en un clic, con procesos de compra ágiles y prácticos.
- **Gestión de punto de venta físico**. Hay elementos que pueden favorecer la integración, como dar herramientas digitales a los dependientes de la tienda, como tabletas en las que ayudar al cliente. La tienda podría contar con Wifi al que los clientes se conectasen para efectuar sus pedidos y aprovechar el *showrooming* para cerrar ventas. Deberían aplicarse conceptos de analítica web a los puntos de venta físicos.
- **Atención al cliente**. Cada vez más empresas tienen un *call center* integrado en el que las personas atienden los diversos canales: se da respuesta a las llamadas telefónicas, al chat *online* del *e-commerce*, al correo electrónico y a Twitter. Con un mismo tique, la persona puede consultar a través del canal que le resulte más conveniente.
- **Logística**. Únicamente el 44 % de los hogares tiene a alguien en casa en horario de oficina para recoger un pedido *online*. La logística puede ser un elemento que aporte valor y genere tráfico de calidad hasta la tienda. Se puede concertar un servicio de recogida en punto de venta físico tanto con nuestro propio *retail* como en puntos de venta concertados.
- **Gestión de la comunicación**. La onmicanalidad contempla todas esas herramientas que estamos conociendo que ayudan a propagar la elección de compra. Se ha de favorecer el componente social en todos los canales que intervienen en el viaje del consumidor.

EJEMPLO

Si eres un comprador habitual de Amazon (y vives en Estados Unidos, de momento) puedes hacerte con un botón que te permite hacer compras *online*: el Dash Button. Cada Dash Button se asocia a un producto que configuras a través de tu *smartphone*, lo pegas donde quieras y, cuando lo pulsas, hace un pedido para reabastecerte. Así de sencillo.

Se conecta vía wifi y funciona en las áreas de reparto de Amazon Prime. Esto simplifica el proceso de compra de los productos del hogar de una forma brutal y apuesta por las primeras marcas, que ya no tendrán que sufrir por las guerras de precios y la competencia. Le das a tu botón y te sirven en un día, todo sea por el cliente: ni pensar demasiado, ni perder el tiempo. El *One clic* de Amazon en su quintaesencia.

El comercio digital o e-commerce

En internet hay muchas formas de vender, no solo tiendas *online*. Hagamos un breve repaso de los principales modelos para que valores opciones si quieres dar el salto a un comercio *online*. El tipo de modelo de negocio se define en función del público al que te diriges. En todas tus decisiones, tu cliente marca tu orientación.

Existen dos modalidades clásicas de negocio:

- ✔ **B2C — *Business to Consumer* — negocio con el consumidor final.** Es el tipo de comercio electrónico más conocido, que permite a las empresas ofrecer sus servicios y productos directamente a los consumidores finales, sin intermediarios. Por ejemplo, **Ulabox**.
- ✔ **B2B — *Business to Business* — negocio entre empresas.** La tienda *online* se dirige a otras empresas, distribuidoras o minoristas. Es el modelo más extendido porque los fabricantes cuentan con canales de distribución mayoristas y minoristas para sus productos. Por lo general no se puede acceder de forma directa a la tienda *online*, sino desde un área privada. Por ejemplo, **Indra**.

Internet permite que, bajo estos dos paradigmas clásicos, surjan ***otros modelos de negocio***:

- ✔ **B2B2C — *Business to Business to Consumer* — negocio donde se agrupan las empresas y consumidores.** El espacio *online* actúa como *e-commerce* y plataforma de distribución. Se atienden las necesidades de empresas y consumidores a través de un mismo canal, normalmente con entradas diferenciadas, y un *login* específico para cada tipo de negocio. El B2B2C también se emplea en algunos casos para definir a los mercados llamados " diagonales" en internet, plataformas en línea que atienden tanto transacciones comerciales entre negocios como entre negocios y consumidores finales. Por lo general, estos mercados diagonales suelen ser proporcionados por fabricantes o mayoristas que ofrecen una diferenciación de precios y condiciones comerciales según se trate de una compra hacia un distribuidor o minorista o un consumidor final. Por ejemplo, **Endesa**.
- ✔ **B2A — *Business to Administration* — negocio entre empresas y administraciones.** No suelen ser páginas públicas, sino plataformas privadas o semiprivadas.
- ✔ **B2E — *Business to Employee* — negocio en los empleados.** No suelen ser páginas públicas, más bien plataformas privadas o semiprivadas (intranet, web corporativa) en las que se ofertan productos y servicios a los empleados a modo de incentivo.

Modelos de plataformas de negocio digitales

Existen multitud de formas de hacer negocios en internet. Vamos a repasar las principales para que puedas evaluar dónde inviertes tus esfuerzos.

Concept store o brand store

Es la tienda insignia de la marca que recoge y refleja su universo en su forma más exclusiva. El beneficio que aporta es la presencia en el espacio, la cuidada atención que el cliente recibe... Puede estar dispuesto a pagar más por ello, ya que la compra le reporta mayor satisfacción, mayor idea de exclusividad, aunque en realidad no es producto exclusivo. Es más importante la inmersión en un universo holístico que hace que el cliente se sienta completamente imbuido en la marca de la casa. A veces ocurre que los lanzamientos y primicias se producen inicialmente en *la brand store*, o las promociones exclusivas, y ello hace que el cliente se sienta exclusivo y agasajado.

Existen *concept store online* y *offline*, como la de Sony, por no hablar de las de Apple, toda una experiencia.

Para conseguir ese aura, las *brand stores* constan de:

- Ubicación inmejorable, en las mejores calles de las mejores ciudades.
- En edificios representativos, históricos o tecnológicos.
- Gran superficie y lujosa decoración.

Tienda multimarca

La tienda multimarca es la evolución de la *concept store* pero, en vez de ser monomarca, es multimarca, se orienta a satisfacer el estilo de vida del cliente con marcas que están dentro de un mismo universo: lujo, deportes, electrónica...

En una tienda multimarca el protagonismo lo tiene, casi siempre, el producto y la calidad de su diseño, tejido y confección. La tienda multimarca *offline* está sufriendo un momento de debilidad a causa, principalmente, de:

- ✔ **Competencia *low cost*.** Se empieza a competir por precio, donde las tiendas multimarca no son competitivas al centrarse en la calidad.
- ✔ **Definición de producto.** Se trabaja una pequeña parte del stock de cada marca, por lo que al final el producto de una tienda multimarca no ofrece una idea de la colección general. Esto provoca cierta in-

coherencia en la presentación general si no hay una buena selección del catálogo de cada marca, mirándolo desde una perspectiva global.

- **Valor**. Se ha de aportar el punto de diferenciación o de prescripción más allá de la propia tienda. El cliente espera conocimientos cruzados, marcas que convivan y se complementen.

Varias iniciativas *online* demuestran el poder de una multimarca cuando ofrece valor añadido a los clientes, como **Barrabes**.

Marketplaces

Un *marketplace* permite que los vendedores y compradores se reúnan para efectuar transacciones comerciales. Es una especie de centro comercial dotado de la flexibilidad que proporciona internet: los fabricantes o proveedores suben sus productos y servicios y cualquier comprador puede acceder a ellos para comprarlos.

Un *marketplace* es una alternativa idónea para pymes que no cuentan con una marca muy reconocida, sin un presupuesto holgado para acciones de marketing ni para negocios de nicho. Según un estudio elaborado por LetsBonus, 9 de cada 10 empresas que utilizan plataformas *online* de terceros como canal de *e-commerce* son micropymes: tienen menos de diez empleados y el 85 % registra menos de 500.000 euros de facturación anual. De estas, el 65 % no cuenta con un canal de venta *online* propio.

Los *marketplaces* más conocidos pueden ser Ebay, Amazon o Rakuten en multicategoría y Fnac con categorías verticales. Los usuarios se aprovechan del gran tráfico de estos portales y estos cobran por incluir su catálogo.

Por ejemplo, Amazon cuenta con más de 183 millones de productos a disposición de los usuarios, y Fnac ha integrado más de 1.000.000 ofertas de vendedores profesionales en su catálogo.

Sin embargo, el funcionamiento de cada una varía respecto al otro y, a la hora de elegir vender tus productos en una u otra vas a tener que estudiar cuál es la propuesta más ventajosa para ti.

Amazon Marketplace aprovecha el tirón de la marca Amazon y permite comprar tanto productos nuevos como de segunda mano, de coleccionista o reacondicionados a vendedores externos. Amazon prioriza su marca a las de los clientes porque "vende" la confianza en la plataforma y son los que realizan el contacto con el cliente. Son los que llegan a más personas. Funciona como un centro comercial con tiendas que venden sus productos, y el cliente entra en una u otra. El contacto con el cliente lo efectúas tú como marca; los datos de contacto se te facilitan desde la plataforma y recibes las consultas directamente.

Outlet

Un *outlet* es un concepto de tienda física o virtual que se caracteriza por dar salida durante todo el año a los excedentes de temporada y los restos de stock con descuentos especiales. En los *outlet* se suele encontrar una selección de productos con importantes descuentos. A partir de la crisis se empezó a tener en cuenta el concepto *smart shopping*: para qué vas a gastar más cuando puedes comprar lo mismo por menos.

En 2001 apenas representaban un 0,1 % de la cuota de mercado; en 2007, alcanzaron el 8 %; en 2011 pasaron a suponer un 14,1 % del sector y actualmente representan el 15 % del volumen total del negocio.

El consumidor social demanda propuestas *low cost* de calidad, y las plataformas *online* tienen ventajas competitivas que las marcas pueden utilizar. Empezó como una forma de sacar los excedentes de las cadenas textiles a medida que a estas les convenía, pero, con el paso de los años, los sectores se han diversificado y ahora es imprescindible dar salida a los stocks de forma cualitativa.

Los más conocidos son:

- **Privalia** es un club de ventas exclusivo para socios con descuentos de hasta el 70 %. Empezó siendo de moda femenina pero ya se han añadido ropa masculina, niños, hogar... Con acuerdos con numerosos fabricantes y ventas de duración determinada, las campañas permanecen abiertas mientras haya stock o hasta la fecha de cierre. Realizan promociones exclusivas a través de las redes sociales y la aplicación móvil, una de las mejores del mercado.
- **Buyvip** fue comprada por Amazon tras el auge de Privalia. Tiene un funcionamiento similar al de Privalia: socios y acuerdos con grandes marcas aprovechando el potencial de Amazon para vender el stock en campañas de una duración concreta. Su logística está mejor resuelta que Privalia.
- **Vente-privee** es el gigante francés pionero en el formato que introduce innovación y productos de alta calidad. Como todos, usa el *e-mailing* para dar a conocer sus campañas entre los socios, e introduce ofertas o campañas exclusivas a través de ese medio.

El éxito del formato ha provocado que surjan ofertas verticales, centradas en unas categorías concretas de producto, como pueden ser:

- **Sarenza** es el *outlet* de zapatos. Se define como "el mayor armario de zapatos de Europa", con más de setecientas novedades cada semana. Destaca el periodo de devolución de 100 días sin coste si el cliente no queda satisfecho.
- **Mamuky** es un club de productos infantiles. Como en el resto, es necesario un registro previo vía correo electrónico para acceder a las ofertas de hasta un 80 % de descuento en ropa, complementos y perfumes para niños. Y en agosto, envíos gratis.
- **Westwing** es el principal club de compras de España de mobiliario y decoración del hogar. Sus miembros registrados pueden acceder a las ventas exclusivas de sus productos con hasta un 70 % de descuento del PVP del fabricante. El acceso a Westwing y a sus ventas es limitado: solo los miembros registrados tienen acceso a esos descuentos y ofertas en marcas destacadas. Todos los productos son cuidadosamente seleccionados por un equipo de expertos de compras junto con su directora de estilo.
- **Voyage Privé** es el primer club privado de venta de viajes *online*. Llega a España en 2008, avalado por el gran éxito en Francia. La venta privada de viajes es un área que seguirá desarrollándose, según el COO de Voyage Privé por, al menos, dos razones: "Los consumidores se aburren de las páginas web donde tienes que pasar horas buscando entre sus miles de productos y, además, son un canal de distribución adicional muy interesante para los proveedores".

Compra grupal o colectiva

También llamada "compra social", se basa en la eliminación de intermediarios para conseguir un sistema más simétrico entre oferta y demanda. Anteriormente los minoristas hacían pedidos grandes a los mayoristas para luego vender el producto en pequeñas porciones ganando más (con un mayor margen).

Se ponen en venta una serie de productos y servicios en lotes cerrados a un precio reducido para un grupo de compradores (normalmente socios de la plataforma de compra grupal).

En internet se eliminan intermediarios y los consumidores se agrupan para tener un mayor poder de negociación. **La plataforma de compra grupal pone en contacto a muchas personas con los mismos intereses y así consiguen un precio muy competitivo.**

Los modelos más populares son las webs de cupones **Groupon**, **LetsBonus**, **Groupalia**, etc. en los que hay un intermediario: la propia plataforma.

Estos sitios de cupones muchas veces utilizan la segmentación geográfica para hacer ofertas locales, y optimizar el retorno de las campañas. Este modelo coincide con los clubes de compra en los que hay un tiempo limitado en que los productos están disponibles para el usuario. También coincide con que la esencia consiste en obtener importantes descuentos con las tiendas asociadas, de entre el 50 y el 90 % de descuento, y luego la plataforma recibe un porcentaje de los cupones vendidos de entre el 30 y el 50 % del valor.

Afiliación

Los programas de afiliación son sistemas de distribución de productos y servicios en internet. En un sistema de afiliación hay tres partes: el consumidor, el vendedor y el afiliado. El afiliado se dedica a vender el producto que otra empresa ofrece a través de su propia página web, normalmente por medio de *banners*, con el objetivo de atraer nuevos clientes para el vendedor y recibir una parte del rendimiento que genere ese tráfico.

El creador de los programas de afiliación, como de tantas otras innovaciones en internet, fue Jeff Bezos de Amazon, pero hoy en día existen multitud de redes que ofrecen este sistema.

Los más conocidos son:

- **Tradedoubler.**
- **Zanox.**
- **Clickbank.**
- **Commission Junction.**

Hay varias formas de gestionar un programa de afiliados:

- ✔ **Comisión por ventas**. El afiliado cobra una comisión por cada venta en formato CPA (coste por adquisición del cliente). Es el sistema más habitual en B2C.
- ✔ **Comisión por contacto**. El afiliado cobra una comisión por cada contacto cualificado que deriva, es decir, un posible cliente que rellena un formulario, en formato CPL (coste por *lead*).
- ✔ **Comisión por tráfico**. El afiliado cobra una comisión por cada visita que la web recibe, es el sistema más habitual.
- ✔ **Otros**. Pueden establecerse otros métodos, como descargas, suscripciones a la web...

Invertir en afiliación es interesante porque es necesaria una inversión inicial muy baja, es totalmente flexible y, como está orientada al éxito comercial, es muy escalable y con pocos riesgos.

Hay que tener una propuesta de valor muy clara o unos precios muy agresivos para maximizar este modelo.

Comparadores

Un comparador es un portal que muestra las diferentes ofertas de las tiendas *online* de forma que se encuentren unificadas y para el usuario sea fácil comparar las distintas cualidades, precios y características de los diferentes productos y servicios en cada tienda. Además, en ocasiones, los propios comparadores permiten realizar la compra desde la plataforma.

Como en el resto de modelos de negocio, nos encontramos con comparadores verticales y horizontales o generalistas. Electrodomésticos, seguros, vuelos, hipotecas, viajes... Cada vez la variedad de productos y servicios que podemos elegir es mayor, y eso hace que el consumidor social pueda estar más y mejor informado.

Los principales comparadores generalistas son Ciao , Kelkoo y Shopall.

También encontramos comparadores verticales:

- **Trivago**, especializado en viajes.
- **Acierto.com**, especializado en seguros.
- **Rastreator**, especializado en seguros, telefonía, energía.

Al igual que los *marketplaces*, los comparadores son interesantes para empresas con un producto muy diferenciado, una marca muy valorada o unos precios muy competitivos porque permiten captar mucho tráfico con relativamente poca inversión.

El tráfico procedente del comparador suele ser muy cualificado porque es fruto de una demanda manifiesta por parte del usuario, y hacen un filtrado previo en cuanto al envío de visitas. El hecho de que tu marca salga favorecida en los resultados de un comparador provoca mayor confianza en el consumidor y genera *leads* muy válidos.

Redes sociales

Normalmente, las redes sociales han sido transmisoras de tráfico hacia la tienda *online*, aunque en ocasiones se pueden terminan las compras dentro de las redes sociales, como pestañas de tienda en Facebook o el botón de compra de Twitter.

Estas plataformas están creando mecanismos para facilitar la compra, tanto el botón de comprar en Facebook y Twitter, como refinadas fórmulas de publicidad y afiliación.

Otra de las opciones es fidelizar a los contactos (amigos, fans) a través de ventas VIP que se anuncian a través de promociones exclusivas, pues consiguen aumentar la sensación de pertenencia a la comunidad y atención al cliente. El anuncio se produce dentro de la red social y la compra se finaliza en el *e-commerce*. Si sigues a clubes de compras como Privalia o marcas como Lodi, en Facebook, sabrás de qué te estamos hablando.

Son buenos ejemplos **Facebook**, **Pinterest** o **LinkedIn**. Un caso más desarrollado es el de integrar tu *e-commerce* dentro de Facebook, como en el caso de **Oianora** que, además, posibilita las funciones de compartir o guardar los productos.

Webs de recomendación curada

Es un modo de comercio social. Los usuarios hacen sus listas de productos que comparten con el resto. Estas webs intentan replicar la compra *offline* y permiten que los usuarios compartan su histórico de compras y sus opiniones con amigos. Son ejemplos de ello **Fancy**, **The List** o **The Hunt**.

El comercio social o social commerce

Comprar es un acto social. Si no te lo crees, imagina que en un semáforo en rojo se paran dos motos:

- Una la conduce un hombre montado en una BMW con un traje de Hugo Boss.
- La otra la conduce un hombre montado en una Vespa con unos chinos y unas Múnich.

Seguro que podrías aventurarte a decir qué tipo de trabajo tiene cada uno, dónde le gusta pasar su tiempo libre... Porque el consumo de unos determinados elementos o marcas es un acto social y compartido.

Nuestras opciones de compra explican qué tipo de persona somos, con qué grupo nos identificamos, son un símbolo del estatus que hemos adquirido, hasta de nuestra ideología política. La aparición de las redes ha incrementado la ponderación de estos elementos en las decisiones de compra porque la mirada del otro influye en la que tenemos sobre nosotros mismos. **El acto de consumo va más allá de comprar o vender, es tener experiencias diversas**.

No es lo mismo ser una empresa social que una empresa con una estrategia en medios sociales. Una empresa social se caracteriza por la visión sobre cómo las plataformas de conexión puede mejorar las relaciones con los clientes, enriquecer sus experiencias, fagocitar sus iniciativas relacionándolos con los objetivos de negocio y la búsqueda de nuevas oportunidades.

Las empresas sociales usan la tecnología para estar cerca de lo que quieren sus consumidores, para dar poder a la personas para que actúen como embajadores de la marca y opinen sobre cómo mejorar después de haber escuchado lo que dice el mercado.

En Onfan tienen una comunidad de prescriptores que prueban la comida en diversos establecimientos. Los prescriptores de esta web se muestran ante sus amigos y conocidos como expertos en el mundo de la gastronomía, dan una imagen concreta sobre sí mismos y potencian un proyecto empresarial. En este caso, es una empresa social porque su modelo de negocio se basa en la búsqueda y recomendación de restaurantes por parte de expertos y se sirven de la tecnología para hacerlo accesible al resto de personas.

El *social commerce* es la forma de vender a través del consumidor social. No es la venta a través de las redes sociales, sino a través de las posibilidades de comunicación de los nuevos consumidores.

Las redes sociales han sido un excelente medio para que las marcas conecten con su público, colaborar y comunicar de una forma más eficiente. A medida que se evoluciona y madura el mercado, se buscan fórmulas para convertir esa conversación en una conversión, en una transacción económica.

Al gestionar un *e-commerce* vemos que nuestra tienda *online* es el epicentro de nuestro universo digital porque es nuestro cuartel general, nuestro punto de venta en Internet. Debemos atraer el tráfico y hacer que convierta en nuestro espacio es nuestro principal objetivo.

El auge, el interés que despiertan las marcas en las redes y la permanencia de tiempo que pasamos en ellas hacen que no se dude del **potencial que tienen las redes sociales para generar ventas** pero hoy en día el comercio puro en redes sociales es más una apuesta que una realidad masiva. Parece que el *social commerce* puede ser una evolución natural del *e-commerce* hacia los espacios donde se encuentra el consumidor digital, aprovechando las infraestructuras y la tecnología de las plataformas sociales.

Una de las primeras reflexiones que se deberían hacer al apostar por el medio digital como plataforma de ventas es qué tipo de plataformas existen y si, como marca, puedes hacer uso de ellas.

Prospección social: el consumidor ávido de comentarios y opiniones

La prospección social consiste en interesarse, buscar y preguntar a través de los medios, plataformas y utilidades sociales. Es la traslación a lo digital del comportamiento natural del ser humano cuando inicia cualquier proceso de compra: primero pregunta en su entorno sobre las experiencias de otros sobre esa categoría de producto o marca.

En el mundo digital, este proceso se produce en un tiempo menor, porque todo está a un clic de distancia.

En las primeras fases del proceso de ventas, la tarea del marketing se centra en influir en la decisión de compra del cliente potencial antes de que haya un contacto comercial. Se trata de establecer las bases que atraigan la atención del consumidor y le generen confianza en la marca y el producto.

Uno de los retos a los que se enfrentan las empresas en el mundo digital es conseguir una experiencia transversal. Hasta la fecha, muchas veces los departamentos de las grandes empresas trabajaban en silos, sin comunicación entre la actividad de los diversos departamentos de marketing, atención al cliente, logística o ventas. Estos departamentos tenían intereses y rutinas particulares y actuaban según los mismos. Esto se ha acabado.

La solución pasa por establecer políticas para limitar los conflictos de interés y priorizar la integración de los procesos de negocio *online* en favor de una experiencia de usuario satisfactoria. Deben trabajarse aspectos como el *branding*, la arquitectura de la información, la integración tecnológica y la gestión de contenidos.

Hoy en día, el consumidor tiene acceso y opinión sobre cada una de las experiencias que le reporta su interrelación con la marca, ya sea antes, durante o después del proceso de venta, y estas opiniones están al alcance de todos a través de las redes. De nada sirve que el proceso preventa sea impecable si, durante la venta, la facturación o la posventa se producen constantes incidencias. Al final, todas estas experiencias aflorarán y se encontrarán disponibles en los procesos de prospección social.

Cuatro puntos en los que trabajan las empresas sociales:

- ✔ **Monitorizar qué se dice sobre la marca, escuchar a la comunidad.**
- ✔ **Responder a los consumidores.**
- ✔ **Amplificar el sentimiento y la actitud positiva.**
- ✔ **Modificar la percepción del consumidor y su comportamiento ante la marca.**

Es importante destacar que los datos de uso de internet en la etapa de preventa es diferente en función de los sectores:

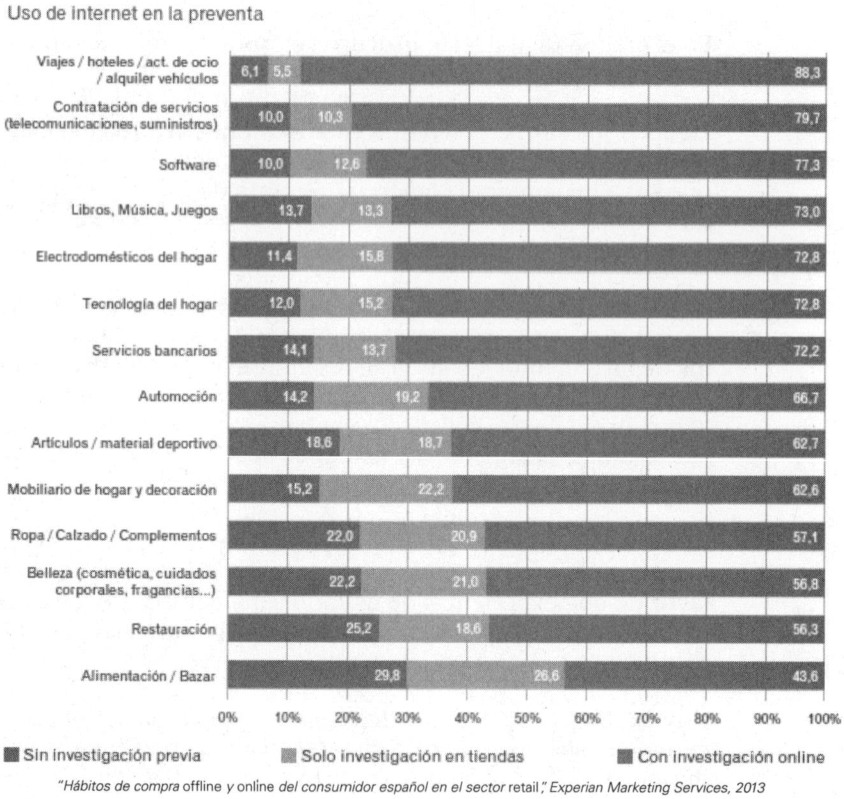

"Hábitos de compra offline *y* online *del consumidor español en el sector* retail*," Experian Marketing Services, 2013*

Figura 9-2: Hábitos de compra por internet en la preventa

Pese a lo que pueda parecer en un primer momento, las redes sociales no son un lugar de búsqueda de exposición por parte de las marcas. Esto es debido, en parte, a que los buscadores es una de las áreas menos refinadas, tecnológicamente hablando, de las redes sociales frente a la efectividad del funcionamiento de los grandes buscadores como Google o Yahoo!

Sin embargo, muchas veces el usuario se ve nutrido de opiniones que se realizan en los propios canales sociales de las marcas que sigue.

Otras veces, el consumidor entra en foros y plataformas específicos para informarse antes de la compra.

Las marcas tienen presencia en los foros y blogs de varias maneras:

- **A través de la creación de espacios propios**. A veces, la marca crea espacios de referencia bajo su propio paraguas de marca y en esos espacios se reúne la comunidad. Para ello, es imprescindible contar con una marca fuerte, un buen producto y una impecable gestión de los contenidos.

  Normalmente, los espacios propios cuentan con una credibilidad menor que los ganados pero a veces la buena gestión de los espacios propios lleva a la marca a un escalafón superior donde confluyen lo propio y lo ganado.

  Caterpillar ha creado una de las mayores y mejores comunidades que existen alrededor de una marca.

  Un ejemplo más cercano sería el blog corporativo de **Movistar**, Con tu negocio. Es un blog especializado en pymes en el que se leen desde historias de pymes exitosas hasta debates audiovisuales en los que participa gente relevante. Se involucra de una manera directa y activa al usuario y se dan tips útiles para el mismo.

- **A través de campañas de pago**. La publicidad complementa la información que los usuarios aportan en los foros. Es la manera que tienen las marcas de llevar su mensaje de forma inmediata y con un presupuesto claro a lugares inalcanzables. El problema es que la credibilidad de la publicidad es limitada. Los espacios pagados te ayudan a catalizar tu comunicación a lugares que nunca llegarías, a personas que jamás te conocerían, de una forma inmediata con un presupuesto acotado. Lo que pasa es que te tienes que gastar dinero y, en función de los objetivos que tengas, mucho. Eso sí, lo que hayas preparado te sirve para alimentar los canales propios y crear espacios ganados, aunque ten en cuenta que la credibilidad de anuncio es siempre menor. Y además, no te da muchos quebraderos de cabeza por aquello de "quien paga manda", y es de efecto inmediato.

- Las **relaciones públicas** son otro elemento que puede ayudar en la prospección social, más como generador de ruido, contactos y relaciones. Muchas marcas utilizan las redes sociales para generar interés antes de lanzar un producto, testar la aceptación que el mismo puede tener...

  Ford tenía intención de volver al segmento de los coches pequeños en Estados Unidos con el modelo Fiesta. Dieciocho meses antes del lanzamiento, comenzó una campaña de relaciones públicas e *influencers* llamada Movimiento Fiesta.

  Se localizó a 100 personas influyentes en *social media*, a los que se denominó "agentes del movimiento Fiesta" para que probaran el vehículo durante seis meses y contasen su experiencia en las redes sociales: blogs, Twitter, Facebook, Flickr o YouTube.

  Se trataba de ganar la confianza de los clientes a través de testimonios de personas reales, más allá del contenido corporativo que no convence a ese nivel. Un testimonio en primera persona sin estar condicionado genera más adhesión, es más real, más rico, con más matices, con "palabras normales", de tú a tú. ¿El resultado? Los vídeos relacionados con la campaña generaron 6,5 millones de visitas en YouTube, y se recibieron más de 50.000 solicitudes de información sobre el vehículo, sobre todo de los conductores no-Ford, y en los primeros seis días tras el lanzamiento se vendieron 10.000 coches.

- **A través de la creación de contenido de valor**. Otras veces las marcas apuestan por usar los canales para entrar en la conversación a través de la generación de contenido de valor. Este es un proceso más largo y laborioso en el que hay que invertir no solo recursos económicos sino también humanos. Las marcas han de implementar políticas de escucha activa y actuar con agilidad ante los comentarios y propuestas del consumidor. El crecimiento en los espacios ganados suele ser el resultado de una buena labor de *branding* y una buena gestión de los canales propios y pagados. La conversación está siempre activa y es una fuente inagotable de información en el proceso de compra o de evaluación de los consumidores, y reflejan la realidad de lo que está pasando en tiempo real.

  Una opción intermedia es patrocinar espacios en foros y blogs y aportar contenido. Esta opción no llega a ser tan potente a nivel de credibilidad como las opiniones de los propios usuarios, de la viralidad natural, pero se utilizan los contenidos y el contacto "personal" para transmitir el mensaje de marca. El consumidor no se fía tanto de estas opiniones como de las del resto de usuarios, pero estas iniciativas sirven para provocar cercanía y *engagement* con la marca.

La consulta como acto social en el momento de compra

Si quieres construir un viaje del consumidor con éxito, desde la prospección hasta la conversión, debes trabajar cada una de las etapas.

El elemento vertebrador de todas las etapas es tu historia. Una marca con una misión que se haya puesto en práctica con visión, valores y coherencia es una marca con una historia que contar. Seguro que tendrá sus líderes, su causa, sus amigos y enemigos. No hay que gustar a todos, hay que gustar a los tuyos.

Cuando tienes un *storytelling* construido, toda tu organización sabe qué esperar y cómo responder ante terceros, desde los vendedores hasta los repartidores. Cuando alguien consulta tanto a los miembros de la organización como a la comunidad puede dar respuesta de una manera relativamente sencilla y se involucra al usuario en la propia historia. Es que hoy en día es el usuario, el *peer*, quien construye la historia de la marca. **El consumidor construye su historia con la marca**.

Al vertebrar la historia de tu marca como empresa social no has de perder de vista lo siguiente:

- Estarás donde estén tus clientes.
- Escucharás, tomarás nota y actuarás como tus clientes esperen.

Banco Sabadell ha utilizado los canales sociales como canal de atención al cliente con un servicio de 24 horas en Twitter. Se atiende a los clientes y los miembros del equipo firman sus tuits. Se utiliza un tono cordial y cercano.

Levi Strauss ha creado una campaña en YouTube que enlaza con una tienda *online* gracias a la geolocalización cuando el usuario hace clic en las prendas que llevan sus protagonistas.

La campaña Vive en tus Levi´s (*Live in Levi´s*) quiere aprender cómo la gente de distintas profesiones y continentes lleva las prendas, e incitarlos a compartir sus propios vídeos en Twitter, Facebook e Instagram con la etiqueta #LiveinLevis.

De hecho, las cuentas de Twitter en los distintos países invitan a sus seguidores a compartir sus momentos Levi's, y a crear una historia de marca entre todos.

Esta campaña ha conseguido que más de 1.600 personas subieran sus vídeos con solo 400 interrelaciones directas. Se aprovechan las consultas de clientes para involucrarlos en el día a día de la marca. Pretende conocer sus comportamientos, sus filias y sus fobias.

A través de la consulta, las marcas están aprendiendo a llevar al consumidor a su territorio. Repetimos, lo primero y más importante es escuchar al consumidor y dar respuesta a su consulta concreta y, posteriormente, cuando se haya concluido esta fase de forma satisfactoria para el consumidor, se le anima a participar en las iniciativas que te interesan como marca.

Compartir el resultado de la compra (shareability)

La estrategia que has de tener en mente cuando te plantees el *social commerce* es que debes convertir a tu cliente en parte de tu empresa, en tu primer embajador, en tu red de ventas. Para conseguirlo, pon todos los elementos estructurales y tecnológicos para que lo consiga.

La información sobre tu empresa, tu marca y tus productos, incluso el resultado de las compras, debe compartirse de manera fácil y directa. Esto se plasma con la integración de las redes sociales en tu plataforma *online* para facilitar a tus usuarios que compartan tu contenido con sus conocidos, el llamado "boca oreja" o *word-of-mouth*. De esta manera ganan en viralidad y tu contenido es difundido gratuitamente por la red.

Una llamada a la acción o *call to action* puede ayudar: "compártelo con tus amigos" o "si te ha gustado, no olvides compartirlo con los demás".

La UOC utiliza los marcadores sociales para compartir.

Recomendación social

La recomendación social es el siguiente paso al compartir. Se puede compartir a título informativo y recomendar conlleva un mayor compromiso o *engagement* por parte del usuario.

Te recomiendo favorecer el componente social en todos los apartados del *website*, especialmente en las fichas de producto de los *e-commerce*. Incluir comentarios aumenta la confianza de los consumidores en la marca, lo cual se traduce en un mayor porcentaje de clics (hasta un 17% según datos de Google) y mayor tasa de conversión. Los comentarios son contenidos de valor tanto a nivel de SEO como para compartirlos por las redes sociales.

Podemos incluir módulos de:

- Compartir en redes sociales.
- Valorar.
- Comentar o hacer reseñas.
- Incluir artículos relacionados.

Lo más efectivo es que combines los apartados que impulsan tu negocio con los aspectos más sociales, como hacen en **miBoda**.

Si incluyes la conversación que fluye en la red en tus espacios los dotará de dinamismo y te permitirá tener un concentrador de toda la actividad. Puedes crear un tablero que incluya todas las menciones a tu marca para que esté presente en tu web, como hacen en **Héroes cotidianos Leatherman**.

El *social commerce* no solo consiste en vender en las redes sociales sino en usar el potencial de los compradores sociales en internet y aprovecharlo para materializarlo en ventas para la marca.

El comercio colaborativo o sharing economy

Compartir en vez de poseer. La economía colaborativa quiere cambiar el mundo a través de un sistema económico en el que se comparten e intercambian bienes y servicios a través de plataformas digitales.

Nos sobra de casi todo, pero nos falta lo elemental. Tras años de un consumismo desaforado que ha llevado al planeta al límite de sus recursos, la crisis ha provocado que muchos se planteen si este modelo es sostenible, si es lo que desean o si pueden plantear alternativas.

Si cada vez prima más la experiencia sobre la pertenencia y existe menos confianza en el sistema, ¿por qué no volver a modelos que priman el trueque que ha sido la base de la economía toda la vida y son más igualitarios?

El País destacaba en un reportaje datos como que "el 40 % de los alimentos del planeta se desperdicia; los coches particulares pasan el 95 % de su tiempo parados; en Estados Unidos hay 80 millones de taladradoras cuyos dueños solo las usan 13 minutos de media, y un automovilista inglés malgasta 2.549 horas de su vida circulando por las calles en busca de aparcamiento". Cada vez hay más personas dispuestas a compartir, intercambiar o alquilar sus cosas. De hecho, Nielsen nos dice que un 53 % de los españoles estarían dispuestos a hacerlo en un contexto colaborativo.

Cuando las personas se decantan por la economía colaborativa:

- En vez de tener un coche, usan *social car* y lo utilizan cuando lo necesitan.
- En vez de ir a un hotel, alquilan una habitación vía Airbnb.
- En vez de pedir un crédito, hacen una campaña en KickStarter.
- En vez de comprar una trona para el bebé que durará dos días, la compran de segunda mano en Wallapop.

Sin embargo, el modelo ha evolucionado con éxito en distintos sectores. Una de las iniciativas más originales ha sido la de la OCU, que ha conseguido que los consumidores presionasen a las compañías eléctricas para que bajasen los precios de sus tarifas en la plataforma y ha conseguido aglutinar a casi medio millón de consumidores en su primera acción. En la segunda, más de 115.000 consumidores apoyaron la campaña y consiguieron cerca de 11.000 inscritos.

Si te planteas lanzar un nuevo negocio, pregúntate si eres capaz de darle la vuelta a algún sector y encontrar el modo de unirte a la *sharing economy*. Deberás abordar dos ámbitos: un servicio que satisfaga una necesidad latente o manifiesta en el mercado y cómo se financiará el proyecto.

La mayoría de los proyectos de economía colaborativa se encuentran ante una legislación que no está preparada para estos tipos de transacciones, así que deberás estudiar las cuestiones legales con mucho mimo y proponer soluciones creativas.

Airbnb surge de la idea de sus fundadores de alquilar su casa mientras daban con una idea de negocio que les hicieran triunfar en Silicon Valley. Solo tenían un sofá, dos camas hinchables y mucha ambición. Como servicio ampliado, el desayuno.

Apostaron por el concepto Airbnb: *airbed* (cama de aire) y *bed & breakfast* (cama y desayuno), replicarlo a todo el mundo, cobrar un porcentaje de los ingresos que ganarían los arrendadores y *voilà*. Ya tenían su idea de negocio. Particulares de todo el mundo alquilan espacios de sus casas o las casas enteras a otros particulares que ya no hacen turismo sino que conocen la cultura y la forma de vida de quien les acoge a un precio menor (normalmente) que un hotel.

Airbnb tiene siete años. Los tres primeros fueron un vía crucis y hoy tiene anuncios en 34.000 ciudades de 190 países, ha alojado a más 35 millones de personas desde su creación, y tiene en nómina a unos 1.900 empleados en todo el mundo.

Parte III

Herramientas y técnicas del marketing

—¡Es un anuncio magnífico! ¡Sublime!
¡No tengo ni idea de lo que anuncian, pero es espectacular!

Capítulo 10

El contenido de marca

Todo lo que emite o produce una marca es su contenido porque, como marca, produces tanto el producto como el servicio o experiencia.

Todo lo que comunicas, tu producto o servicio y todas las experiencias que provocas son contenido. Se dice que los mercados son conversaciones porque se nutren de ese contenido que se genera y que plasma las expectativas, actitudes, experiencias y relaciones que se construyen en torno a ti como marca.

Si es eres una pyme, tu principal vehículo de comunicación es tu producto.

¿Te acuerdas de cuando hablábamos del proceso de compra? ¿Del embudo?

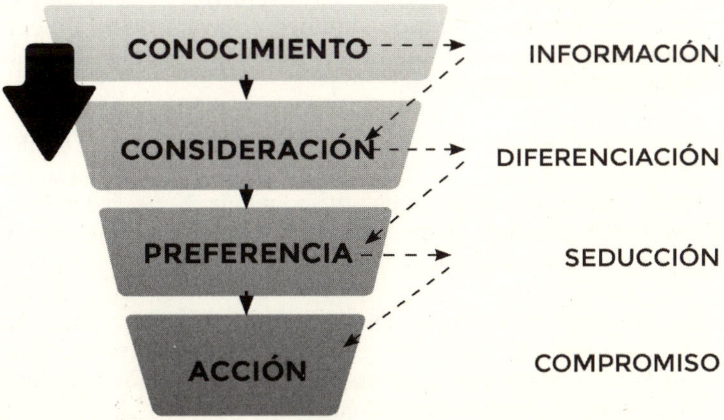

Figura 10-1: Embudo del proceso de compra

Hasta hace poco, recorrías los pasos del embudo tú solo. Solo frente al peligro de que una buena publicidad te vendiera un mal producto (una vez, al menos). El consumidor y la marca. Dos entes y un destino.

La conversación ha entrado en nuestras vidas, y antes, durante y después del proceso de compra vamos comentando, departiendo, pidiendo opinión, dándola sin que nos la pidan y leyéndola de otros porque está ahí. Cuando planifico un viaje veo cuáles son mis propuestas y, mientras abro la web del resplandeciente, estupendísimo y bien posicionado hotel, meto el nombre en Trip Advisor y cotejo con las fotos de otras personas que se han alojado allí, a las que no conozco, sin saber si me caen bien.

Este cambio es a los productores de contenidos (publicistas, escritores, fotógrafos...) lo mismo que significó en tiempos de Copérnico trasladar el centro de la Tierra al Sol: una transformación brutal. El poder de distribución de contenidos se está trasladando de los medios a los consumidores. **Esto nos plantea una nueva disyuntiva: del medio es el mensaje al mensaje que construye medios.**

Si tenemos el mensaje, usaremos los medios a nuestra disposición, juntos o separados, o nos inventaremos nuevos medios. Hemos llegado a tal punto de saturación que volvemos al origen: dame un buen producto, una causa buena u odiosa, y moveré el mundo. El contenido puede adaptarse a cualquier formato de manera transversal.

Pero ¿qué es el contenido?

DEFINICIÓN

Contenido **es el lugar donde se encuentran tu marca y su público. El objetivo de todo contenido siempre debe ser tratar de construir una audiencia: la marca propone la conversación, el público la sigue y se desarrolla la interacción.**

Tu tarea es producir contenidos para intentar colarte en la vida diaria de tu target. Todo depende de un único factor: la utilidad de tu comunicación ya no es una opción, es una exigencia. Y me da igual si eres una gran multinacional o una pyme con aspiración a dejar de ser un logo y convertirte en una marca real.

Es contenido cuando consigues que, ante tu propuesta, tu público piense "un momento" y deje de hacer lo que estaba haciendo. Contenido es lo que sobresale del ruido. Contenido es lo que emociona, lo que hace reír, lo que hace llorar, lo que indigna.

Contenido es atención, y la atención es lograr que tu consumidor tome un papel activo y se implique con tu marca: que llegue a tus espacios, que descargue, que compre.

Hoy, el consumidor intercambia su tiempo por tus buenos contenidos: si tú, como marca, me das buenos contenidos, yo, como consumidor, te presto mi tiempo, te doy mi atención. Es más, si consigues que tenga una experiencia realmente significativa, lo llevaré al siguiente nivel y lo contaré. Seré un nodo en la cadena que propague tu causa. En la era de las redes sociales y las conversaciones multidispositivo en tiempo real, comunicar es transmitir el mensaje, contagiarlo.

El consumidor está en el centro, y tiene el poder no porque nadie se lo haya dado, sino porque lo ha cogido y no piensa cederlo. Como espectador, se ha convertido en usuario, y acude al contenido que le interesa, no espera a que los contenidos lleguen a él, ni acepta que le molesten si la publicidad no le aporta nada. Piensa en lo que haces cuando quieres ver el último episodio de tu serie favorita: lo buscas en internet o lo seleccionas en tu *smart* TV, en el canal de la cadena que lo emite, y lo disfrutas sin interrupciones. Ya no necesitas esperar a que tu cadena lo programe y recibirlo con todos los extras que se le añadan para ir al baño durante la publicidad.

Contenido. Bien. Haz una búsqueda en Google y ve pestaña a pestaña: web, imágenes, vídeos, noticias, libros, lugares, blogs, foros, patentes, aplicaciones, *shopping*... Y es solo el principio. Si hay alguien dispuesto a prestar atención, lo tienes.

¿Cómo conseguir que te presten esa atención? En primer lugar, sé creíble o extraordinario. Si no puedes mandar a un señor a que salte desde la estratosfera jugándose la vida con tu logo en el traje, solo te queda la primera opción. Red Bull y cuatro más tienen ambas. El resto han aprendido que creatividad sin credibilidad no sirve de nada, como la potencia sin control. El resto son Apple, Google, Mercadona o Zara. Por ejemplo. Ni más ni menos.

Es lo mismo que debieron de pensar los primeros que se dedicaron al diseño de *packaging*: "Presentemos nuestro producto de manera más útil, más cómoda, más atractiva, dotándole de algo que le haga potenciar sus virtudes, que lo haga destacar y diferenciarse". En la era de las redes sociales, el *packaging* del producto es el contenido.

Para vender y construir marca a la vez, siempre hay que pensar en el largo plazo. Por eso creo en una comunicación sostenible. Es la publicidad que, en vez de chillar, escucha. La que propone un discurso interesante, coherente y consistente. La que no interrumpe el contenido, sino que ES el contenido. La que nos hace mejores personas cuando lo consumimos, porque nos sirve, nos es útil. Y, sobre todo, la que sigue mi teoría del cuarto oscuro: dar, dar, dar y dar, con la esperanza de, algún día, recibir algo a cambio.

Principales recursos

TIP

Veamos cuáles son los principales recursos con los que cuentas. Ten una guía de formas en las que puedes en tu comunicación tanto si eres una gran empresa como una pyme.

Vídeo

El vídeo triunfa en la red, y millones de *millenials* se nutren de contenidos en sus ratos de ocio a través de las pantallas de sus móviles en los canales de sus *youtubers* preferidos. No ven la televisión porque les parece estéril esperar a que se emita un programa en una determinada franja horaria. Consumen contenidos a la carta y esos contenidos tienen que ser frescos y creíbles. Puedes realizar diferentes tipos de producciones:

- Testimonios de clientes o colaboraciones, como el caso de **Converse** o de **Starbucks**.
- Tutoriales.
- Vídeos de demostración. Toda una generación de *bloggers* ha surgido de las presentaciones de producto. Un caso cercano es el de **Bere Casillas**.
- Entrevistas a los líderes de la empresa.
- Casos prácticos.
- *Webinars*.
- *Videoblogs*.
- Vídeos de eventos.
  - Apps: medios como Reuters tienen su propia aplicación de vídeos.
- *Lifestreaming*.

Algunos de los programas que puedes usar para editar vídeos son desde los más profesionales, como Final Cut o Adobe Premiere, hasta gratuitos como Wondershare o PowToon. iMovie es el programa que viene por defecto en los Mac, mientras que Windows Movie Maker es el programa de edición de vídeo predeterminado por Windows.

Podcast

Crear tus propios podcast es muy sencillo, apenas necesitas más que algo interesante que contar y una grabadora (o una aplicación de grabación de audio en tu móvil) para ponerlo a disposición de tu audiencia y que los descargue o escuche en *streaming* por las radios *online*.

Los podcast son buena opción para distribuir contenidos de audio como entrevistas, testimonios, tutoriales y clases. Puedes llegar a un gran número de personas: es la evolución de la radio tradicional sin necesidad de ondas. Las personas que escuchan tu podcast lo pueden hacer mientras realizan otras actividades: en el trabajo, o mientras conducen, con la ventaja de que, en este caso, se pueden recuperar los contenidos que no han podido escuchar en directo.

Es un medio muy barato y sencillo de utilizar que puede conectarte con tu audiencia. Además, puedes integrarlo en tu web, como hace la psicóloga Mertxe Pasamontes.

Marcas que también hacen un buen uso del canal son por ejemplo las Conferencias TED, ya que su "producto" tiene un alto nivel de afinidad con el soporte.

Los repositorios de podcast más conocidos serían Ivoox o Podbean, que funcionarán como tu canal donde tener los podcast a disposición de cualquiera.

Infografía

Una infografía permite presentar, de manera gráfica y sencilla, los contenidos más arduos. Es fácilmente asimilable y se suele compartir por su rápida comprensión.

Puedes hacer una infografía de todo tipo de datos, desde cuánto cuesta casarse en España hasta todos los resultados financieros de Iberdrola en los últimos años.

Imagen enriquecida

En canales como Instagram puedes hacer volar tu imaginación respecto al poder de la imagen.

La pizzería **Libretto** creó un canal que muestra sus pizzas cortadas en nueve porciones y en cada imagen se accede a más información sobre sus ingredientes y elaboración.

Un uso magistral lo hace **Ikea** en la presentación del catálogo 2014 en Instagram. Fueron capaces de crear un catálogo interactivo porque cada imagen constaba de etiquetas que dirigían al público a los perfiles de las diferentes categorías o productos y así cada persona podía acceder a más información.

E-book

Puede parecer que un libro no es un tipo de contenido que puedan usar las marcas, pero hay motivos para que una marca publique un libro:

- Si celebras 10 años de agencia, publica un libro con tus mejores proyectos.
- Si tu CEO es una figura relevante en el sector, que publique un libro sobre las mejores prácticas de tu empresa o con su autobiografía.
- También puedes unir a profesionales de tu sector para publicar un e-book colaborativo sobre un tema específico que quieres liderar o abanderar.

Hay muchos ejemplos, como el de **BBVA** y *Reinventar la empresa en la era digital* que puede descargarse en epub, PDF o Kindle.

Un libro puede enriquecerse al convertirse al medio digital e introducir enlaces que pueden redirigir a otros espacios y mejorar la experiencia de la lectura. Lo trataremos con mayor profundidad cuando hablemos de la comunicación transmedia.

Presentación

Una buena presentación sirve para explicar ideas de una forma más esquemática y digerible para el usuario. Consta de dos elementos principales: una buena historia y unos textos e imágenes que ayuden a comprenderla.

Una buena presentación no es una sucesión de diapositivas sin ton ni son, con miles de palabras y gráficos. Estamos acostumbrados a meter con calzador todos los gráficos de Excel que podemos extraer y, por si esto fuera poco, poner 500 palabras para explicarlo en cada diapositiva. ¿Alguien lo entiende?

Una buena presentación consta de tres partes:

- ✔ **Preparación**: no tienes que hacerlo ante el ordenador, es el momento de crear la historia.
- ✔ **Diseño**: quita elementos hasta que te quedes con la esencia de la idea que quieres transmitir. Una idea por dispositiva, con una imagen que la ejemplifique de forma potente. Usa personas, metáforas, tu tienda...
- ✔ **Exposición**: depura el orden y la presentación de las ideas para conectar con tu audiencia. Recuerda que quieres vender, que se impliquen contigo, y eso no lo conseguirás solo con datos, sino con emociones.

Cuando acabes, enséñala a alguien que desconozca el tema y pregúntate por su reacción: ¿despierta el deseo? Si no es así, empieza de nuevo. Si lo hace, súbela a espacios como Slideshare o enlázala en tu web, difúndela en redes...

TIP

Hay varios casos en los que puedes usar presentaciones para ilustrar aspectos de tu marca:

- Muestra las cifras de tu empresa, la evolución del último año...
- Crea un estudio de cómo evoluciona tu sector y sube un extracto.
- Comparte las conferencias o formaciones que impartís.
- Muestra un caso de éxito con clientes.
- Da a conocer el primer capítulo de tu libro.
- Si eres una administración pública, comparte los grandes proyectos con los ciudadanos.
- Si tu empresa asiste a un evento, ilústralo y comparte las conclusiones.
- Muestra una conferencia o formación que hayas impartido.

Todo el mundo puede tener un canal de Slideshare que usar como repositorio para sus presentaciones.

Códigos QR

Un código QR es un código de respuesta rápida que te permite acceder a determinada información de una manera rápida y sencilla. Normalmente se utilizan para contener enlaces a páginas web en soportes físicos de manera que no sea necesario que los tecleen los usuarios, sino que con un simple lector de códigos QR accedan directamente sin los riesgos de que se tecleen mal.

TIP

Cómo puedes usar QR en tu marca:

- ✔ **Logística**: los primeros QR fueron usados por Toyota para el marcado y registro de piezas y componentes automovilísticos.
- ✔ **Etiquetado de productos**: sigue la misma filosofía, en este caso para ofrecer información complementaria al consumidor.
- ✔ **Publicidad impresa**: tanto en revistas, como carteles, vallas, exposiciones...
- ✔ **Publicidad audiovisual**: tanto para anuncios de televisión como de cine, puedes usar códigos QR para dirigir al público a tu web.

- **Redes sociales**: puedes hacer que el código QR enlace directamente al "me gusta" de tu página.
- **Espacios públicos**: autobuses, eventos, restaurantes... puedes ofrecer información detallada sobre el menú, la exposición..., y facilitar la reserva o compra de entradas.
- **Facturas**: puedes incluir un QR en el tique de tu restaurante para ofrecer un registro a los usuarios o acceder a una aplicación donde obtienen descuentos.
- **Tarjetas de visita**: pueden contener la vCard de los empleados y, al escanearse, el receptor accede a su información personal: nombre, apellido, cargo, dirección postal, teléfonos...

Seat desarrolló un ingenioso anuncio que mezcla las mecánicas de gamificación y los QR para captar el tráfico hacia una web perfectamente diseñada para adaptarse al tráfico móvil. Muestra el catálogo de toda la gama de coches y otros servicios *online*.

App

Las aplicaciones móviles son, en algunos casos, el modelo de negocio completo y, en otros, una buena herramienta para generar contenidos o mejorar el servicio que se presta a los clientes.

¿Te imaginas un día sin WhatsApp, sin Google Maps, o sin una aplicación de tiempo como Accuweather en tu móvil? Son ejemplos de servicios cuyo *core business* es la aplicación en sí.

Cada vez más, los medios de comunicación están incorporando apps para ver la televisión. En España se puede acceder a través de tres plataformas: **RTVE.es | Móvil, Atresplayer y Mitele.**

Uno de los sectores con mayor impacto de la transformación digital en sus dinámicas es **la banca**. En España te encontrabas casi más sucursales bancarias que bares y, cuando los necesitabas de verdad, ningún canal estaba operativo para atenderte. En el siglo XXI necesitamos que nuestra entidad financiera esté disponible 24 horas, 7 días a la semana, 365 días al año, hacer transferencias desde nuestro dispositivo móvil y gestionar nuestras carteras desde cualquier sitio.

Juegos

Las mecánicas de juegos son cada vez más utilizadas por las marcas para crear *engagement* con su público. ¿Con qué fin preparar un juego? Tu consumidor se lo pasará mejor comprando, te será más fiel o tardará menos en realizar el proceso de compra.

Las marcas deportivas hace tiempo que han captado esta tendencia y la usan para motivar a sus clientes. **Nike+** es una plataforma que los usuarios de Nike utilizan para hacer seguimiento de su actividad deportiva.

A través de diversos dispositivos como el iPod, el teléfono o el *smartwatch* propio o nativo de Nike, el usuario entra en dinámicas de juego al practicar deporte, como establecer logros, rutas con diferentes juegos y recompensas, y se clasifica. De hecho, se lanzan retos semanales para motivar y que las personas se impliquen con la actividad.

Desde el primer momento se despierta la autosuperación (se miden los kilómetros, tiempos, calorías quemadas y pulsaciones a través de la pulsera Fuelband) y la competencia (hay *rankings* y premio de la corona al mejor resultado) desde una óptica lúdica.

Gracias a estas comunidades, el corredor que acostumbra a hacerlo en soledad de repente se ve dentro de un grupo que no le condiciona en absoluto y a quien puede unirse tanto en su ciudad de residencia o durante sus viajes. Nike+ congrega a más de treinta millones de usuarios en todo el mundo.

Un buen contenido encuentra a su audiencia.

El contenido en contexto: el diálogo

Diálogo. El contexto implica diálogo. Olvídate del monólogo: los mercados son conversaciones.

Comunicar en un mundo digital es comunicarse, hablar con, bajar a la calle y saber cuánto cuesta un café. Es encajar las críticas, saber cuándo dejarlas pasar, cuándo responderlas. Lo mejor que puede pasar es que la gente hable de ti porque, si no lo hace, es que eres invisible.

Si llevas años gestionando una marca, quizá temas perder el control. No tengas miedo, nunca tuviste el control ni lo podrás recuperar, era una ilusión.

No puedes controlar la comunicación, pero puedes gestionar las relaciones con las personas. La pérdida de control se transforma en una gran oportunidad.

En 2006, la revista *Time* te eligió a ti, querido lector, como persona del año, se refería a *You* homenajeando a los millones de personas que generan contenido por su influencia en la era global de la información como usuarios de internet.

Los internautas ejercen su influencia de dos maneras: comparten información y se relacionan entre sí. Las relaciones se establecen principalmente en las redes sociales, "estructuras sociales compuestas por grupos de personas conectadas por uno o varios tipos de relaciones, intereses comunes o que comparten conocimientos" (gracias, Wikipedia).

EJEMPLO

Wikipedia es uno de los mejores ejemplos de contenido generado por el usuario. "Autodefinida como un esfuerzo colaborativo por crear una enciclopedia gratis, libre y accesible por todos. Permite revisar, escribir y solicitar artículos."

Como marca, tienes una causa: agrupa a todos los que la apoyen, aliméntalos, dales herramientas: es tu comunidad. No todos los que están en una red social forman una comunidad, pero todas las comunidades se componen de personas conectadas que comparten una identidad y valores comunes.

TIP

¿Cuál es el proceso de comunicación en un mundo que dialoga?

1. **Escucha = monitoriza.** ¿Quieres comunicarte en un mundo conectado? La mejor manera de empezar es a través de la escucha activa de tus clientes, tus mercados, los prescriptores del sector. La monitorización debe seguir una metodología que variará en función de la marca, pero no puedes olvidar algunas cosas:
   - Qué se monitoriza: qué palabras clave tendrás en cuenta. El nombre de tu marca, de los productos, del genérico del producto, los *hashtags* de las campañas... pero también los temas en los que la marca se ve involucrada.
   - Dónde se monitoriza: cuál es el alcance de tu escucha, tu país, otros países...
   - En qué idiomas se monitoriza: las conversaciones se producen en distintos idiomas. En ese caso, tendrás que adaptar las palabras clave.
   - A quién se monitoriza: quizá debas establecer una escucha acerca de lo que se dice de los principales miembros de la empresa: presidentes, CEO, ejecutivos más expuestos...
   - Con qué herramientas contarás: la monitorización no es igual de efectiva si tiene efecto retroactivo; elige la herramienta y configúrala antes de empezar a trabajar.

2. **Desarrolla tu identidad digital**. Se suele confundir la identidad de una marca con un logo bonito y unos cuantos mensajes publicitarios.

   RECUERDA

   La identidad digital de una marca se construye a través de tres aspectos principales:

   - Lo que dices que eres.
   - Lo que haces.
   - Lo que los demás dicen de ti, tu reputación.

   Nuestra identidad se forjará tras un análisis de quiénes somos, de nuestros objetivos y de qué espera nuestro target de nosotros.

- ✔ **Conversa**. Vertebra tu comunicación. Por un lado, tendrás presencia en los espacios afines a la marca. Eso significa que, antes de comunicar a bocajarro, debes crear una planificación de temas y espacios que te interesen para conseguir tus objetivos. Eso te permitirá actuar de forma proactiva, según los temas que hayas marcado, con criterios para responder de forma organizada a los mensajes que te lleguen.

  Por otro lado, definirás tus espacios. Es importante que definas los canales por los que te relacionarás y cuál será la función de cada uno. ¿Estarás en Facebook, Twitter, abrirás un canal de Instagram...? ¿Cuál será la política editorial de cada uno? ¿Qué contenidos marcarán su día a día?

- ✔ **Dinamiza**. La actividad diaria vertebra la comunidad, pero es importante plantear incentivos que dinamicen las relaciones, la cohesión del grupo, la consecución de los objetivos de negocio.
- ✔ **Colabora y coopera**. No olvides la colaboración de la comunidad en tu actividad: plantea iniciativas con tu público y busca objetivos comunes que realicéis juntos.
- ✔ **Mide**. Evalúa la eficacia de todas las acciones y de la estrategia a lo largo del tiempo.
- ✔ **Integra**. El último paso es integrar el componente social en los procesos de la empresa más allá del departamento de marketing y comunicación.

Hazte un favor: no intentes que toda tu comunicación vaya sobre lo que te interesa, no intentes que cada acto comunicativo se dirija a la venta. Redefine el concepto *venta*, ayuda en cada punto del proceso.

¿Cómo puede ayudar la comunicación al proceso de ventas? ¿Cuáles son tus funciones como comunicador?

- **Conoce a tu cliente, a tu consumidor, a tu target**. Empieza por detectar quién es y escucharle para entender qué le mueve, en qué le será útil tu propuesta. Monitoriza las conversaciones sobre tu marca, tu sector, sus estilos de vida.
- **Da a conocer el producto**. Eres portavoz de la empresa hacia el consumidor y del consumidor hacia la empresa. Detecta quiénes pueden actuar como embajadores de tu marca y tiéndeles la mano.
- **Genera contenidos valiosos en los que la marca se considere una de las opciones preferidas**. Todo es contenido: una imagen, una experiencia, un texto...
- **Entabla relaciones que refuercen la experiencia del consumidor antes, durante y después de la venta**. No te olvides de facilitar los mecanismos de prescripción y recomendación.
- **Conoce a tu cliente, a tu consumidor, a tu target**. No es una errata, vuelve al inicio. Extrae conclusiones de todo lo anterior y vuelve a empezar.

Tu labor como vendedor no es cerrar ventas. Hay otras acciones orientadas a la conversión. Tú eres el centro que pasa la asistencia perfecta para que el delantero marque gol.

TIP

Los canales de comunicación digitales son los siguientes:

1. **Compartir información:**
   - **Blogs**. Fueron el inicio de la conversación. Los hay corporativos y personales: Wordpress, Blogger, Posterous...
   - **Microblogs**. Espacios de conversación con limitación de caracteres: Twitter, Yammer...
   - **Marcadores sociales**. Para guardar las páginas favoritas: Delicious, Pocket...
   - **Agregadores de noticias**. Para compartir contenidos corporativos, noticias: Digg, Menéame...
   - **Agregadores de vídeos**. Para compartir vídeos: YouTube, Vimeo...
   - **Agregadores de presentaciones**. Para compartir presentaciones en PDF y PPT: Slideshare...

- **Agregadores de imágenes**. Para compartir fotografías: Flickr, Picasa, Pinterest...
- ***Wikis***. Para crear y editar información por parte de los propios usuarios: Wikipedia...
- **Foros**. Para plantear preguntas y obtener respuestas sobre un tema concreto.

2. **Relacionarse:**

- **Redes sociales generalistas**. Para conversar con amigos o familiares: Facebook, Google+...
- **Redes sociales verticales**. Para conversar sobre un tema concreto: Chatter, Minube, 11870...
- **Redes sociales profesionales**. Para relacionarse profesionalmente: LinkedIn, Xing, Viadeo...

Tabla 10-1: Contenidos que llegan a los consumidores en los momentos de compra

Conocimiento	***Preferencia***	***Acción***
Informes de análisis	*White papers* con contenidos comparativos	Comparaciones de vendedores
Guías electrónicas + ebooks	Guías de expertos	Comparaciones de productos
Contenido editorial	Interacciones en directo	Casos de estudio
Contenido de expertos		Demo *online*
White papers		Descargar prueba
Contenido educativo		

En contenido, en su contexto. No cuentes lo que haces, muéstralo. No expliques cómo contar un chiste, cuéntalo.

Si los mercados son conversaciones, comunicar es propagar.

En este momento de tanta fragmentación, en el que todo corre el riesgo de perderse en la inmensidad del bit, anclarse a un sentido crea el contexto en el que se mueve el contenido. No significa lo mismo un "muero por ti" dicho por un mozo aguerrido mientras te guiña el ojo la primera noche, que un "muero por ti" del mismo no tan mozo con una hoja de afeitar en la muñeca cuando le dices que hasta aquí llegó la nieve.

Para fluir por la inmensidad del bit es importante saber que este organismo interconectado a partir de las conversaciones creadas se forma mediante tus **conexiones** —las venas (nodos/relaciones)— y por **contagio** —por la sangre que fluye por las venas de las redes.

Como marca es tu obligación, sí, obligación, conocer a tu público y saber qué le moviliza. El contenido de marca de calidad suele surgir de ideas y hechos reales (*insights*) y plasmarse con una forma y unos formatos afines a esas expectativas.

Como individuos, nuestro entorno cada vez nos aísla más, nos aleja de los demás, y nuestros hábitos hacen que terminemos acercándonos a aquello que está en nuestra lista de temas de interés. Solemos trabajar con señor@s que han estudiado un grado parecido y tienen un perfil socioeconómico similar, leemos la prensa que valida nuestra ideología, incluso Google nos muestra los resultados más afines a nosotros según unos filtros que nos dificultan el salir de nuestra zona de confort.

Para transmitir sus mensajes, las marcas ahora echan mano del *branded content*, un tipo de comunicación original integrada con la marca y no intrusiva. Pretende encontrar puntos de unión para crear esos contenidos de manera que sean útiles para construir marca y para un espectador que los quiera consumir.

¿Has oído hablar alguna vez de los ángeles de Victoria's Secret? Pues eso.

RECUERDA

Inditex no hace publicidad, pero eso no significa que no se comunique. Comunica desde sus locales de Gran Vía o de Paseo de Gracia, y mediante el boca oreja. **Mercadona es otro ejemplo bestial**. Sin ningún anuncio, ha llegado a la cumbre gracias a sus servicios, su política de personal...

El storytelling

Buscamos historias. Las personas necesitamos que nos cuenten relatos que nos importen, que nos diviertan, que nos emocionen o que nos asombren. Y lo que nos moviliza se convierte en viral.

Ser un *storyteller* en política es sencillo porque apela a conceptos que conmueven: Obama se dirigió a los americanos diciéndoles que un negro podía ser presidente y que, juntos, podrían con la crisis en la que vivían con su "*Yes, we can*". Esta huella la había inaugurado Martin Luther King explicando el sueño de paz "*I have a dream*", o Gandhi...

El *storytelling* es el arte de convertir un mensaje en relato con un propósito de conversación y conexión.

No es sencillo explicar por qué una marca es relevante para sus consumidores, pues no es tan inspirador, es más de andar por casa, no cambia el mundo... ¿o cambiar el mundo empezaba por un pequeño paso?

¿Tienes algo que te haga único? ¿Has creado algo insólito? ¿Hay **alguna rareza que te identifique**? ¿Cómo puedes usar tus experiencias personales para ayudar a tu negocio? **Si has encontrado lo que te hace diferente aunque no necesariamente mejor que los demás, has hallado la brújula que te guiará en el proceso de narrar tu historia**.

Todos tenemos algo que contar, porque lo que parece nimio o tedioso puede ser una información de valor para el que se encuentra en ese nimio o tedioso punto. Si tu rareza es algo escaso y que aporta valor, controversia o adhesión, tienes un filón que puedes explotar.

Cómo explotarlo, a través de un formato que tenemos interiorizado desde nuestra más tierna infancia: el cuento. Si eres capaz de transmitir tu causa con pasión o afecto, tu audiencia resonará contigo, crearás un vínculo que os lleve juntos, como aquellos libros de "elige tu propia aventura", en este caso marca y público de la manita a lo largo de todo el relato. La conexión siempre tiene que ser emocional; pero no te pases: si la audiencia no se lo cree, provocarás el efecto contrario.

¿Cuándo prestas atención a lo que te cuentan?

- ✔ Cuando estás implicado y es importante para ti.
- ✔ Cuando es algo extraordinario.
- ✔ Cuando te identificas con los personajes y te proyectas en ellos: puedes ponerte en su lugar.

Uno de los mejores contadores de historias del último siglo fue Steve Jobs. Aunque la mejor historia que contó fue probablemente el relato de su propia vida en el discurso académico en la Universidad de Stanford en 2005, la presentación del iPhone en 2007 es un ejemplo de cómo presentar un producto: "Hoy es el día en que Apple va a reinventar el teléfono".

Para que el *storytelling* sea eficaz, debes contar tu historia de una forma clara y con un tono personal, pero de manera que se preste a diversas interpretaciones: así conseguirás que sea viral. Tu audiencia sentirá que pertenece a tu causa porque la habrá hecho suya, y los antagonistas harán lo mismo, pero criticándola.

Vemos a Steve y nos creemos que vender no es lo único que pretende Apple: la transacción comercial no es lo único importante. En aquel momento, Apple pretendía reinventar el teléfono uniendo iPod + teléfono + internet con un interfaz nunca antes visto, con unas funcionalidades que superaban toda expectativa... **El consumidor sabe que la marca quiere venderle sus productos, pero valora a la empresas que van más allá.**

Claves para un buen storytelling:

1. **El viaje/el conflicto**. Cómo el personaje principal se encuentra en situaciones conflictivas y consigue resolverlas de una manera u otra. Una historia es un viaje desde un punto de partida hasta una conclusión. Toda historia tiene inicio, nudo y desenlace. Empieza fuerte y cierra aún más fuerte.

2. **Los personajes**. El personaje principal es el protagonista de la historia y nos ofrece su punto de vista. En tu relato, como en cualquier historia, también habrá personajes secundarios, un mentor, un objeto representativo que se convierte en icono, y el "momento de la verdad", cuando el personaje se encuentra ante una encrucijada y debe decidir su destino. Lo que decida le llevará a recibir su justo castigo o recompensa.

3. Tienes todos los elementos pero necesitas algo fundamental, **honestidad**. No hay héroe al que todo le salga bien a la primera, cada rosa tiene su espina. Debes ser específico, no te andes por las ramas.

4. **Historia personal *versus* historia inspiradora**. Se puede plantear que la marca hable en primera persona contando qué te hizo montar el negocio. ¿Cómo lo ves si te digo "la historia del whisky más famoso del mundo empezó con un joven granjero escocés llamado John 'Johnnie' Walker"? No pinta mal, ¿verdad?

   EJEMPLO

   John **"Johnnie" Walker** empezó a vender el whisky *Walker's Kilmarnock Whisky* en la tienda de ultramarinos de su familia. Rápidamente, esta marca se convirtió en la preferida de los escoceses. Nos cuentan una historia de aventuras en la que hay retos como la expansión o el deseo de expandirse, héroes en cada una de las generaciones que progresaron, como la botella cuadrada o la etiqueta diagonal y todo de una forma entretenida, con un marcado acento escocés.

   Las historias inspiradoras trascienden el propósito o misión inicial de la empresa.

5. **Alineación con los valores y los territorios de marca**. Es imperativo, que tu historia no caiga en la contradicción, que remita a tu esencia, a los lugares o situaciones con los que quieres que te asocie el consumidor.

Hace años que esperamos la campaña de **Estrella Damm** para ver si está a la altura del "Mediterráneamente" anterior. La última vez, Quim Gutiérrez intentaba ligar con Dakota Johnson pese a su inglés en un corto de Amenábar, aunque hace ya un lustro que las vacaciones con amigos, en las islas Baleares, con su puntito de tonteo y un ritmo de vida pausado nos anuncian la llegada del verano, los festivales... a una generación que no piensa desenterrar a Georgie Dann.

RECUERDA

Una buena historia es fácil de entender, fácil de recordar y fácil de contar.

Capítulo 11

La comunicación publicitaria: estamos de obras

En el albor de los tiempos no había marcas, sino gremios que fabricaban los productos necesarios con los materiales de los que disponían. El concepto de marca surge de ahí, de las muescas que se hacían sobre los productos para diferenciarlos de los que hacían otros artesanos.

En el albor de los tiempos, no había supermercados ni grandes superficies. De hecho, no había manera de llenarlos porque no existían la oferta ni la demanda masiva.

En el albor de los tiempos, no había referentes más allá del párroco, el maestro y el terrateniente del pueblo... y sus mujeres.

Llegó la era industrial, con los medios de comunicación (transporte y contenidos), **y se creó una nueva sociedad**. Esta sociedad se construyó en parte gracias a la televisión, la radio, las vallas y la prensa. Esta sociedad cinceló el modelo estadounidense que había tenido dos grandes campos de pruebas: las dos guerras mundiales y su propaganda. En esta sociedad la televisión, la CNN, mostraba el mundo en tecnicolor; Jackie y John posaban con sus niños en *Life* llevando la vida presidencial a cada casa; al doblar la esquina, las mujeres veían una valla en la que Clairol les decía a través de iconos del cine: "Si solo tengo una vida... ¡déjame vivirla como rubia!". Esta sociedad se sorprendía y se movilizaba con programas de radio como *La guerra de los mundos*, y se dividía entre los que leían *The New York Times* y *The Washington Post*.

Por eso existe este capítulo, para que entiendas la génesis del modelo actual. Hoy en día no existen esas fronteras con respecto al contenido de marca: la adecuación al target y a sus momentos de atención define dónde y cómo planificar las conversaciones.

Los modelos de comunicación

El modelo clásico: nada como los medios above the line

Este modelo dibuja la Teoría de la Información en la que la comunicación es lineal, de uno con todos.

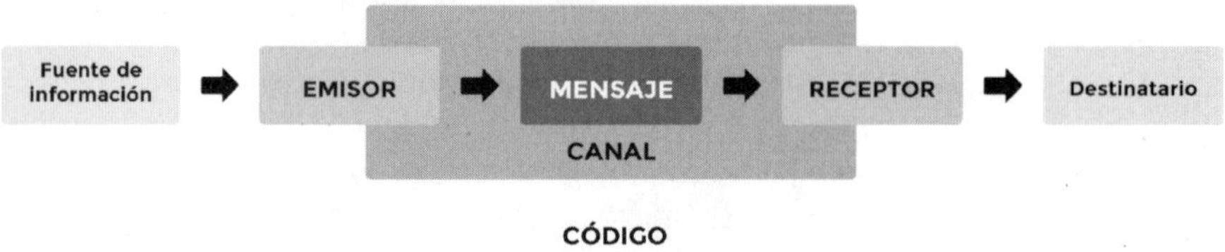

Figura 11-1: Esquema de la comunicación en la Teoría de la Información

- **Emisor**: en este caso, tu empresa o sus representantes.
- **Mensaje**: contenido que quieres hacer llegar a tus consumidores, desde "Oferta 3×2 en mi producto A durante 24 h" a "Cómo ahorrar siendo eficiente en el consumo energético".
- **Destinatario**: consumidor con quien quieres comunicarte.
- **Receptor**: dispositivo mediante el cual el destinatario descodifica la comunicación. Puede ser el *smartphone*, el televisor o cualquier dispositivo que muestre contenidos.
- **Canal = Medio**: soporte por el que se transmite la comunicación: radio, televisión, internet, punto de venta, *packaging*...
- **Código**: lenguaje con el que te comunicas para que te entiendan: inglés, chino, c++ o java.
- **Contexto**: aquellos elementos culturales, sociales, económicos que dotan de matices el contenido del mensaje. No es lo mismo decirle "esta noche me duele la cabeza" a tu pareja que a tu médico.

Cuando estás viendo la televisión en el sofá tú solito, sin ningún dispositivo a tu alcance, sigues este modelo de comunicación: recibes mensajes de forma unilateral y no interactúas.

Si a la vez comentas la jugada con tus amigos a través de tu *smartphone* en Twitter, la cosa se complica. Lo veremos más adelante en el modelo actual de comunicación.

En este modelo hay dos realidades: la que transcurre en los grandes medios y la que va por debajo de ellos.

¿Qué es *Above the line* y *below the line*? El origen de estos nombres procede de la forma en que se contabilizaban las acciones que llevaban a cabo las agencias de publicidad. En los libros contables había una línea para todas aquellas acciones que conllevaban una comisión añadida para la agencia, llamadas *tradicionales* (*above*). Todo lo que estuviese por debajo la línea, quedaba libre de la comisión (*below*). De hecho, hoy esa línea ya no existe, así que hemos heredado nomenclaturas, etiquetas que dividen nuestra realidad en cajones.

Con **"Above the line" (ATL)** se definen las formas de comunicación publicitaria que usan todos los medios de comunicación convencionales para abarcar un entorno más amplio por el que transmitir los mensajes. El objetivo de este tipo de estrategia publicitaria es llegar a una gran audiencia mediante la comunicación masiva, es decir, la televisión, la radio, los periódicos, las revistas y la publicidad exterior (marquesinas, vallas...). ATL es potente y directo, y abarca grandes superficies, pero solo puede aplicarse en medios cerrados y estáticos.

En **"Below the line" (BTL)** se agrupan las acciones de comunicación también conocidas como publicidad no convencional, como el marketing directo, el marketing promocional (promociones de ventas) y el marketing relacional, que incluye relaciones públicas, patrocinios, *merchandising*, etc., en los que no se emplean medios masivos. BTL es más ligero, ágil y va directo al objetivo; se puede utilizar en cualquier lugar y en cualquier momento.

Resumen de tipos de medios:

- **Convencionales: *above the line:***
  - **Medios audiovisuales**: televisión y cine: anuncio, película, publirreportaje, patrocinio televisivo, sobreimpresión, cápsulas...
  - **Medios gráficos**: prensa diaria, revistas y dominicales: anuncio, encarte, solapa, troquelado, corpóreo, muestras, anuncio por palabras, comunicado...
  - **Medios auditivos**: radio: cuña, espacio patrocinado y microprograma...
  - **Medio exterior**: vallas, marquesinas, medios de transporte, mobiliario urbano, cabinas...
  - **Medio *online***: internet, *banners*, correo electrónico, web, *intersticial*, *ciberspot*, ventana emergente...

- **No convencionales, alternativos: *below the line*.** La llamada publicidad BTL, la comunicación no masiva que se dirige a un target concreto. Entrarían las formas de marketing de guerrilla que hemos visto y otras como el patrocinio o el *narrowcasting*. Incluso el *merchandising* (soportes con mensajes publicitarios, como los bolígrafos BIC con el logo del bar del pueblo o el calendario que te envían los del banco a final de año).
- **Nuevos medios (internet).** Algunos incluyen todo lo que pasa desde que nos conectamos como un apartado diferente. Campañas de *banners*, *mailings*, redes sociales, aplicaciones móviles...

Algunas de las características de los medios* above the line *son:

- El *feedback* no es inmediato.
- La efectividad de la estrategia es difícil de medir. Solo puede medirse al final y de forma imprecisa.
- No hay bases de datos precisas sobre hábitos de consumo para tomar decisiones.
- La respuesta del consumidor es impredecible.
- Es impersonal y unilateral.
- Programa promocional masivo que depende de un presupuesto.
- Se suele usar ATL cuando el producto o servicio es de consumo masivo y es necesario comunicarlo a un gran número de personas.

Aunque ahora hay muchos más medios a través de los cuales transmitir nuestros contenidos y esos medios requieren una serie de formatos característicos, hubo un momento en el que el modelo comunicativo era de uno para todos... y qué mejor que plataformas como la televisión, la prensa, la radio y las vallas.

En esa sociedad, un anuncio en la CNN o en *Life* llevaba tus ventas a la estratosfera. De repente todos querían salir allí, todas las marcas querían aparecer el mayor número de veces. El modelo se pervierte a base de repetir las cosas, y con mucha inversión en distribución, se crea un mensaje. Afortunadamente, eso tiene los días contados.

Sin embargo, no demos por muertos a los grandes creadores de audiencias. Te los presentamos a continuación.

Televisión

La televisión es el medio publicitario por excelencia, el que concentra a una audiencia masiva y recoge un 40 % de la inversión en España.

Es el medio más completo. Trasmite imágenes en movimiento y sonido tanto en directo como en diferido, ficción y realidad al disfrute del consumidor desde el cómodo sofá de su casa. Congrega a un gran número de personas ante la pantalla en momentos concretos y predecibles, y la convierte en un vehículo perfecto para la publicidad. De hecho, la televisión marca en gran parte la rutina de las personas: cuándo comen o cenan, a qué hora se van a la cama, qué convierten en *trending topic* esa noche.

La televisión es global y local al mismo tiempo, nos muestra lo más curioso del barrio a la vez que nos conecta vía satélite con la última hora de un conflicto internacional o nos permite seguir nuestra serie preferida por cable. De ahí que se expanda con tanta facilidad, siempre se encuentran maneras para sintonizarla.

El espectador ha evolucionado y ahora quiere ver los contenidos televisivos cuando más le conviene, y trata de huir de los bloques publicitarios. La tecnología permite la grabación de contenidos y pasar los anuncios, pero surgen nuevas fórmulas que dinamizan el modelo para ambas partes. El *branded content* es una de ellas.

Ventajas e inconvenientes de la televisión como medio publicitario

Ventajas:

- ✔ **Es el medio publicitario por excelencia**. Por su poder de seducción, su alta y rápida penetración. Si quieres comunicar una novedad, que te conozcan en muy poco tiempo, la televisión es tu apuesta. Llega al 98 % de los hogares. En 2013, la media de consumo televisivo al día por persona es de 251 minutos (4 horas y 11 minutos).
- ✔ **En un medio audiovisual contenido, llama la atención**. Contenidos de gran atractivo, historias completas y complejas. Eso hace que pueda llegarse a una gran calidad del impacto si alcanzas una brillante creatividad con una acertada planificación. La audiencia reconoce el *jingle*, tararea la melodía, dilata sus pupilas con la imagen, lee el texto, memoriza el *claim*.
- ✔ **Flexibilidad geográfica y temporal**. La señal de televisión llega a cualquier punto geográfico. El número de televisores crece, no solo en los hogares. Es posible encontrarlos en muchos lugares públicos. Los horarios de emisión son muy amplios y la oferta crece cada día más.

- **Es a la vez democrático y especializado**. Todos los segmentos ven la televisión: jóvenes y mayores, hombre y mujeres, de izquierdas y de derechas, deportistas y sedentarios. Pero cada uno tiene canales temáticos que pueden ajustarse a su estilo de vida, y los generalistas funcionan con franjas horarias para todos los gustos.

Inconvenientes:

- **Saturación**. Las franjas de anuncios de 7 minutos son casi insoportables para la audiencia, como en el caso de esas películas que un día entre semana acaban a las tantas de la mañana por los bloques publicitarios que incluyen. Dado que la televisión se financia con la publicidad, hay veces que la ratio de anuncios es excesivo, por eso se buscan fórmulas que se integren en los contenidos habituales y no se basen en la interrupción.
- **Coste**. Idear, producir y planificar una campaña televisiva no es un proyecto al alcance de todos los bolsillos. En los últimos años han bajado las tarifas pero sigue siendo un medio que requiere unos mínimos de inversión elevados.
- **Resistencia a la publicidad**. El llamado *zapping* es un fenómeno habitual: comienza la pauta publicitaria e inmediatamente se pulsa el botón para cambiar de canal.
- **Riesgo de fuga**. Que un anuncio impacte en la audiencia no significa que esté siendo visto. Puede que no se le preste la más mínima atención.

EJEMPLO

Be water, my friend

La agencia renunció a buscar una idea original que hablara del BMW X3, y propuso emplear el fragmento de una entrevista a Bruce Lee de 1971 —*La entrevista perdida*—, que hablaba de la adaptabilidad. No tenía mucha relación con el BMW o el X3, pero lo encajaron con el concepto de la adaptación a la carretera. El discurso de Bruce Lee tenía un enorme magnetismo, y la agencia supo verlo y defenderlo frente al cliente.

Durante los meses de emisión, octubre y noviembre de 2006, las ventas del modelo en España aumentaron un 73 % respecto al mismo periodo de 2005. El tráfico de visitas aumentó a los concesionarios un 35 % frente a la media anual. La pieza recibió numerosos premios. Para la AEA, la campaña de BMW "mejoró los objetivos comerciales previstos con su lanzamiento y logró liderazgo absoluto, en términos de imagen, respecto a su competencia".

Formatos publicitarios en televisión

Cuando planifiques tu publicidad, decide las franjas horarias, los formatos y cómo la distribuirás tu publicidad en la parrilla televisiva. Por tanto, te presentamos algunos conceptos básicos.

Un **programa de televisión** es un conjunto de emisiones periódicas, agrupadas bajo una cabecera común en las que, a modo de bloque, se incluye gran parte de los contenidos audiovisuales que se ofrecen por televisión.

La mayoría de cadenas de televisión organizan sus áreas de producción en informativos, deportes, programas y ficción. Se utiliza el genérico *entretenimiento* en oposición a los contenidos informativos, deportivos y de ficción.

Ya hemos visto que las **productoras** son empresas privadas que producen contenidos para cadenas de televisión. Algunas cadenas compran el 100 % de sus contenidos a productoras independientes.

Casi todas las **cadenas de televisión** convencionales cuentan con un departamento interno que gestiona los formatos externos enviados por compañías de producción y/o particulares.

Un formato de televisión es un programa vinculado a una idea diseñada, con una forma planificada y normalmente adaptable a diferentes culturas y países del mundo. El objetivo de un formato es su producción televisiva. Partimos de un *brief* en el que se reflejan las claves del formato, la audiencia que persigue, los perfiles de los personajes y la idea matriz. En ocasiones, los formatos de televisión son impulsados y generados por productoras.

La segunda pantalla cobra una fuerza enorme: ¿cuántas veces has visto tu serie favorita mientras seguías su *hashtag* en Twitter desde el móvil? ¿O mientras comentas el día con tu mejor amiga desde la tableta?

Tipos de formatos. Géneros:

- **Docureality** o **docuserie**. Formato televisivo que sigue a un personaje o colectivo concreto en varios episodios o capítulos. Utilizan la realidad social, quiénes son sus protagonistas, cómo son, su estilo de vida... Son técnicas y recursos tanto del género documental como del género serie de televisión.
- **Documental**. Es el formato más cercano a la realidad. Suele ser un tipo de programa informativo y didáctico que expresa la realidad de una manera objetiva. Su estructura, dependiendo del punto del vista del creador, determina el tipo de documental ya sea de autor, reportaje, investigación, *fake*...

- ***Reality***. Programas de telerrealidad que muestran lo que les sucede a personas reales. Los puntos en común que caracterizan los programas de telerrealidad son los personajes y sus historias. Veamos cuáles son los tipos de *reality shows*:
  - **Aventuras, supervivencia o estrategia.** Hay variantes con elementos de estrategia. Por ejemplo, *Supervivientes*, *Pekín Express*, *El conquistador del fin del mundo*...
  - **Encierro.** Un grupo de personas de ambos sexos deben convivir encerrados en el mismo espacio durante un tiempo. Por ejemplo, *Gran Hermano*.
  - **Cambio de imagen.** Por ejemplo, *Esta casa era una ruina*, *Cambio radical*...
  - **Búsqueda de trabajo.** Por ejemplo, *The apprentice*, *Top Chef*...
  - **Solteros**. Por ejemplo, *¿Quién quiere casarse con mi hijo?*...
  - **Modelos.** Por ejemplo, *America's Next Top Model* (Estados Unidos), *Supermodelo*...
- ***Talent Show*** (o concurso de talentos). Programa en el que los concursantes realizan una actividad concreta, normalmente artística, con la finalidad de ganar un premio. Es bastante típico que cuente con la presencia de un jurado de expertos que los valoren. Por ejemplo, *Operación Triunfo*, *Tú sí que vales*, *La Voz*...
- ***Coach***. Formato en el que uno o varios expertos se introduce en la vida diaria de personas anónimas, analizando su realidad con el objetivo de solucionar problemas concretos a través de técnicas y consejos. Por ejemplo, *El líder de la manada*, *Hermano mayor*, *Bebé a bordo*...
- ***Scripted reality***. Historias reales con una recreación guionizada, mostradas en forma de docu-*reality* e interpretadas por actores *amateurs*. Historia real + no actores + docu-*reality* = Verdad. Por ejemplo, *Secretos y mentiras*.
- ***Quiz show***. Concurso donde los participantes se exponen a preguntas de cultura general o concreta. Normalmente constan de diferentes rondas mediante distintos tipos de paneles. Por ejemplo, *Pasapalabra*, *Saber y ganar*...
- ***Game show***. Programas con pautas y elementos de concurso, normalmente emitidos en *prime time*. Incluyen pruebas de destreza, táctica o suerte y NO importan los conocimientos culturales. Por ejemplo, *¿Qué apostamos?*, *Guinness world records*... Algunos se basan en juegos de mesa o en acción y aventura. Los primeros se centran en el juego de mesa tradicional o vinculados a alguna marca.

Por ejemplo, *La ruleta de la suerte...* Cada vez es más normal que los programas generen juegos de mesa con los contenidos de los programas. Por ejemplo, *Gran Hermano...*

- **Dramedia.** Telecomedia de emisión semanal destinada a todos los públicos, exceptuando los casos de segmentación de audiencias, para su consumo mayoritario en *prime time*.
- **Drama.** Formato de teleserie de drama de emisión semanal destinado a su consumo por audiencias adultas en *prime time*.
- ***Soap opera*.** Teleserie de drama de emisión diaria en capítulos de casi una hora destinada a consumo femenino en *daytime* y sobremesas. Por ejemplo, *Amar en tiempos revueltos...*
- **Docudrama.** Programa que combina el documental y el drama con enfoque de acontecimientos reales y presentado de una forma dramatizada.
- ***Comedy*.** Programas tipo *magazine* en los que el humor es el punto principal. Incluyen distintas secciones, personajes invitados y colaboradores. Existen diferentes tipos de humor, sátira política, imitaciones... Por ejemplo, *El Intermedio, El Hormiguero...*
- ***Sit com*** (o comedia de situación). Serie de televisión en tono de comedia desarrollada mediante capítulos autoconclusivos y la mayoría grabados en un plató. Este género nació en Estados Unidos en la década de 1960 y allí se suele emitir en *acces prime time*. Suelen incluir risas grabadas o en vivo.
- ***Personality Show*.** Formato en el que personajes famosos abren las puertas de sus vidas y dejan grabar su día a día a las cámaras. Por ejemplo, *Alaska y Mario*, *The Osbournes...*
- ***Dating Show*** (o busco pareja). Programas que tratan sobre las relaciones personales. Por ejemplo, *Mujeres y hombres y viceversa.*
- ***Magazine*.** Programa diario con contenidos actuales y vinculados a la sociedad, política, corazón... Por ejemplo, *Espejo Público, AR...*
- ***News*.** Informativo en el que narran noticias de interés público. Hay varios formatos de informativos: noticia, reportaje o entrevista. Una variedad de actualidad es el *Infotainment*, programas que ofrecen información bajo fórmulas de entretenimiento. Por ejemplo, *Callejeros viajeros, España directo...*
- ***Late show*** (*late night*, programa del final de la noche). Nace como formato propio de la franja horaria del *late night* (horario televisivo nocturno). El concepto se ha ampliado casi tanto como la propia franja horaria a la que pertenece, y podemos hablar de un género que abarca desde el clásico *talk show*, monólogos y entrevistas den-

tro de un programa de variedades, emitido en horario nocturno, hasta los *sketches* satíricos, la parodia y la imitación, o la crítica política.

- ***Talk show*** (programas de testimonios). Los protagonistas, personas comunes, son entrevistadas con el fin de que den testimonio con las experiencias personales que están viviendo o han vivido.
- ***Variety***. Programa de variedades para todo tipo de público producido para su emisión en *prime time* que incluye contenidos muy heterogéneos.
- **Otros formatos:**
  - **Programas para niños**. Generalmente menores de 14 años. La producción y arranque de estos programas suele depender de departamentos independientes de las cadenas, separados del resto de contenidos.
  - **Programas *Lifestyle* o estilo de vida**. Corriente de programas que enseñan elementos cotidianos relacionados con hábitos, aficiones y estilos de vida.

Diarios

Los diarios se conocen también como *periódicos* porque son publicaciones en prensa de periodicidad diaria. Un periódico es aquella cosa de papel que a primera hora de la mañana trae un perro a todo honorable padre de familia en las películas americanas. Y esto muestra varias cosas: que la prensa diaria es el medio con mayor credibilidad y prestigio, que sirve para mantenerse informado y, cada vez más, que es un espacio para la reflexión y el desarrollo de contenido en profundidad.

La característica que aglutina todos los tipos de diarios es su contenido, pues prima el informativo basado en la difusión de noticias (con una vida muy corta) y el desarrollo de los temas de reflexión y agenda política y social (con mayor duración). Se dividen en secciones y, a veces, incluyen suplementos temáticos. Por otro lado, hay características que los hacen muy heterogéneos:

- **Alcance**: local, regional, nacional.
- **Tipo**: información general y especializada.
- **Soporte**: digital y papel.
- **Coste para el lector**: difusión gratuita y de pago.
- **Compra**: adquisición directa o por suscripción.

Es un medio que tradicionalmente ha gozado de gran **credibilidad** y peso informativo, pese a que su progresiva politización ha hecho que aparezcan asociaciones entre el ideario de las grandes cabeceras y las tendencias políticas.

Ventajas e inconvenientes como medio publicitario

Ventajas:

- ✔ **Baja saturación**. En un periódico encontramos una ratio baja de anuncios, por lo que la atención que la audiencia presta al medio es, en teoría, mayor y se reduce el rechazo hacia la publicidad.
- ✔ **Permanencia alta**. Bastante más alta que la de los contenidos en radio o televisión. La vida media de un diario es de un día. La posibilidad de relectura es alta y también la del préstamo.
- ✔ **Posibilidad de segmentación geográfica y por temática**. Existen cabeceras nacionales, regionales y locales, lo cual permite planificar publicidad de forma modular según los intereses del anunciante. También hay periódicos económicos, de sucesos...
- ✔ **Mayor atención**. La audiencia elige cuánto tiempo va a prestarle a la publicidad, si va a leer el titular o todo el texto. Si prefiere recortar la foto, anotar el teléfono o teclear la web.
- ✔ **Baja inversión**. Con respecto a otros medios como la televisión.
- ✔ **Flexibilidad en la planificación**. Se pueden contratar espacios y enviar creatividades con plazos muy ajustados.

Inconvenientes:

- ✔ **Calidad baja**. Tanto respecto a otros medios impresos como las revistas, como respecto a la televisión. La calidad se debe a la calidad del papel y la primacía del blanco y negro.
- ✔ **Segmentación relativa**. Es difícil filtrar la audiencia de la prensa más allá de características geográficas, aunque la progresiva ideologización va polarizando las audiencias.

Ejemplo de campaña en prensa

Año 1962. Una memorable gráfica en prensa llamada *Think Small*, de la compañía Volkswagen y la agencia DDB, rompió todos los esquemas con simplicidad, contradiciendo la relación tradicional que había entre los coches y el lujo al llenar la hoja con, básicamente, espacio en blanco. Esto enfatizaba el tamaño del Beetle, así como la fina firma que aparecía en la parte inferior, la cual introducía a los clientes las ventajas de tener un coche pequeño. La campaña de Bernbach selló el estilo de Volkswagen, donde no era necesario competir por ser grande y lujoso durante la época de los grandes coches americanos.

Formatos publicitarios en prensa

- ✔ **Clasificados**. Anuncios agrupados por criterios alfanuméricos según su actividad en las secciones del periódico. Suele ser un recuadro con textos y el logotipo del anunciante en pequeño.
- ✔ **Anuncios por palabras**. Breves textos continuos que se localizan en una sección destinada a este tipo de anuncios. Son los anuncios más pequeños que existen.
- ✔ **Encarte**. Elemento que se inserta entre las páginas de una revista o periódico que puede ser de una o más páginas y que tiene un formato diferente al de la publicación. Una de sus características es la calidad y creatividad de los materiales: cartulinas, celofán... Puede ir encartado, cosido o pegado a la publicación; también puede incluir muestras de producto, olores...
- ✔ **Faldón**. Uno de los formatos preferidos de los lectores porque su forma horizontal y su situación en la parte inferior de la página lo hacen menos intrusivo. Se usa para *teasers* de nuevos productos, llamadas a la acción, recuerdo de productos...
- ✔ **Faldón de la contraportada**. Faldón dispuesto en la última página de la revista, con lo que su lectura es inevitable. La contraportada es una de las ubicaciones que más capta la atención del lector, superando las páginas iniciales e interiores.
- ✔ **Interior de la contraportada**. Uno de los espacios publicitarios más privilegiados, ya que los lectores lo valoran como uno de los más importantes. Aporta un valor añadido al producto o servicio que se publicite, ya que lo hace como cierre de la información.
- ✔ **Media página**. Formato interesante para publicitar productos y servicios con una presencia relevante y un presupuesto ajustado.

- **Página completa**. Formato llamativo, atrae la atención del lector porque se usa como división entre secciones e impacta visualmente. Coste medio y alta efectividad.
- **Robapáginas**. Uno de los formatos más usados por su efectividad aunque es altamente intrusivo. Se coloca entre el contenido informativo, y el lector debe pasa por él si quiere proseguir la lectura. Lo ideal es que los robapáginas complementen la información que les rodea para ser aceptados.
- **Robapáginas invertido**. Lo mismo que el anterior, pero con las secciones invertidas. Como el lector no está acostumbrado a la disposición de la publicidad y al orden de lectura, este formato es más efectivo que el anterior. Cuando el lector se acostumbre a él, volverá a perder la efectividad.
- **Superrobapáginas o superrompepáginas**. Robapáginas en páginas enfrentadas. Otro nuevo formato que busca sorprender, a la vez que deja espacio a la información. El lector interesado en la noticia pasa obligatoriamente por el anuncio.
- **Publirreportaje**. Pieza que promueve los mensajes de una organización, producto, marca o servicio desde un punto de vista editorial, en el que prima la noticia por encima de cualquier otro interés. Su diseño puede adaptarse para parecer una página editorial más del medio en el que se inserta, pero debe indicar que se trata de un espacio pagado para no engañar al público.

Revistas

La revista es una publicación con periodicidad semanal, quincenal o mensual. Se diferencia del diario en que no se centra en la noticia sino en la temática, la línea editorial, la calidad y profundidad de sus publicaciones... Es uno de los medios más heterogéneos tanto por formatos como por temáticas. Abarca publicaciones científicas, sectoriales y masivas: por ejemplo, las archiconocidas revistas del corazón o de moda y belleza femenina.

La revista es un **medio gráfico de gran calidad**, una segmentación importante por intereses y estilos de vida que hace que haya un **componente de *engagement*** más alto entre sus lectores, y, por tanto, un buen medio publicitario en muchos casos.

Como en los diarios, se adquieren mediante compra en establecimiento físico (quiosco, gran superficie...) o por suscripción. La difusión de las revistas es menor que la de los diarios, pues ninguno de los títulos alcanza los 800.000 ejemplares.

La mayoría de las revistas tienen alcance nacional, aunque algunas de las publicaciones más comunes son ediciones nacionales de grandes cabeceras internacionales (desde *Vanity Fair* a *Elle*, pasando por *Men's Health*). Sin embargo, las revistas especializadas no suelen encontrarse en el punto de venta del *retail*, dados los costes añadidos y las dificultades de la distribución, sino que suelen conseguirse mediante suscripción.

Los **suplementos** y **dominicales** de los diarios son una tipología importante de las revistas: tienen entidad propia y compiten con las revistas independientes, aunque se obtienen al comprar un diario y, en realidad, son un incentivo o un elemento de fidelización del periódico, ya que no se pueden comprar solos.

RECUERDA

Las revistas se pueden clasificar por:

- ✔ **Orientación**: público no especializado, técnicas, de investigación.
- ✔ **Temática**: actualidad, economía, moda, corazón, motor, informática, decoración, bricolaje.
- ✔ **Periodicidad**: semanal, quincenal, mensual u otros.
- ✔ **Distribución**: punto de venta físico o suscripción.

Ventajas e inconvenientes como medio publicitario

Ventajas:

- ✔ **Especialización**. Permite segmentar el tipo de lector, ya que su target elige la publicación por el tipo de contenidos, la información que ofrece el medio. Las revistas suelen especializarse para interesar y mantener a un público que quiere ampliar información sobre temas que le motivan. La publicidad se acoge mejor si se orienta a productos, servicios, marcas y opciones que interesan al lector.
- ✔ **Segmentación sociodemográfica**. No tanto a nivel geográfico, sino sociodemográfico o por estilos de vida. Las revistas se dirigen a segmentos definidos por edad, sexo, hábitat, posición en el hogar, actividad profesional, nivel de ingresos, intereses...
- ✔ ***Engagement***. Entre el público de las revistas hay mucho comprador fiel, tanto por temática como por título. Las revistas se dirigen a un comprador interesado en temas concretos que repite compra, colecciona, recomienda o prescribe a otros posibles lectores. También se prestan.
- ✔ **Calidad de impresión**. La calidad del papel y de la impresión lo convierten en un soporte muy indicado para la publicidad.

- **Penetración**. La especialización y la posibilidad de segmentación geográfica hacen que la penetración de estas publicaciones en determinadas zonas y tipos de público pueda ser muy elevada.
- **Permanencia**. Dada la larga periodicidad, la vigencia de una revista se extiende hasta la aparición del siguiente número o incluso más, porque muchas veces se almacenan en espacios comunes. La calidad del contenido es crucial para potenciar la relectura.
- **Flexibilidad**. Dada la larga periodicidad, la vigencia de una revista se extiende hasta la aparición del siguiente número o, incluso más porque muchas veces se almacenan en espacios comunes. Es crucial la calidad del contenido para potenciar la relectura.

Inconvenientes:

- **Audiencia limitada**. Cada cara tiene su cruz, la especialización restringe el público objetivo. Por otro lado, la información que contienen las revistas suele encontrarse en otros medios, como la televisión o internet.
- **Escasa segmentación geográfica**. Aunque la difusión de las revistas se ha facilitado mucho desde el punto de vista geográfico, no puede compararse con la prensa. Existe un número significativo de diarios locales pero no de revistas locales, de ahí que la mayoría tengan vocación nacional.
- **Frecuente saturación publicitaria** en muchas de ellas: la mayor aceptación de publicidad orientada a los lectores convive con el rechazo por el exceso de publicidad que registran algunas de estas publicaciones.

Ejemplo de campaña en revistas

En 2004, Dove comenzó con su publicidad contra los estereotipos de belleza cuando un estudio sobre la belleza decía que apenas un 2 % de las mujeres en todo el mundo se veían guapas. Desde Dove se inició un esfuerzo sin precedentes para convertir la belleza en una fuente de confianza, no de ansiedad. Con la "Campaña por la belleza real", los espectadores tenían que juzgar a las "mujeres reales", conocidas por todos, en una serie de gráficas. Ahí empezó su gran cambio comunicativo: Dove superó sus expectativas de ventas al obtener un 13,5 % de cuota en sus seis mercados clave, así como un crecimiento en el resto de países. Por otro lado, consiguió mejorar su imagen y obtuvo un claro posicionamiento de la marca. En este sentido, la campaña destacó por la cobertura de relaciones públicas sin precedentes gracias a la alta implicación de los medios.

Formatos publicitarios en revistas

El tamaño de página de una revista es el área impresa, no el tamaño de la página en sí. El espacio en la revista se suele vender en términos de páginas completas y fracciones de las mismas (media página, cuarto de página, tres columnas, dos o una).

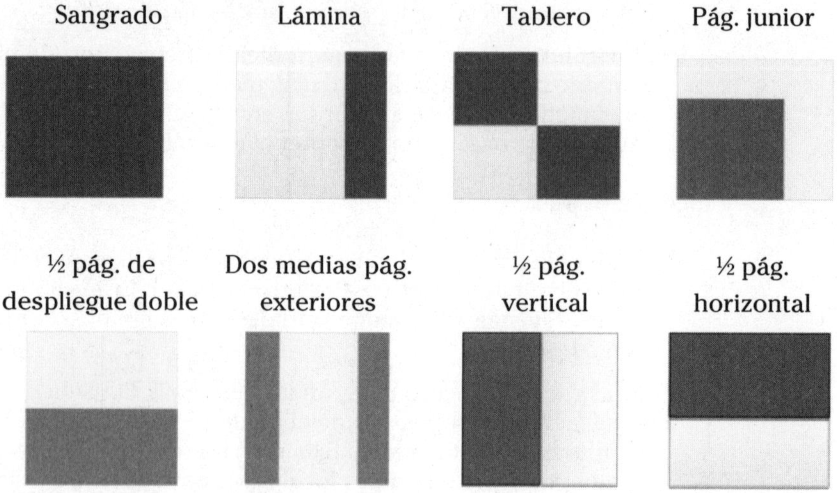

Figura 11-2: Espacios de páginas de revista a la venta

Radio

La radio es un medio auditivo. Tradicionalmente, a través de las radio recibimos programas de onda media y modulada, aunque hoy en día podemos seguir casi todas las emisoras también a través de internet.

Es un medio íntimo y personal, con una gran heterogeneidad de contenidos, emisoras y formatos. Se escucha casi en cualquier situación: en casa, en el coche, en el trabajo, en el tiempo libre...

Hay una gran fidelidad en los oyentes de la radio, interesante cobertura y costes publicitarios muy bajos.

Una de sus principales características es la inmediatez y la sincronía del medio. Hay multitud de emisoras locales, regionales y nacionales. El reportero de radio siempre está cerca de la noticia y suele ser el primero en cubrirla, captar la esencia del *flash* informativo y retransmitirlo mientras pasa, incluyendo las repercusiones, testimonios de los afectados... Eso le otorga un carácter efímero: cuando pasa el instante, solo permanece en tu memoria, no hay otro soporte que lo mantenga.

Hay momentos en los que la radio se convierte en el medio por excelencia. Uno de ellos es la noche: la radio es el acompañamiento de noctámbulos y profesionales ya que, además, permite que el oyente realice otras actividades mientras escucha la emisión. Otro es la información, la democracia en las voces que transmiten opiniones. De hecho, es uno de los medios con mayor credibilidad por parte de la audiencia.

Es un medio ágil y cómplice en el que existe un verdadero diálogo. Entre conductor y tertulianos, entre conductor y reporteros y con el público que llama cuando se abren los micrófonos.

Ventajas e inconvenientes como medio publicitario

Ventajas:

- **Ubicuidad.** La radio te acompaña en cualquier momento o situación. Las ondas llegan a todos lados y es susceptible de escucharse de vacaciones, en el trabajo, de viaje...
- **Segmentación.** Tanto geográfica como demográficamente, así como por estilos de vida. Si programas en FM (Frecuencia Modulada), tu campaña se verá acotada a un espacio geográfico concreto, por lo que puedes elegir en qué zonas emitirás tu publicidad.

  La programación de radio es tan variada que existen espacios específicos para mayores, jóvenes, apasionados del motor, los deportes... En la radio convencional, los perfiles de público cambian a medida que se emite música joven, clásica, informativos, programas de entretenimiento, deportivos... La *radio fórmula*, esencialmente musical, selecciona un público más específico.
- **Es un medio cómplice: la audiencia completa las historias.** La voz, el silencio, la música y los efectos de sonido crean un mensaje que cada persona completa con su imaginación.

  El hecho de que se base en la voz propone un diálogo. Esa voz puede ser cortante, amarga, vibrante o susurrar según los contenidos que transmita. Y, en contraposición, el oyente puede imaginarse la suya.
- **Muy conveniente para el anunciante por precios y flexibilidad.** La radio es un medio económico, con flexibilidad temporal para la contratación de las campañas y entrega de los mensajes publicitarios. De hecho, la producción es muy sencilla: con solo enviar un resumen, un libreto o una lista de temas, la emisora puede desarrollar la cuña.

Inconvenientes:

- **Atención limitada**. ¿Cuántas veces le has oído decir a tu abuela que pone la radio porque le hace compañía? Si no se escucha lo que se dice, si es un runrún, la radio no sirve como soporte publicitario.
- **Impacto limitado**. El mensaje radiofónico es volátil, fugaz, son palabras que se lleva el viento. Se puede recibir en malas condiciones (ruido ambiente), permanece unos segundos y no queda registro, por eso se suele repetir.
- **Saturación**. Las cuñas publicitarias se agolpan en la pauta. Si tu anuncio es el sexto, lo más seguro es que el oyente haya desconectado.
- **Medio generalista**. Apenas existe especialización en la radio, excepto opciones ideológicas muy marcadas y fórmulas musicales.
- **"No es visual"**. El hándicap es que no se pueden mostrar los productos, aludir a objetos físicos. Ten en cuenta que, siempre, el oyente terminar de imaginar tu propuesta sin un referente claro, por lo que debes construir imágenes visuales muy efectivas en tu relato.

Formatos publicitarios en la radio

- **Cuña publicitaria**. Mensaje comercial breve, de entre 10-30 segundos, en el que el anunciante desarrolla argumentos que atraigan y mantengan la atención del oyente. Usa *jingles*, canciones o efectos de sonido.
- **Patrocinio**. Una marca patrocina un espacio, es decir, financia sus contenidos a cambio de que la mencionen. Existen varios formatos: patrocinio de programa o sección, salida de programa...
- **Mención**. El locutor da un consejo publicitario (entre 1 y 60 segundos) durante su programa.
- **Microespacio/microprograma**. Formato publicitario de hasta 3 minutos que se integra como parte de la programación y pretende parecer un programa no comercial que se funde con los demás contenidos de un modo natural. Para ello, siempre debe recitarlo el locutor y puede presentarse en forma de narración, de consultas...
- ***Flash* o ráfaga**. Eslogan o frase de entre 5-10 segundos que suele referirse a una cuña o campaña más amplia. Con una ráfaga se crea una intriga que se resuelve en la cuña o se refuerza en una *claim*.
- **Guía comercial**. El anunciante envía un mensaje publicitario para que se lea de un modo literal, sin apariencia publicitaria sino informativa.

- ***Bartering***. Programa radiofónico producido por un anunciante. El anunciante elige los contenidos, adapta el formato y lo paga, aunque los contenidos en sí no son publicitarios. En la franja publicitaria solo se anuncia la marca que produce el espacio.
- **Concurso**. Microprograma con premios que giran en torno al anunciante del producto.

Exterior

La publicidad exterior es **una de las formas más antiguas de publicidad**. Consiste en la **colocación de diversos elementos en el paisaje urbano con un mensaje publicitario**. Es un medio muy heterogéneo; entre estos elementos encontramos multitud de formatos: carteles, vallas, *mupis*, *opis*... Todos cumplen una función comercial y otra ornamental. Se integran como parte del paisaje y presentan un mensaje que debe comprenderse de forma instantánea por quienes pasan por delante en coche, tren o andando.

Piensa en los carteles de los conciertos, en la Gran Vía de Madrid sin Schweppes, en los viajes por carretera sin el toro de Osborne, las esperas del autobús sin ese perfume que te recuerda el próximo regalo del día de la madre. Son elementos de publicidad exterior. Todos emiten **mensajes sencillos** y consiguen un gran **alcance** entre la población, aunque no siempre logran captar la atención de quienes se ven expuestos a ellos.

La publicidad exterior está estratégicamente dispuesta en las ciudades. El 80 % de nuestros movimientos responden a patrones concretos, por lo que nuestro nivel de exposición a un elemento bien ubicado es alto. Poco a poco, los métodos de planificación y medición de cobertura y frecuencia facilitan la selección de los circuitos más eficaces. Por lo general, no se contrata publicidad en un solo elemento, sino que hay circuitos con diversos soportes y periodos mínimos de contratación.

No es necesario un elemento de intermediación entre la publicidad y su receptor. Se espera que, en un futuro, haya mejoras en este medio gracias a los avances tecnológicos en los soportes que posibilitan campañas de ***narrowcasting***. Hoy en día, este elemento ya puede distinguir si quien está expuesto es hombre o mujer, su edad aproximada y su actitud ante los contenidos para emitir unos otros. También se incluyen métodos de medición de audiencias.

Las formas de clasificar la publicidad exterior son las siguientes:

- **Por soporte**: para público no especializado, técnica, de investigación...

- **Por dimensión**: plano o 3D.
- **Por movilidad**: fijos y móviles.
- **Por material**: gráfico, lona, luminoso...

Ventajas e inconvenientes como medio publicitario

Ventajas:

- **Ubicuidad**. El medio exterior se localiza en casi toda la geografía nacional, excepto en las carreteras que se ha eliminado para evitar distracciones. Puedes elegir cualquier punto de la geografía para planificar tu campaña.
- **Alta disponibilidad**. Es un medio 24×7×365, siempre disponible.
- **Buen complemento de campaña**. El medio exterior refuerza los mensajes lanzados desde otros medios como la televisión o la prensa, ya que ejerce un recordatorio constante de los elementos básicos de las campañas: gráfica y *claim*. Además, con un circuito bien trabajado, puedes situar la publicidad de forma que sea un último *input* antes de entrar en el punto de venta.
- **Multitud de formatos**. Cada elemento de la publicidad exterior puede presentar un aspecto diferente. Se adapta a las necesidades y presupuesto de la campaña.

Inconvenientes:

- **Alta limitación en los mensajes**. Si tu mensaje debe entenderse en los 3 segundos en los que se expone un vehículo, el contenido tiene que ser concreto, preciso y exento de decoración.
- **Escasa segmentación**. Por delante de tu valla, cartel o marquesina pasa quien pasa, no puedes elegirlo ni estratificarlo. No puede acceder nadie más.
- **Poco nivel de atención**. Por norma general, muchas campañas pasan totalmente inadvertidas, son parte del paisaje urbano.
- **Coste elevado** para los anunciantes locales, y llama la atención, pues es un medio local. Esta condición explica que las campañas importantes de publicidad exterior se deban a las grandes marcas.
- **Dificultad de medición de la eficiencia**. Es difícil definir sobre quién impacta esta publicidad.

Formatos publicitarios el medio exterior

- **Vallas y monopostes**. Estructuras rígidas que enmarcan publicidad de gran tamaño. Las medidas estándar son rectángulos de 3×4 m, 3×8 m y 4×6 m, aunque se pueden pedir formatos especiales. Dentro de ese rectángulo se imprimen en diversos tipos de papel, pintura y últimamente también en formato led. Pueden ser estáticas o dinámicas. Si son estáticas, solo contienen un mensaje y, si son dinámicas, aparecen varios mensajes consecutivamente.
- **Lonas**:
  - **Lonas para fachadas**. Son una forma especial de vallas que cubren edificios en obras y se caracterizan por construirse en tejidos resistentes. La calidad técnica de la impresión sobre las lonas puede ser excelente, por lo que este soporte permite un gran creatividad publicitaria.
  - **Banderolas y pancartas**. Elaboradas principalmente con tejidos textiles y lonetas que se sujetan a mástiles construidos específicamente para ellos o aprovechando diferentes elementos existentes, como farolas, postes telefónicos, etc. Luego se reciclan para dar lugar a bolsas, bolsos...
- **Mobiliario urbano**. Un gran paraguas que engloba diversos soportes publicitarios que se pueden encontrar en las ciudades:
  - **Cabinas telefónicas**. Antes tenían un epígrafe especial fuera del mobiliario urbano, dada su importancia, pero el auge del móvil y el rediseño de las cabinas las hace cada vez menos importantes en el diseño de la ciudad.
  - **Marquesinas**. Estructuras que protegen a los viandantes en paradas de autobús y tranvía, que suelen contener publicidad en forma de carteles o paneles luminosos.
  - **Quiosco**. Suelen situarse en las zonas con importante tráfico peatonal de las ciudades. Incluyen publicidad en laterales con carteles laterales o luminosos en la parte superior.
  - **Columnas**. Son estructuras fijas situadas sobre las aceras en diferentes puntos de la ciudad. Suelen servir como aseos, teléfonos... y constan de luminosos en su superficie.
  - ***Mupis***. Paneles verticales con publicidad luminosa que suele soportarlos una columna sobre el suelo e instalados en las aceras de las ciudades.
  - **Recuperadores**. De baterías, vidrio y papel... Constituyen una variante de los *mupis* en los que su base sirve como recipiente para depositar la pilas gastadas.

- **Relojes y termómetros**. Suelen colocarse en columnas sobre el suelo que se emplazan en lugares visibles de las ciudades. Estos soportes tienen un panel luminoso para publicidad.
- **Mapas urbanos**. Cubren una de las caras de los paneles que, soportados por una columna sobre el suelo, se sitúan en las aceras de las ciudades. La otra cara del panel se usa para colocar publicidad luminosa.
- **Paneles electrónicos**. Están ubicados en puntos visibles de las ciudades, y suelen usarse para informaciones municipales y publicitarias mediante textos en colores.

✔ **Transportes públicos y sus espacios**:

- **Urbanos de superficie**. Los autobuses y tranvías llevan la publicidad en los laterales exteriores y la parte trasera, a veces también en el interior. En los taxis pasa lo mismo, pero con dimensiones reducidas.
- **Metro**. Las estaciones de metro han sido el escenario de grandes campañas publicitarias y de *street marketing* por las posibilidades que ofrecen como espacio. Hay vallas, carteles murales, *opis*, relojes, papeleras, máquinas automáticas, vitrinas, luminosos, *performances*, actuaciones musicales, azafatas que regalan muestras de producto...
- **Trenes y tranvías**. No suelen incluir publicidad en el exterior, sino que esta se limita, normalmente, al interior, principalmente en forma de carteles de medidas variables y mediante vídeo. En las estaciones de ferrocarril, la publicidad se suele ubicar en marquesinas, vallas, carteles, relojes, señalizadores, papeleras y paneles electrónicos.
- **Aviones**. La publicidad en el interior de los aviones se realiza mediante spots publicitarios y revistas gratuitas de las compañías aéreas. Los aeropuertos contienen mucha publicidad bajo los siguientes soportes y formas: carteles murales, vitrinas, *opis*, luminosos, stands, paneles electrónicos, máquinas automáticas, relojes, banderolas, papeleras...
- **Avionetas, dirigibles y globos**. Las avionetas suelen arrastrar pancartas textiles en las que se imprime la publicidad, mientras que en los dirigibles y globos la publicidad suele estar impresa o adherida sobre una parte importante de sus superficies. Están formados por un vehículo a motor que puede remolcar algún otro con la publicidad que se quiere exhibir por las ciudades y alrededores durante su recorrido. En ocasiones, también llevan megafonía. Suele tener un carácter esporádico, centrándose en determinados acontecimientos y lugares.

- ✔ **Recintos deportivos**. La publicidad en el interior consiste en vallas rectangulares de baja altura apoyadas sobre el suelo para que puedan verse desde lejos por los espectadores que asisten al evento, así como por los seguidores del mismo a través de la televisión, cuando se retransmite por ese medio. Estas vallas ofrecen poca creatividad, limitándose a mostrar el nombre de la marca o el nombre comercial de la empresa anunciante.

La diferencia no está en los mensajes, sino en la forma de contarlos.

El actual modelo de comunicación

Ahora el modelo ha cambiado. Con el auge de las redes sociales, emisor y receptor intercambian roles y se puede transmitir el mismo contenido por multitud de canales y dispositivos. Cada usuario tiene la capacidad de transformar el mensaje o aportar en él.

El 46 % de los españoles navegan con sus tabletas mientras ve la televisión y el 95 % de las conversaciones *online* sobre la televisión se dan en Twitter.

La relación entre Twitter y la televisión es muy simbiótica. A los usuarios de Twitter les gusta comentar qué sucede en la televisión, y los creadores de los programas cada vez lo utilizan más para añadir nuevos contenidos y diálogos con los espectadores, aunque mucha gente del sector opine que Twitter, como medio, se aprovecha más y mejor de la televisión que a la inversa.

Los conceptos de emisor y destinatario se difuminan. El mensaje puede alterarse a cada instante, y, quizá, el destinatario último de la comunicación no reciba el mensaje tal y como se difundió en un inicio.

Siguiendo el ejemplo, una persona puede colgar un vídeo en Facebook y etiquetar a terceros que podrían editar el vídeo o aportar comentarios. Se pasa de ser consumidor de contenido, el destinatario clásico, a ser productor y consumidor de contenido a la vez, el llamado *prosumer*.

De ahí que cobre tanta importancia el contenido en sí, y se plantee la necesidad de adaptarlo en función del público que lo va a recibir y las plataformas en las que se difundirá. Nace la **comunicación *transmedia***.

El modelo de comunicación cambia la forma en la que, como consumidores, viajamos en los procesos de conocimiento y compra. Por eso, cualquier cambio en los modelos de comunicación tiene tantísimo impacto en tu negocio.

- El **modo clásico** era un *funnel* lineal en el que la experiencia marcaba si el consumidor continuaba hasta el siguiente punto. Primero conocía y reconocía una marca por experiencia directa (a través de interacción o recepción de un mensaje publicitario), y, si la marca alcanzaba la notoriedad esperada, se consideraba una posible opción.
- El **modo actual** es un círculo en el que el consumidor recibe *inputs* y genera *outputs*. El conocimiento puede ser fruto de una recomendación (recuerda esto cuando hablemos de los espacios ganados). Cuando el consumidor está en proceso de consideración, evalúa las opiniones de otros consumidores, y en el proceso de compra y poscompra opina y puede convertirse en embajador o crítico de la marca, según su experiencia.

La publicidad en el nuevo contexto

Lo vimos llegar y no hicimos nada. En la década de 1990, la publicidad de este país se vanagloriaba de ser una de las más creativas del mundo, nos llovían los premios por doquier, teníamos un montón de cadenas privadas y podíamos jugar con nuevos conceptos, qué bien.

Cada vez hay más saturación, mete más spots por pausa, qué son siete minutos... Cada vez prestamos menos atención. Cada vez los anuncios se parecen más. Cada vez es necesaria más inversión para que la cosa funcione. Cada vez hay más anunciantes cabreados.

Para llamar la atención del público, se hace el triple salto mortal con tirabuzón inverso campaña tras campaña, lo que acaba provocando un gazpacho mental de la altura del Empire State en la mente del consumidor. Ya no entiende nada. La publicidad está cada vez más lejos de la ventaja que supone el producto, de los valores de marca.

Si el objetivo de tu agencia es hacer un anuncio que recuerde más gente, plantéate que necesitas un nuevo *partner*, y no uno que entre vía "concurso de agencias", sino uno que entienda que está aquí para mejorar tus ventas, tus márgenes, tus beneficios.

Y ¿qué está pasando?

- **Falta la personalidad de las marcas**. En el intento de agradar a todos, las marcas han perdido su personalidad.
- **No hay concreción, no hay eslóganes**. El común de los mortales necesitamos resúmenes, enunciados que anclen el discurso a la realidad. El producto y su ventaja deben ser los líderes de la comunicación, no la literatura que parece envolverlo todo.

Por eso, la apuesta es crear “contenido de marca” o *branded content* para que el discurso corporativo emane de cada rincón. Al fin y al cabo, el *branded content* es cualquier contenido que financie una marca y se plasme en todo elemento o acción final: desde un evento a una app. Al volver al origen, la conexión entre marca y consumidor a través de su propuesta de valor (producto o servicio) deja de lado la opresión del spot para buscar fórmulas efectivas.

Cada vez hay más dispositivos, los contenidos se comparten en cualquier momento, tenemos que generarlos para medios propios, pagados y comprados, y además lo que generemos para una plataforma puede acabar casi en cualquiera de las demás. Parece que lo que tiene sentido entonces es centrarnos en qué queremos contar y después adaptarlo a cada uno de los soportes y los públicos concretos ¿no?; pues eso es ***transmedia***.

La gente no huye de la publicidad, huye de la mala publicidad.

***Transmedia* se trata de contar historias a través de múltiples plataformas y formatos**. Es una evolución natural de la comunicación en cuanto se tiene en cuenta el contexto que la rodea, una sociedad que está cada vez más conectada y con muy diversos tipos de accesos a la información. **El objetivo es que cada parte de la historia sea única y se vea fortalecida por su gran adaptación al medio en que se desarrolla**.

Desde la conceptualización del proyecto, tendrás en mente esa forma de organizar los elementos de manera que se sumen y creen sinergias entre sí, para que al final el proyecto en su conjunto sea coherente. No olvides jugar con tu target y promover su uso compartido, que hayan conversación, que se comparta.

Cuando pensamos en *transmedia*, nos acercamos a nuestro público y enriquecemos el discurso. La historia cobra matices y se habla y se responde, se alimenta de la forma que más se adecúa a cada canal.

***Transmedia* es hipermedia**. Esto significa que los componentes multimedia se suman a la navegación a través de los distintos canales digitales y físicos. La gracia está en que puedo estar viendo mi serie preferida a la vez que comparto mi opinión en Twitter siguiendo su *hashtag* e interactúo con los perfiles de los protagonistas. **Las fronteras del *on* y *off* se desvanecen en este caso y prevalece la idea que los aglutina, capaz de sobrevivir en todos esos entornos variados**.

Hipertexto + Multimedia = Hipermedia

Qué no es transmedia:

- *Transmedia* es multicanal, pero **no es machacar con la misma historia en distintos canales**: del libro, hacer la película y, de la película, la serie. En la narrativa *transmedia*, la narración evoluciona con vida propia en cada medio o canal.
- Una narración *transmedia* **no es estática y lineal**. Es interactiva, está hecha para completarse y compartirse con el público, y se nutre de las aportaciones.

David Fincher creó su productora, **BMW Films**. A través de internet se realizaron ocho cortometrajes de ficción, *The Hire*, de siete minutos de duranción. Para ello, contó con la colaboración de directores de la talla de Ang Lee, Wong Kar-Wai, Tony Scott, John Frankenheimer, Guy Ritchie, Alejandro Gónzalez Iñárritu, John Woo o Joe Carnahan.

Los resultados fueron 93 millones de espectadores que visionaron las ocho películas. Fue tal el éxito de descargas, que BMW empezó a repartir los DVD en sus concesionarios y pronto se agotaron, incluso habilitó salas para que pudiesen verse allí. La marca recibió más de 30.000 peticiones del DVD que el anunciante ofrecía gratuitamente a través de sus concesionarios. El episodio "The Follow" fue el único que traspasó la frontera de internet y se presentó en el Festival de Cannes. Luego llegó la comercialización a través de la revista *Vanity Fair*. Los cuatro primeros meses lo vieron más de 10 millones de personas, y en total ya lo han visto casi 100 millones, una cifra espectacular. BMW se benefició de ello, y consiguió aumentar sus ventas en un 12%. Este tremendo éxito hizo propició su traspaso al cómic. Sus historias también podemos encontrarlas en papel.

¿Por qué ahora la comunicación tiene que ser *transmedia*?

Las marcas necesitan nuevas formas de mantener una conversación con sus consumidores y, por lo visto, los canales tradicionales no han muerto, pero tienen que complementarse con otros más creíbles, como en el caso del contenido, la creación de contenidos por parte de las marcas.

Nuestras costumbres son *transmedia*. Lo son y lo serán, vivimos en un mundo cada vez más conectado, más pequeño, más multidispositivo y con audiencias fragmentadas. Es lo que hay, aprovecha la realidad a tu favor adaptándote a ella. Sé un junco, sé un poco zen.

Ten en cuenta que los medios no pueden sobrevivir aislados, no tiene sentido pensar en mensajes dirigidos a un único medio porque, en su esencia, ya está la diversificación de soportes. La prensa escrita más reticente a incluir a lógica digital en sus modelos de negocio está de ERE continuo, mientras que la que ha apostado por lo digital cada vez tiene más lectores e ingresos.

El Cosmonauta es "un proyecto ***transmedia*** que plantea un nuevo modelo de financiación, producción y distribución, aprovechando las herramientas de comunicación disponibles en todas sus vertientes: internet, redes sociales, comunidades y móviles".

La clave: contar historias que merezcan ser contadas, que llamen la atención y que funcionen en todos los lugares en los que tu consumidor esté presente. Potencia los diálogos con ellos, escucha sus peticiones, anticípate a sus deseos y amplifica las conversaciones para que su alcance tienda al infinito.

El 14 de octubre de 2012, el austríaco Felix Baumgartner se lanzaba en caída libre desde 39 kilómetros de altura sobre la Tierra, y **Red Bull**, la marca que lo patrocinaba, conseguía lo que jamás había logrado una campaña publicitaria tradicional. El salto fue transmitido en directo por 150 cadenas de televisión de todo el mundo. En España fue emitido por Teledeporte, que registró 4,3 millones de audiencia. Se batieron los mayores record en YouTube y redes sociales. YouTube, que retransmitió las 4 horas de subida de la capsula de Red Bull y el posterior salto al vacío, consiguió su mayor audiencia de una emisión en directo, con máximos de casi 8 millones de personas. La mitad de los *trending topic* mundiales en Twitter hablaban de lo mismo. Los *hashtags* más utilizados fueron `#redbullstratos` y `#FelixBaumgartner`, que registraron hasta 1.355 *tweets* cada 10 segundos, y la cuenta de Twitter creada para la misión, `@RedBullStratos` sumaba 80 seguidores por segundo. Patrick Breitenbach, de la Karlshochschule International University, dice en su blog: "De nuevo se demuestra que las marcas, en un futuro, y con acontecimientos producidos por ellas mismas, se emplazan en las cabezas del consumidor con mayor éxito que la publicidad actual vía canales fragmentados y emplazamientos publicitarios baratos, que para nada tienen la misma capacidad. Lo que vimos el domingo es una clara señal para un método de comunicación que ya apenas funciona: contar historias de forma estandarizada en un bloque de anuncios que interrumpe, limitado a 30 o 60 segundos, llamado publicidad". El día del salto se estima que Red Bull logró conectar con 170 millones de personas de todos los rincones del planeta, una acción con un valor publicitario de alrededor de 1.000 millones de dólares.

Twitter y las segundas pantallas han jugado un papel esencial. Nos permiten captar, fidelizar y sobre todo, atribuir métricas. Importan mucho las métricas y los niveles de implicación que generan los mensajes: desde ver, compartir, comentar y, por último, comprar. Cada consumidor es un medio, y hay que convencerle. Cada mensaje autogenera su propio clan de medios personalizados. Dejemos de pensar en una sola cañería y pensemos en lo que hay dentro. Hay que empezar a hacer campañas *transmedia*, aquellas que emplean más de un canal para distribuir contenido en distintos formatos. El gran reto siguen siendo las métricas consensuadas.

Y ¿cómo lo hago?

Piensa en una narrativa diferente. Las historias ya no son lineales, no empiezan y terminan en un mismo medio. Las puedes enriquecer y poner a disposición de tu público para que sea él quien las enriquezca.

Transmedia. Suena bien. Sonará mejor si aplicas oficio y le quitas el tufillo de a qué huelen las nubes, si te pones manos a la obra en la creación de algo tangible. Tu fuente de inspiración es tu producto, tu causa. Trabaja una idea fuerte y desarrolla una narración en la que no importe si tendrá forma de programa de televisión, novela gráfica o una app para el móvil: es un concepto que se puede transformar en diferentes contenidos de manera transversal. Ese es el contenido de marca.

TIP

- ✔ **Facilita que se comparta.**
- ✔ **Facilita que se compare.**
- ✔ **Facilita los comentarios.**
- ✔ **Facilita el diálogo.**

Capítulo 12

Below the line: marketing de guerrilla, marketing directo, telemarketing y otras hierbas

Lejos de los poderes fácticos de los grandes medios, existe una aldea por debajo que resiste al invasor *mainstream*. Existen ecosistemas que aúnan microtendencias, microcanales que, sumados, pueden hacer que el alcance del mensaje se viralice, se contagie sin saber muy bien cómo ni por qué. Solo hay una máxima: la creatividad al poder.

Lo más interesante de todo esto es que pueden realizarse acciones muy rentables, se pueden probar conceptos divergentes más allá de un único mensaje, en todas partes, para todo el mundo.

Director Comercial: "12 de septiembre... Entre los días de reincorporación, la convención de ventas, los coles y que estamos que no estamos, hoy por fin volvemos al trabajo, que ya vale. ¿Has visto los números? No llegamos ni de broma. Necesito vender un 20 % más y cerrar septiembre en cifra".

Director de Marketing: "¿Cómo piensas montártelo? Podrías hacer una campaña de incentivos para los comerciales".

D. C.: "Qué va, no me da tiempo. Entre que lo monto, se lo explico y empiezo a ver resultados me planto en noviembre. Además, ellos van a tope para captar y aumentar ventas entre los distribuidores".

D. M.: "¿Y qué plan tienes?".

D. C.: "Pues a eso venía. ¿Te queda presupuesto para este año? ¿Qué podemos montar?".

D. M.: "Qué preguntas tienes, tío... ¿Que si me queda presupuesto? Pues nada, claro. Tengo todo el año comprometido, si con el recorte de junio ya he tenido que revisar partidas...".

D. C.: "Vale, vale... ¿Y si cambiamos la supercena de 500 invitados de Navidad que sale del presupuesto de marketing para comercial por algo más discreto y usamos lo que quede? ¿Qué te parece?".

D. M.: "Como veas, esa partida es tuya. ¿En qué pensabas, en un *e-mailing*, telemarketing o qué?".

D. C.: "Pues estoy un poco pez, cuéntame de qué va cada cosa, pros y contras, y decidimos juntos".

D. M.: "Por lo que me cuentas, quieres que llevemos acciones para alcanzar a nuevos clientes que no conocen nuestra propuesta ni nuestra marca, y con un presupuesto modular".

D. C.: "Exacto".

D. M.: "Ahora a eso se le llama *outbound marketing*, fíjate".

Inbound marketing versus outbound marketing

DIRECTOR DE MARKETING: "Con acciones *pull*, mi labor es la del cocinero que hace exquisitos postres: me preocupo por estudiar cuáles son las frutas más frescas de cada temporada, las que más gustan y mejor aspecto tienen para elaborar unos deliciosos pasteles que pongo en la ventana. Su dulce olor hace que lleguen los clientes como moscas a la miel. Eso es *inbound marketing* = marketing de atracción. Con acciones *push*, lo que me propones es que cojamos los postres y vayamos con un carrito gritando: "¡Al rico pastel!".

Pese a interrumpir, no hay que dirigirse a los consumidores si estos no lo han pedido o han dejado sus datos permitiendo que te pongas en contacto con ellos. Como dice Nick Brien, CEO de McCann, "Los consumidores saben que las marcas tienen sus datos y esperan que los utilicen".

Tabla 12-1: Comparativa entre el *outbound marketing* y el *inbound marketing*

Outbound marketing = push	*Inbound marketing = pull*
Telemarketing	*Social Media*
Mailing/e-mailing	Blogs
Marketing viral	RSS
Publicidad	Cupones de descuento
Ferias	Demostraciones

En este capítulo nos centraremos en esos puntos de contacto en los que tomamos la iniciativa que se pueden hacer a bajo coste, por lo que sería un capítulo dedicado a aquellas empresas con presupuestos que no pueden permitirse campañas televisivas, vallas ni prensa...

Si bien lo que hemos denominado *inbound marketing*, es más barato y tiene una mayor percepción de valor por parte del consumidor, también es más lento y no controlas quién se sentirá atraído por tu propuesta.

RECUERDA

¿Cómo surgen estas disciplinas dentro del marketing?

1. Al principio hubo unos productos únicos que se vendían a clientes en formato *one-to-one*.
2. Surgen las marcas y se comunica a través de medios de comunicación masiva, en formato *one-to-many*: la marca se dirige a una audiencia indiferenciada, es la época dorada de la **publicidad**.
3. El mercado se satura, se busca la fidelización del cliente y la vuelta a la relación directa, pues es complicada. Se crean los conceptos de **marketing directo** y **relacional**.
4. La atención que se le presta a la comunicación es cada vez menor, hay que afinar el ingenio y se trabaja en **marketing de guerrilla** y **viral**.

Marketing directo y relacional

Estamos en la década de 1990, momento en el que, según *Matrix*, vivimos el auge de la civilización occidental. La publicidad es muy atractiva e interesante pero llega hasta donde llega, el consumidor es reacio a prestar atención a los mensajes publicitarios y demanda más atención. Por otro lado, surgen tecnologías que permiten conocer mejor a los clientes y sus hábitos de consumo. Y una última cosa, las empresas ven claro que captar es más caro y costoso que fidelizar. La respuesta: marketing directo.

publicidad + venta + promoción = marketing directo

El marketing relacional tendría que ver con la capa estratégica y, el marketing directo, con la capa operativa de un misma realidad.

1. El **marketing relacional** (MR) se refiere al tipo de relación que se establece con el cliente, mucho más cercana, informada y con mayor seguimiento por parte de la empresa debido a la implementación de sistemas de gestión de clientes (CRM) que se nutren de potentes bases de datos.

   La idea no es hacer "más marketing" sino "mejor marketing" y este pasa por integrar al cliente en la empresa, como forma de crear y mantener una buena relación entre ambos. Según el marketing relacional, debes orientar tu actividad al conocimiento del individuo como cliente y satisfacer sus deseos y necesidades a través de la relación. Que seas un buen novio (o malote, según proceda), vaya.

Qué pasa, que esto solo funciona si se hace bien, porque que te salte una alerta en el ordenador para que llames al cliente X y lo hagas, hoy día sirve para que tu cliente diga: " Sí, tienen un buen CRM y los comerciales meten los datos; el próximo día le preguntaré cuál utilizan". Y si tu cliente no desea esa llamada por tu parte, la tortilla se puede girar en tu contra y te convertirás en una marca odiada (piensa en tu proveedor de telefonía).

2. El **marketing directo** (MD) se refiere a los medios que se utilizan en esas relaciones, es una comunicación directa que permite generar una reacción y respuesta medible entre los receptores.

Se le llama *one-to-one*, aunque solo sea en términos de percepción, porque esa comunicación se envía a segmentos cerrados del público objetivo, que lo recibe a título personal.

Con los clientes puedes mezclar comunicación informativa con promociones o publicidad, como hacen los bancos. Te envían el extracto mensual y aprovechan para meterte una hojita más para ofrecerte productos que quizá te interese contratar: cuentas de ahorro, preferentes...

Es rápido, relativamente barato, con posibilidad de acciones muy creativas e integradas con otros medios, y puedes medir su efectividad. Lo malo: tienes que estudiar la normativa para no hacer campañas fuera de los marcos que delimita la ley, y la efectividad es bastante limitada porque hay saturación de MD.

Acciones de MD:

- ✔ **Buzoneo**: los clásicos folletos que aparecen en tu buzón, aunque también el catálogo de Ikea (antes).
- ✔ **Telemarketing**: las llamaditas a casa a cualquier hora en la que estás liado, tienen radar...
- ✔ ***Mailing***: Venca, Sephora... cualquier comunicado comercial que recibas en tu buzón.
- ✔ ***E-mailing***: lo mismo que lo anterior, pero en tu buzón de correo electrónico. Si es información no solicitada/permitida, se conoce como *spam*.

Qué sencillo parece lo que ha conseguido **Fedex** con su producto: simbolizar que, con sus servicios, pueden acercar países muy lejanos.

Ikea también remite a la esencia de su propuesta de valor: constrúyete tu propia casa de muñecas.

Marketing de guerrilla: *viral*, street marketing, WOM...

También podríamos llamar a este apartado "Si no tenemos dinero, que sobre el ingenio" o "Cómo convertir la interrupción en un momento de placer", porque de eso va el marketing de guerrilla, en hacer cosas impactantes y baratas (o no), que generen una experiencia memorable en el impactado.

En sus inicios, el marketing de guerrilla era el territorio de las *startups*: esas empresas que monta uno con corta edad, menos dinero, ideas a patadas y mucha pasión. Esos sitios en los que la gente está harta del formato de spot de 30'', quiere crear mercados y alcanzar objetivos por sendas no transitadas y se dirige a un target concreto. ¿Y qué tipo de mensaje pueden utilizar para conectar con su público? Estrategias alternativas, rompedoras, caracterizadas por la creatividad.

Se suelen usar diferentes propuestas a problemas cotidianos, mucho humor, se toman los espacios públicos y los canales dándoles usos alternativos para crear experiencias compartidas con el público objetivo. Muchas veces, estas acciones buscan crear repercusión en los medios tradicionales a través de *publicity* (aparecer en los medios por la relevancia que adquiere la acción en sí, sin pagar publicidad).

Dentro del marketing de guerrilla puedes encontrar un montón de disciplinas, estas y las que se te ocurran:

- **Marketing viral**. La finalidad es crear contenidos que se propaguen como la espuma. Pueden ser parte de una marca o ideas, lugares...

  En 2010, la agencia Buzzman Francia convirtió en viral su campaña para **Tipp-Ex** con "*A hunter shoots a bear*". En la pieza, un cazador dispara a un oso. Es una campaña que se divide en dos partes: la primera es un vídeo de YouTube que al final da al espectador las opciones de disparar o no al oso sin importar qué escoja; la segunda parte muestra al cazador diciendo que no es capaz. En este momento el cazador se "sale" del vídeo y coge el corrector que se encuentra en el área de publicidad ubicada a la derecha de la pantalla y "corrige" la palabra *dispara* y le pide al espectador que, por favor, cambie la historia escribiendo algo en ese campo que ahora se encuentra vacío. El público decide. Resultado, una de las campañas virales más exitosa del mundo. Un millón de reproducciones en 36 horas, en total, más de 36 millones de reproducciones y más de 380.000 compartidas en redes sociales. Gran exposición de marca y un crecimiento en ventas del 30 % en Europa. Este viral fue caso de estudio. Hoy tiene casi 21.500.000 de visitas en su canal de YouTube.

- ***WOM (Worth of Mouth)/Buzz Marketing***. Más o menos lo mismo que lo anterior. El efecto de que un contenido sea viral es que se propague, que exista interacción entre los usuarios y ellos te ayuden a propagar tu mensaje. El *buzz* o zumbido es el efecto de tu campaña de marketing viral, relaciones públicas, acciones en redes sociales...

  En 2007, las batidoras **Blendtec**, con un gasto de apenas 50 dólares (40 euros), produjo una serie rudimentaria de vídeos para colgarse en YouTube. El interés de los internautas fue tal que, en un par de meses, pasó a ser una máquina de ganar dinero. En sus primeras semanas en la red, la serie escaló a la cima de YouTube, donde fue vista por un millón de internautas. "El retorno que hemos conseguido para los 50 dólares que gastamos es alucinante", reconoció George Wright, director de marketing de Blendtec y artífice de la idea, en una entrevista a la publicación *Strategic Public Relations*. El caso entró en Wikipedia. El viral "*Will it blend?*", trata de una licuadora de dicha empresa que logró despedazar, entre otros objetos, un iPod. En vista del éxito, Blendtec empezó a desmenuzar de todo: pelotas de golf, bombillas, móviles, una vieja colección de casetes y, cómo no, más iPods. Todo para demostrar la fiabilidad de sus aparatos. Los visitantes seguían el juego y empezaron a enviar a YouTube sus propios vídeos, en los que, tras adquirir una batidora Blendtec, se desafiaron por ver quién trituraba el objeto más insólito o, simplemente, lo que más odiaban. Lo llamaron *extreme blending*, algo así como "triturar extremo". El jefe de la empresa fue a un programa estrella de la cadena NBC y, en el colmo del aprovechamiento del éxito, los restos del primer iPod triturado se subastaron en el portal de internet eBay y alcanzaron cifras insospechadas.

- **Street marketing**. Acciones que desarrollan las marcas en espacios públicos, normalmente en la calle (aunque como marca te recomendamos que lo grabes, lo cuelgues en internet, los distribuyas al público interesado para darle más de entidad que el efímero "aquí y ahora").

  "LG te destroza el móvil" es una acción desarrollada en Francia en la que pedía a sus consumidores que introdujeran su teléfono para sacarle el máximo rendimiento. En menos de dos meses, su vídeo de YouTube lleva más de 1.300.000 visitas.

- ***Flashmob***. Un *flashmob* es una acción en la que un gran grupo de personas se reúne de repente en un lugar público, realiza algo inusual y luego se dispersa rápidamente. Se suelen convocar a través de internet de forma viral. Las marcas están empezando a apropiarse de este espacio, porque, al principio, era cosa de frikis que se hacían por entretenimiento o con fines reivindicativos.

  EJEMPLO

  Una de las pioneras fue **T-Mobile**, que lleva más de 40 millones de visualizaciones del vídeo de su *flashmob* en la estación de tren de Liverpool.

Capítulo 13

Personal branding, cuando tú eres la marca

¿Qué es *branding*?

La palabra *branding* debería destruirse, eliminarse de los diccionarios y prohibir su uso. Si sirve igual para un roto que para un descosido, no sirve para nada y hace justo lo contrario que hace el *branding*.

Si has oído hablar de qué es el *branding* y para qué sirve, resetea, olvídalo todo.

¿Te acuerdas de que al principio solo había unos poquitos productores que se repartían todo el mercado? Para identificar sus productos los marcaron como a reses, de ahí el nombre *marca*. Una marca es algo que identifica, informa y diferencia un objeto, persona o idea del resto.

El *branding* viene de *brand*, 'marca' en inglés, y se refiere al proceso de hacer, construir y gestionar una marca. **La marca es un conector entre el consumidor y la empresa, una fuente de significados que tiene como objetivo facilitar el proceso de compra.**

Ten en cuenta que hay muchos, muchísimos, logotipos y muy poquitas marcas. En 1997 había dos millones de marcas registradas en todo el mundo. Hoy hay más de ocho millones de marcas globales... pero según Carlos Gracia, director general de la Asociación de Marketing de España, al cliente no le importaría que el 82 % de las marcas desapareciera. En un estudio, la agencia Havas puso encima de la mesa una dolorosa realidad: cuatro de cada cinco marcas en España son prescindibles.

Más allá de las patentes, de la evolución del producto, de su *packaging*... las marcas duran para siempre. La marca da sentido al producto que, en un alarde olímpico, siempre parece decir que es más rápido, más alto, más fuerte.

Con todos los elementos que componen la marca se crea un universo que "enseña a comprar" al consumidor.

- ✔ Establecer una misión, valores y objetivos, dibujar un logotipo y diseñar el *packaging* del producto es lo sencillo.
- ✔ Crear una historia que funcione a nivel racional y emocional, sea coherente y satisfaga una demanda existente es lo complicado.
- ✔ Conseguir experiencias coherentes y satisfactorias según las expectativas iniciales del consumidor a lo largo del tiempo es la realidad. Convertir la identidad en realidad es el reto.

Es decir, el *branding* provee de **elementos que posibilitan y facilitan el proceso de compra**.

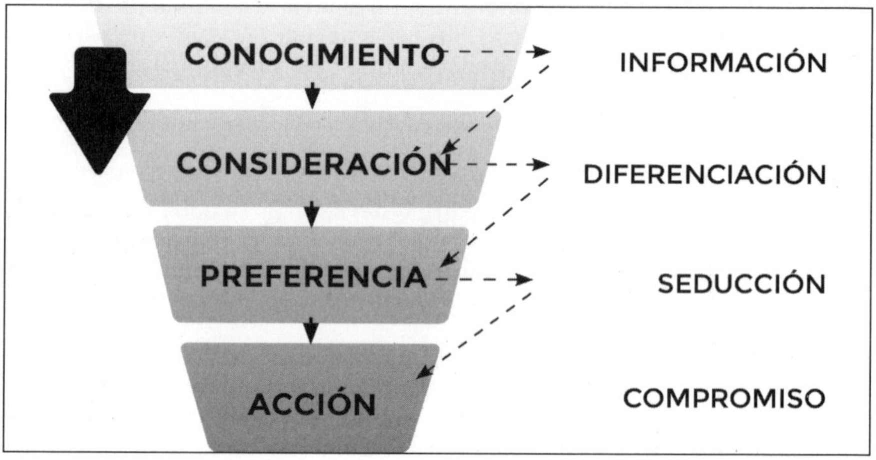

Figura 13-1: Elementos que posibilitan y facilitan el proceso de compra

Algunas pistas:

- ✔ Si quieres construir una marca fuerte, crea una marca que emocione.
- ✔ Trabaja con todos los sentidos para crear significados. El azul de las cajas de Tiffany, el silencio de los Prius o el sonido de las Harleys, el olor al entrar en un gimnasio Dir, el tacto de las sábanas de algodón egipcio de mi hotel preferido, el sabor de la barra de labios con sabor a fresa de Lancôme.
- ✔ Crea una historia de amor y cede su propiedad a la gente que la ama.

¿Cuáles son los elementos de una marca?

- **Análisis y definición de marca**:
  - Identidad:
    - *Naming* (nombre de tu marca).
    - Sistema visual (logotipo, imagotipo).
    - Misión, visión y valores.
    - Tono, estilo de comunicación (*tagline*, *claim*, *copies*).
  - Arquitectura y extensión de marca.
- **Estrategia de marca**:
  - Segmentación.
  - Promesa de marca.
  - Posicionamiento.
- **Gestión de marca**:
  - Gestión de las P de producto.
  - Estudios de percepción de valor y capital de marca.

***Cuando crees tu marca, pregúntate qué elementos deben caracterizarla para que tenga éxito y no lo olvides cuando hagas el* naming:**

- **Original/distintiva**. Fuerza diferenciadora, capacidad intrínseca que debe tener el nombre de distinguirse de otros en el mismo sector.
  - **Asociaciones latentes**. Connotaciones de los nombres. El sentido o valor secundario que se le da a la denominación. Sin problemas en diferentes culturas (por ejemplo, Mitsubishi Pajero).
  - **Vínculo emocional**. Conexión, relación profunda, cargada de afecto, libre y permanente, que une a las personas subjetivamente con el nombre (imaginería, aspiración, ilusión).
- **Memorable**. Digna de recuerdo, fácil de invocar en la mente del cliente.
  - **Agradable al oído**. Invita a la curiosidad del consumidor.
  - **Puede ser un buen argumento de campaña**. Da juego para que el consumidor lo grabe en su mente a través de campañas periódicas.
- **Ajustada al concepto**. Coherente con el posicionamiento, los mensajes clave que se pretenden comunicar, y las características de las diferentes audiencias.

- **Fácil de leer y pronunciar** dentro de los mercados en los que participará.
- **Atemporal**.

¿Cuáles son los principios universales de la creación de marcas?

- Ten claro quién es tu marca y haz que sea ella misma. Manifiesta y deja presente su personalidad.
- Debe ser única y diferente. Es indispensable crear algo interesante y exclusivo, diferenciado del resto.
- Dirígete a los que quieren lo que tú puedes darles.
- Proporciona experiencias únicas. Tu marca debe ser, ante todo, social, crear momentos y vivencias para el consumidor.
- Habla alto y claro, aunque susurres.
- Crea una historia que se sustente en todos los medios, tu historia será el origen de las relaciones que crees. Y, como en toda historia, tu causa tiene buenos, malos, blancos, negros y grises. El consumidor actual no se traga lo que no parece real.
- Si eres el primero, define tu personalidad. Si eres el segundo, eres el retador y tu personalidad se configura según la personalidad del líder. Ten lo que no tenga él, sé su contrapunto. Como Pete Sampras y Agassi.
- Cualquier nombre propio es una marca. Los productos, sus hechos. Nuestras palabras, las campañas publicitarias.

¿Qué criterios no debes olvidar cuándo evalúes tu marca?

Para no equivocarte, qué mejor que basarte en los **criterios de valoración de marca que utiliza Interbrand**:

- **Mercado**. No todos los mercados son iguales, no llegan al mismo número de personas... Unos están al alza y otros, a la baja. Una marca tiene más o menos posibilidades en función de su mercado.

  El mercado de PC creció un 2 % el último año, mientras que el de tabletas creció un 300 %.
- **Estabilidad**. Tu marca es conocida, reconocida y estable o es una recién llegada.

No es lo mismo Facebook que Instagram.

- **Liderazgo**. No solo en ventas, ¿es tu marca líder en reputación e influencia?

  Los estudios dan como marca más segura a Audi... ¿En qué pensabas? Ah sí, Volvo.
- **Internacionalidad**. En un mundo con una oferta cada vez más global, estar presente en mercados internacionales puede ser un elemento regulador de fluctuaciones, que aporte estabilidad.
- **Tendencia**. ¿Cómo van tus ventas? ¿Están en tendencia alcista o en declive? No hablamos de ser *trendy*, hablamos de tener el cliente de cara y las cuentas saneadas.
- **Apoyo**. ¿El CEO de tu empresa espera que la cifra salga sola o te aporta recursos para que inviertas en acciones de marketing?
- **Protección**. Si quieres sobrevivir, protégete ante las copias.

Tu consumidor te conoce, te reconoce y te compra. Has logrado colocarte en su *top of mind*, es decir, en cuanto piensa en la categoría de productos a la que perteneces, eres tú quien se dibuja en su mente.

Si necesitas algo, sueles ir a una categoría para satisfacerla. Piensa en tu lista de la compra: detergente, aceite, servilletas... Alguna vez se cuela un producto que se ha apropiado de la categoría, como Kleenex, Danone, Donuts o Nocilla. Las empresas trabajan para que, cuando tengas que satisfacer esa necesidad o deseo, el ejercicio de posicionamiento haya logrado su propósito y esa marca te venga a la cabeza.

Ten en cuenta que, como marca, también gestionas la categoría: quizá en una categoría hay espacio para más de un producto. Con la de submarcas que tiene Coca-Cola (Clásica, Light, Zero) tiene capacidad para incluir otras marcas en la categoría de refrescos. Si salimos de las colas tenemos Fanta (naranja/limón, con/sin burbujas, light/no light), o Sprite. Pero ojo, no intentes vender de todo a todos porque no serás diferente.

Y no te olvides: si no puedes hacer nada memorable en una categoría, lo mejor es que inviertas tus esfuerzos en crear una. Quien da primero, da dos veces.

El valor de marca, *brand equity* o cómo hacer una marca sólida implica beneficios para la empresa.

Con un buen ejercicio de *branding*, aumentas el valor percibido de tu marca:

valor percibido = beneficios tangibles + beneficios intangibles / precio + incertidumbre

El consumidor tiene claros los beneficios y se reduce la incertidumbre. Y la marca creará ese beneficio intangible, lo que te salvará, lo que no se puede copiar, trasladar ni comprar: se construye y no se puede compartir.

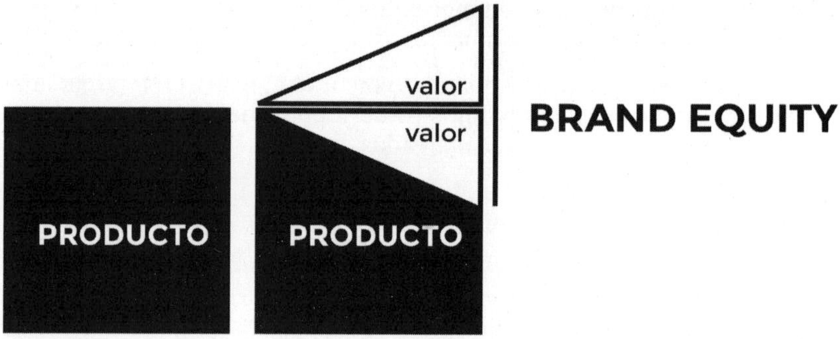

Figura 13-2: Esquema del *brand equity*

El *brand equity* es el "conjunto de asociaciones y comportamientos de clientes, canal y otras empresas que permiten a la marca ganar un mayor beneficio o cuota de mercado de lo que obtendría sin ese nombre y que aporta a la marca una ventaja competitiva, diferenciada y sostenible" (*Marketing Science Institute*, 1988).

El concepto de *valor de marca* nos habla del efecto diferencial de la marca por su valor para movilizar, de su capacidad para generar ventas gracias a su notoriedad. La capacidad como marca para generar ingresos a largo plazo viene de su reconocimiento, las asociaciones que genera, su calidad percibida y la satisfacción de los usuarios y todo ello tanto en positivo como en negativo.

Una marca con un alto *brand equity* tendrá que esforzarse menos en sus acciones de atracción y adquisición de clientes. Te conviene trabajar en tu *branding* si quieres que te salgan los números.

No todo es ser un superstar: la marca personal a la medida de cada uno

Sé tú mismo. Ser otro ya está cogido.

Llevamos una eternidad y media en crisis, una situación que ha hecho tambalearse a mil sectores. De repente te ves en paro, o con ganas de cambiar, pero no sabes cómo ni dónde, y te planteas: "¿Quién va a fijarse en mí?", "¿Cómo lo consigo?". La respuesta es la siguiente: igual que en el supermercado alguien consigue que metas su producto en tu cesta de la compra, construye una marca atractiva y deseable.

Ser tú mismo tiene dos facetas con las que debes elaborar la propuesta de tu marca personal:

- ✔ **Tu atributo profesional más destacado**: si eres un emprendedor que destaca por la originalidad de sus propuestas, es probable que tu creatividad sea el atributo con el que te asocian los demás.
- ✔ **Tu cualidad personal más reconocida**: eres un gran deportista, siempre activo. Los demás te recuerdan como una persona enérgica.

En un entorno tan competitivo, solo sobresaldrás si dedicas tu tiempo y energía a una actividad que:

- ✔ **Te realice**. No se me conoce por ser especialmente idealista. Es un hecho que, si tu actividad te llena, te apasiona, las horas pasan más rápido, te apetece leer sobre tu campo, disfrutas conociendo. Y eso, amigo mío, te hace mejor profesional.
- ✔ **Seas bueno en ello**. Para ser bueno, armoniza actitud y aptitud. Si la naturaleza te ha dotado para el salto con pértiga y es tu pasión, adelante. Si mides 1,43 m, lo más sensato es buscar otra pasión.
- ✔ **Te permita ganarte la vida con ello**. Que no está el tema para meterse a poner tochos, esa moda ya pasó. No pienses que no hay trabajo, hay sectores en los que se necesita personal cualificado: biotecnología, informática, química y nuevas profesiones alrededor de los servicios en la nube y las redes sociales. Aquí o fuera. O casi mejor fuera, y ya volverás cuando toque si te sigue apeteciendo. La cuestión es reciclarse, buscar, conocerse y aprovechar tus puntos fuertes.

Construir una marca personal es vender tu trabajo para no tener que venderte tú.

- ✔ La **marca** es tu nombre.

- ✔ El **producto** son las características que te definen, lo que pones en el mercado.
- ✔ Y hay **alguien** dispuesto a consumirlo.

Figura 13-3: Marca, producto y consumidor

Para empezar a construir tu marca, haz este simple ejercicio:

- **Mi marca es**: Escribe la denominación de la personalidad de la marca.
- **Qué ofrece**: Cuál es la oferta de la marca/beneficio tangible o racional.
- **Debido a**: Justifica ese beneficio.
- **Para qué**: Cuál es el beneficio emocional.

Este capítulo sirve para un futbolista galáctico (ay, que de eso ya no hay) o para un señor de Cuenca. No hay nada que no puedas aplicar, aparte de los canales masivos que, en confianza, a ti tampoco te sirven de mucho.

- ✔ **Visibilidad** = cuántos te conocen**.** Como dijo Oscar Wilde: "Que hablen de ti, aunque sea bien".

  En una palabra: aparecer. Si no apareces en Google, en la cabecita loca de tu target o en la revista que leen cuando buscan lo que tú ofreces... lo demás no sirve de nada. Como decía mi abuela, mujer sabia donde las haya: "Que cuando busquen a tu competencia, te encuentren a ti"; "Que cuando te busquen, te encuentren"; "Que cuando se planteen cosas parecidas a ti, te encuentren".

Ahora es posible llegar a 10.000 personas sin inversión, a golpe de tuit que se convierta en *trending topic*, de una imagen que cautive en Instagram, de un vídeo que se convierta en viral.

- **Reputación** = qué dicen de ti. La cosa es alargar los quince minutos. Por mucho que brille una estrella fugaz solo es eso, fugaz. Tienes que trabajar para que, cuando pregunten por ti, la repuesta sea algo similar a "Eso es justo lo que necesitabas, y un buen tipo además" o "Por mucho que me joda reconocerlo, eso lo hace bien".

  Reputación es lo que dicen que eres. Esa reputación te la labras por repetición, contraste y coherencia. Si tienes algo diferenciador, no renuncies a ello: es lo que te hace único. Busca cómo y contra quién utilizarlo.

- **Relevancia** = qué aportas a tu cliente. Relevancia es prestigio, es tener algo que decir. La fama es más sencilla de conseguir, y más hoy, cuando se pueden construir castillos de humo a golpes de clic. Cualquier tronista es famosa, pero casi ninguna es relevante.

Esta matriz te puede servir para organizarte como marca personal:

Tabla 13-1: Organizarte como marca personal

Persona	***Profesión***	***Público***
• Quién eres. • Cuál tu misión. • Cuáles son tus valores. • Quién es tu antagonista/ enemigo. • Qué valores tiene.	• En qué trabajas. • Qué necesidad satisfaces. • Qué beneficios proporcionas. • Qué molestias evitas.	• A quién le ofreces tu trabajo. • Quién ofrece algo parecido o satisface la misma necesidad. • Quién puede prescribirte, ayudarte.
Posicionamiento	***Presencia***	***Promoción***
• Qué te especializa. • Qué te diferencia. • Cómo te ganas a los amigos. • Y a los enemigos.	• Cómo te presentas. • Qué imagen das. • Cómo se interpreta.	• Cómo te promocionas. • A través de qué canales. • Con qué acciones y herramientas cuentas.

(cont.)

Tabla 13-1: Organizarte como marca personal (*continuación*)

Venta	*Estructura*	*Operaciones*
• Cuáles son tus argumentos de venta. • Por qué te compran. • Cuál es el valor de lo que ofreces y el precio que se paga por ello. • Cómo se configura tu oferta.	• Qué recursos necesitas para llevar a cabo tu actividad. • Cuáles son prescindibles. • Valora el tiempo y las personas.	• Cuáles son los principales riesgos de tu actividad. • Cuáles son tus principales riesgos. • Cómo mejorar tu propuesta. • Cómo conectar con tu público.
Persona	***Profesión***	***Público***
• Quién eres. • Cuál tu misión. • Cuáles son tus valores. • Quién es tu antagonista/ enemigo. • Qué valores tiene.	• En qué trabajas. • Qué necesidad satisfaces. • Qué beneficios proporcionas. • Qué molestias evitas.	• A quién le ofreces tu trabajo. • Quién ofrece algo parecido o satisface la misma necesidad. • Quién puede prescribirte, ayudarte.
Posicionamiento	***Presencia***	***Promoción***
• Qué te especializa. • Qué te diferencia. • Cómo te ganas a los amigos. • Y a los enemigos.	• Cómo te presentas. • Qué imagen das. • Cómo se interpreta.	• Cómo te promocionas. • A través de qué canales. • Con qué acciones y herramientas cuentas.
Venta	***Estructura***	***Operaciones***
• Cuáles son tus argumentos de venta. • Por qué te compran. • Cuál es el valor de lo que ofreces y el precio que se paga por ello. • Cómo se configura tu oferta.	• Qué recursos necesitas para llevar a cabo tu actividad. • Cuáles son prescindibles. • Valora el tiempo y las personas.	• Cuáles son los principales riesgos de tu actividad. • Cuáles son tus principales riesgos. • Cómo mejorar tu propuesta. • Cómo conectar con tu público.

Los hay más altos, más listos, más guapos, incluso mejor preparados, pero tú estás frente al entrevistador y puedes hacer que borre la palabra *duda* de su mente. Eso pensé yo una noche de verano y aquí me ves, padre de familia con la señora más guapa, más maja y mejor profesional. Porque esto va de dos cosas: de seducir y de aprovechar las oportunidades.

Características de una marca personal atractiva:

- **Personalidad**. De nuevo, sé tú mismo. En una búsqueda de empleo, mucha gente tiende a proyectar lo que cree que busca el entrevistador para ofrecérselo. Piensa: ¿prefieres que te contraten por lo que no eres o que te descarten por lo que crees que podrías ser? ¿Has pensado que te pueden descartar por lo que no eres? Eso sí que es una faena.

  A las empresas les cuesta contratar. Valoran las voces que no suenan a huecas, personas con capacidad para reconocer sus errores y mostrarlos en público: son capaces de dirigir equipos y anticiparse a sus limitaciones. A veces, los seleccionadores prefieren la certeza (de lo malo) a la duda (de lo bueno) porque su trabajo consiste en apuestas seguras y quizá eso que tú valoras como un gran fallo de tu currículo o tus habilidades, es justo lo que andan buscando.

- **Diferencia**. ¿Recuerdas lo que te es indiferente? ¿A que no? Puestos a destacar, haz que algo inimitable con una actitud tremendamente dispuesta antes que algo que se puede alcanzar con facilidad, como ciertos conocimientos y aptitudes. Busca qué sabes hacer, qué se te da bien. Todos tenemos alguna habilidad que nos hace especiales. Alguna singularidad. Alguna rareza. Lo difícil no es tenerla, lo difícil es encontrarla e identificarla a tiempo.

  Lo políticamente correcto, las camisas perfectamente planchadas y el pensar exactamente igual que tu jefe aburre. Suena a hipoteca por pagar y bocas que alimentar. De eso ya hay mucho y no provoca adhesión ni tensión, provoca alejamiento.

  Si eres un hortera, vístete como un hortera y actúa como un hortera. Y si eres tristemente gris, busca la manera de convertirlo en tu rareza.

- **Notoriedad**. No tengas miedo, atrévete a mostrarte como eres, a sorprenderte y sorprender. Aprende de los mejores, muestra lo que haces y, cuando lo hayas hecho todo, reinvéntate y añade nuevas perspectivas. No hay mejor recompensa que una mirada de asombro positivo ante algo sorprendente (ya sabes).

No confundas marca personal con "fulano vendehumo", hazme el favor. Una marca, personal o no, se construye con la reputación que tienes y eso se consigue con hechos, con lo que los demás dicen de ti. Si vas diciendo que eres lo que no eres, te pasará como a cualquiera de la burbujas que hemos visto: acabarás estallando, y ya sabemos que el golpe es más fuerte cuanto más arriba hayas subido.

El proceso de construir una marca personal es a medio y largo plazo. No te servirá para la entrevista de mañana, aunque cuando la tengas te servirá más que cualquier entrevista. Tus hechos y palabras hablarán por ti, te presentarán y cerrarán cualquier transacción. Tú serás quien decida. Aun a riesgo de parecer un predicador de cualquier secta de teletienda o de venderte lo secretos de una mente millonaria:

- **Posiciónate donde aportas valor**. A nadie le interesa lo que eres, sino lo que puedes hacer por ellos.
- **Ponte un objetivo**. Ambicioso, aunque alcanzable.
- **A por ello**. Construye, muévete, ve a encuentros, aprende de los mejores, abre un blog, graba un videocurrículo... lo que se te ocurra.

Cómo evaluar tu marca personal:

- **Punto activo** = Bien, has logrado que hablen bien de ti en vida. Gustas a la gente y hablan bien de ti cuando tienen oportunidad. Jordi Évole.
- **Punto neutro** = Ni fu ni fa. Gustas, pero en la intimidad, no provocas manifestaciones de adhesión. Molas, pero sin pasión.
- **Punto pasivo** = Un puñetero desastre, aburres a las moscas. Nadie se mete contigo pero tampoco les mueves en positivo. Eres un gris.
- **Punto silencioso** = Ni fa ni fu. Molestas un poco, hay disconformidad contigo pero ni siquiera la suficiente como para comentarlo, es más para mantenerte un poquito lejos. Eres un tipo con halitosis.
- **Punto negativo** = Bien, has logrado ser Paris Hilton y que te odien. Provocas sarpullidos, llenas las conversaciones con tu nombre, que se propaga como la pólvora. Paris Hilton, Dexter, el Community Manager de MediaMarkt.

Capítulo 14

Relaciones públicas: propaga tu causa

El primer contacto con las relaciones públicas es cuando vamos a una discoteca de horario infantil: son esas chavalas que están en los aledaños del garito, nos sacan una cabeza, huelen a melocotón, vainilla o coco y nos deslizan un *flyer* entre las manos invitándonos a una copa. Uffff. Claro, eso lo determina todo. ¿Quién es capaz de asimilar que las Relaciones Públicas no son relaciones púbicas después de semejante experiencia iniciática? Señoras, no se me alboroten que no es por machismo, lo mismo les pasa a las niñas que recogen los panfletos de los mini-Justin-Bieber.

En el fondo, las relaciones públicas no dejan de ser algo así, pero en mayores. Todo es más elaborado, procedimentado, carente de esa joven espontaneidad, y si hablásemos de relaciones con el público en vez de relaciones públicas sería mucho más sencillo de entender.

Las relaciones públicas (RR. PP.) pretenden ser los guardianes de la reputación de la organización. Para conseguirlo, detectan a los públicos relevantes de la organización (*stakeholders*), establecen acciones con ellos, conocen sus deseos y satisfacen sus necesidades alineándolas con las de la empresa. En definitiva, **las relaciones públicas son el arte (digamos, la práctica) de influir en las personas a través de la comunicación**.

Hoy en día, un buen producto es aquel que da de qué hablar, una marca fuerte está presente en nuestras conversaciones por sus productos, sus políticas, la innovación en su modelo de negocio. Cada vez que se lanza un nuevo producto de Apple, Twitter arde y son varios los *trending topics* que circulan sobre el lanzamiento. Eso no es un resultado accidental, sino una labor desarrollada con método que abarca al público, las relaciones con los medios de comunicación, la escucha de las opiniones y sugerencias emitidas en los distintos espacios, la creación de una política editorial e incluso de planes de crisis, por si algún día hay que actuar rapidito y con el menor dolor posible si pillan a la empresa o a sus principales cabezas en un renuncio.

Las RR. PP. localizan los temas de los que hablar e identifican a su portavoz. Y en esto, como en los pecados, hay acción y omisión: como marca, tratarás unos temas, otros no los tocarás (recordemos los famosos "*Avui no toca*" de Jordi Pujol) y decidirás con quién quieres hablar. ¿Te suena lo de los seis grados de separación? Es una teoría que dice que, en nuestro mundo global, nos separan de cualquier persona cinco conocidos que podrían actuar como intermediarios. Es decir, nos separan cinco personas de la *"crême de la crême"*, pero también de la peor escoria. Decide quién es *the butter* y quién "lo peor" para ti, porque **vas a decidir con quién hablas y con quien no**. Si no lo haces antes, te verás obligado a hacerlo después (cuando tengas a un troll llamando a tu puerta).

Con un vistazo a *El ala oeste de la Casa Blanca*, *The newsroom* o *Scandal* te puedes hacer una idea de lo importante que es "quién dice qué, a quién, en qué momento" y de lo complicado que puede llegar a ser este trabajo. A veces, saber administrar los silencios, elegir quién se suma a tu causa, o contra quién juegas es todo un arte con consecuencias nada banales. Yo decido con quién voy a hablar, qué causas defiendo y quiénes son mis enemigos. Porque, hasta para ser enemigo, hay que estar a la altura.

En el día a día, en los casos de relaciones públicas de pymes, elimina el *glamour*: **quieres que se hable de tu marca cuanto más mejor, por un mayor número de gente, mejor si son personas influyentes en tu campo, de forma positiva y, a ser posible, que te salga muy barato o gratis**.

Elementos de un plan de relaciones públicas

Detección de públicos relevantes (stakeholders)

- ✔ Monitoriza sus conversaciones para comprender qué les motiva, de qué se quejan, qué esperan de ti.
- ✔ Plantea acciones para interactuar con cada uno de ellos. Establece objetivos, calendario, presupuesto y método de evaluación de la consecución de objetivos en cada una de ellas. Si no, se convierten en declaraciones de intenciones.

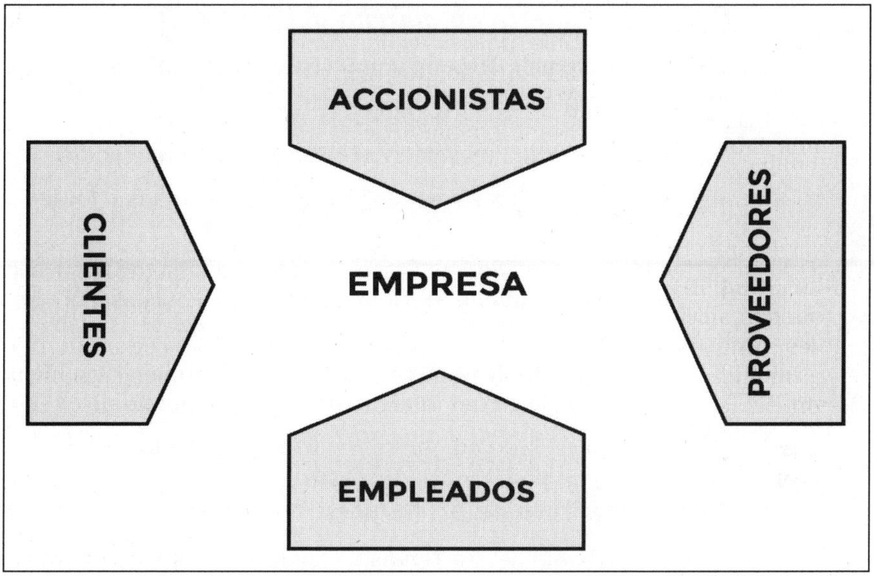

Figura 14-1: Relaciones tradicionales con *stakeholders*

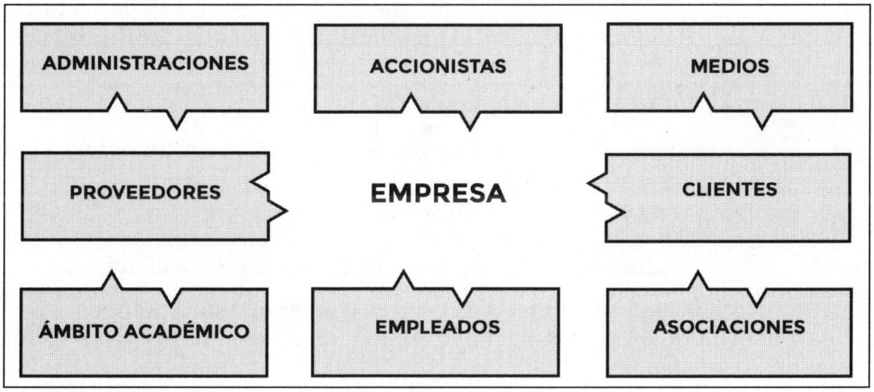

Figura 14-2: Relaciones actuales con *stakeholders*

Creación y puesta en marcha del plan editorial

- Debería partir de la misión y visión corporativas.
- Aspectos editoriales. Incluye:
  - Los temas, mensajes y el tono de la comunicación.
  - Los espacios y agentes interesantes: medios, *bloggers*, asociaciones, ONG...
  - Las ideas, conceptos y causas con las que trabajarás para lograr que coincidan el posicionamiento que deseas y el que tiene tu público.
  - Los materiales que producirás para propagar las ideas: notas de prensa, acciones *street marketing*, patrocinio de eventos...
  - El calendario en que se realizarán las acciones.

Establecimiento de portavoces

- Quién habla de qué temas en los foros en los que vayas a participar.
- No te olvides de las políticas de relación en las redes sociales porque hoy tienes un portavoz por cada empleado o *stakeholder* que cuente tu historia y, si quieres que lo haga de una manera concreta o que tenga un código de conducta, tendrás que decírselo.

Creación del plan de crisis

- **Define qué es y qué no es una crisis de reputación**. Tipos de crisis y protocolos de reacción ante cada una de ellas. Una crítica en Facebook puede valorarse de forma muy diferente en función de su contenido, autor, momento de la crítica o veracidad de la misma. Del conflicto a la crisis hay una larga carretera al infierno.
- **Define cómo va a conversar la empresa**. Opciones:
  - No va a hacer nada (inactiva).
  - Solo hará algo si es estrictamente necesario (reactiva).
  - Hará cosas antes de que lleguen los problemas (proactiva).
  - Implicará a otros para resolver o mitigar problemas (interactiva).

Nota: Si trabajas en una empresa que esté en el estadio 1 o 2, ve haciendo algo mientras: redacta el currículo o buscar tu propio proyecto donde vayas más allá. En estos tiempos veloces como un Cadillac sin frenos, no hay cabida para avestruces que meten la cabeza bajo tierra ni para personajes que miran la vida pasmados.

Los medios, los *bloggers*, los difusores de tu mensaje son tus clientes. Trátalos como tales. Ponte en su lugar, facilítales el trabajo para que, si les gusta tu idea, solo tengan que difundirla y no estar media hora haciéndola comprensible para su público. Prepara material profesional, con contenido de valor, adáptate a sus formatos, a sus horarios y crea historias que capten la atención y atraigan a su audiencia.

El movimiento

Las marcas pueden ser más fuertes impulsando movimientos, creando esas causas que preocupan y movilizan.

¿Por qué hablo de movimiento? Porque, **hoy en día, si un contenido no se propaga es que está muerto**, y hemos visto que las relaciones públicas se encargan de influir a través de la comunicación. Es decir, **las relaciones públicas hacen que la comunicación vuele**.

Para que haya movimiento, el contenido debe propagarse y ser pegadizo.

¿Y cómo lo consigo?, te preguntas. Te ofrezco algunas pautas:

- **Trabaja sobre los temas que interesan a tu público**, no al revés. Ellos tienen inquietudes y tú te mueves para satisfacerlas. Es tu primer trabajo: buscar qué les pica, por dónde respiran y ofrece tu propuesta, a ver qué dicen.
- **Provoca la participación sobre ese movimiento**. Fagocita la creación de la comunidad e incentiva a sus miembros.
- **Centraliza las conexiones**. Ayúdales a encontrar lo que les interesa en un único punto que luego ellos se encargarán de mover, pero todo debe estar integrado y sincronizado, un evento que se produce *offline* pero se reproduce en *streaming* desde la app de la marca. Recuerda, omnicanalidad.
- **Adapta los mensajes**. Las diferentes personas los harán suyos y los propagarán según los que ellos entiendan. Deben estar disponibles donde y cuando tus audiencias quieran acceder a ellos.
- **Mensajes apropiables**. Sí, que las personas se los puedan apropiar. Que se puedan citar los textos, que se pueda hacer "copiar y pegar", que se puedan compartir.

- **Interactividad**. Es más pegadizo lo abierto, lo sorprendente. Incorpora encuestas, juegos, cuestionarios para atraer el interés. Casi todos hemos sucumbido y hemos hecho algún cuestionario de los de "¿En qué época tendrías que haber nacido?"; "¿Con qué tipo de vestido te sientes mejor?". Además, insatisfechos, vamos y lo compartimos con nuestras amigas para ver qué les sale a ellas.
- **Mensajes como flujo constante de material/contenido de marca**. Microhistorias que construyen la macrohistoria de la marca, que se pueden reutilizar en otros contextos, en otros momentos.

EJEMPLO

IBM ha construido parte de su comunicación de marca en torno al concepto *smart* como preocupación social: la sostenibilidad, el consumo inteligente, la reinvención de las megaciudades. Se puede maximizar el potencial de los medios tradicionales y la complementariedad del resto.

Son temas candentes en la sociedad que la marca interpreta a su manera para ofrecer su particular visión y soluciones aplicadas.

`https://www.youtube.com/watch?v=ncV2mrveIlM`

TIP

Es importante que identifiques qué movimientos hay en tu campo a nivel global: en la sociedad, la economía, la ecología, las tendencias... y apropiártelos a nivel de marca. A esto se le llama coger las olas y aprovechar su tirón.

Si algo en lo que crees como marca se empieza a mover, no dudes en salir a decir " Yo creo en ello y voy a abanderar esta causa".

EJEMPLO

Durante el movimiento del 15-M, **Triodos Bank** decidió apoyar a los manifestantes en un movimiento con cierto riesgo porque, por primera vez, un banco salía del *establishment* para posicionarse como una entidad cuya política es apoyar a "organizaciones, empresas e instituciones que trabajan para mejorar la calidad de vida de las personas".

Triodos se definía como "un referente de la banca ética en Europa", dirigido a todos los que quieren saber qué hace el banco con su dinero mediante una política de total transparencia. Esto significó para la entidad un crecimiento del 29 % en España y dobló su número de clientes.

Las personas, los ciudadanos de a pie, cada vez confiamos menos en el sistema, la política, las instituciones que engordan sus cuentas a base de comisiones (estadísticamente hablando). Eso hace que conecten más con las instituciones privadas que, sin ocultar su ánimo de lucro, ayudan a financiar causas o proyectos sociales. Y a ellas van nuestros votos, las compras de cada día.

Difusores: los embajadores de marca y los influencers

Creo que mi pasión por los Aston Martin viene de verlos en movimiento con Sean Connery al volante. Como era muy pequeña, creía en la ficción como si fuera realidad. Ahora, que la pluscuamperfecta sonrisa de Doutzen Kroes me diga "Nosotras lo valemos" desde la marquesina de cualquier parada de autobús no deja de impactarme, más cuando pienso "Si lo dices tú, que eras un ángel alado...".

Cuando camino por la calle me fijo en las personas con las que me cruzo. A veces me gusta lo que transmite un estilismo y pienso: "¿Me quedaría bien esa falda?" o "¡Cómo me gustan esos cascos!". Son pensamientos fugaces, como esas experiencias con personas anónimas, pero alguna vez modifican mi comportamiento.

Cada vez que necesito un consejo sobre mi coche, y sobre tantas otras cosas, llamo a mi hermano simplemente porque de eso sabe más. Le digo que es mi *content curator* preferido. En unas líneas sabrás qué es eso.

Y luego están las redes. Ahí sí que sigo a un montón de gente para que haga por mí ciertos trabajos: por ejemplo tengo blogs de referencia y cuentas de Instagram que me animan a probar sitios donde comer o salir como `@exquisits.cat`, no me pierdo *Time Out* para decidir qué hacer los fines de semana, aunque la mayoría de veces termine haciendo lo de siempre. Hay canales de Instagram que me encantan por su construcción visual.

Y todo esto lo saben las marcas y tú puedes aprovecharlo como marca. Acabamos de hablar del movimiento. **Esto es lo que debe hacer una marca: mover a la gente, atraerlos, y para ello necesita personas que se unan a la causa y sean sus abanderados.**

RECUERDA

Un embajador de marca no se fabrica. Es una persona con un interés veraz y genuino por la marca. Alguien que la usa, que habla de ella, la prescribe, la defiende, alguien que lleva el logo de la marca tatuado en su corazón.

¿Y qué mejor que facilitar espacios en los que los embajadores y fans de marca se relacionen conversando en el medio digital? Así encontrarán su lugar oficial para hacer reseñas de producto, dar su opinión sobre las diferentes acciones que pone en marcha la marca y relacionarse entre ellos.

Tipologías de embajadores de marca

En su relación contigo, adoptarán diferentes roles:

- **Filtros**. Recopilan, validan y filtran la información. Separan la paja del grano.
- **Fanáticos**. Fans más apasionados y entusiastas, sus principales evangelizadores. Voluntariamente, participan en nombre de la marca en su círculo personal pero también en blogs, redes sociales...

EJEMPLO

Es una relación compleja, pues a veces los fans se involucran tanto con la marca que se la apropian y la incluyen en sus propios espacios. Quitar esos privilegios a quienes más prescriben es muy delicado. A veces, como en el caso de **Mi llave Allen**, se permite mantener el antiguo nombre para no desvincularse del todo. **El blog Piratas de Ikea** fue muy famoso al reinterpretar sus muebles desde otra óptica.

- **Facilitadores**: Conectan al resto de usuarios entre sí e impulsan la comunidad.
- **Estrellas fugaces**: Líderes temporales que terminan por desaparecer. Un buen ejemplo fue la comunidad de Coca-Cola llamada *happing*.

Un embajador de marca puede ser un ama de casa de Cuenca con una presencia digital en una única red como Facebook y 50 conexiones en total, y será un perfil a cuidar y potenciar, cómo no. Sin embargo, te interesa contar con personas influyentes para que tu mensaje se propague con más alcance y relevancia.

RECUERDA

La clave del éxito es el contagio: cuanto más contagiosa sea una idea, servicio o experiencia, más triunfará. Si consigues que muchas personas estén expuestas a una propuesta contagiosa, tendrás más probabilidades de éxito. En ese punto los *influencers* te pueden ayudar con su poder de amplificación de tu causa.

Qué aspectos debes tener en cuenta para reclutar a un influencer

- ✔ **Alcance o exposición**. A cuántas personas llegan sus mensajes, cuál es su audiencia.
- ✔ **Eco o resonancia**. Cuál es su capacidad para movilizar las opiniones y crear reacciones cuando opina sobre un tema concreto.

- **Relevancia**. Cuál es su autoridad cuando al hablar de un tema, cómo se percibe su conocimiento sobre el mismo.
- ***Share of voice***. Cuál es su nivel de participación en la conversación sobre esa temática.

Tipos de influencers

- **Celebridades**. Los famosos consiguen más audiencia pero cuestan más en tiempo y dinero y, muchas veces, son los menos creíbles. ¿Te imaginas a Isabel Preysler atiborrándose de bombones Ferrero Rocher por las tardes en su casa? Yo no.

  Ten cuidado con las personas que eliges y busca a los que sean afines a tu marca. No hay marca que quiera repetir el patinazo de **Samsung en los Oscar de 2014**. Se diseñó la acción para tomar el *selfie* más famoso de la historia con un teléfono Galaxy Note 3 y fue un gran éxito, ya que en los primeros días consiguió más de 2 millones y medio de retuits. Qué pena que Ellen DeGeneres utilizase un iPhone para subir las fotos a las redes...
- ***Content curators* o analistas**. Personas que filtran y comparten contenidos sobre un tema concreto y siempre aportan contenidos interesantes.
- **Autoridades**. Gurús, directivos o personas con gran dominio sobre un tema. Aportan mucho valor, tienen alcance y generan *engagement*.
- **Conectores**. Alma de la fiesta, los que ponen en contacto a las personas entre sí y comparten su red con facilidad. Son el pegamento de las conexiones: aunque no tienen gran autoridad hacen que vuelen los contenidos.
- **Marca personal**. Quien se ha ganado su posición por su autoridad, por la calidad de sus contenidos. Su valor radica en su audiencia.
- **Activistas**. Si tu causa coincide con las suyas, son capaces de mover montañas. Aunque no son los que tienen mayores audiencias, aportan un gran *engagement* y son altavoces estupendos.
- ***Bloggers* y periodistas**. El poder de los medios se extiende. La industria de los medios cambia y los *bloggers* tienen un alcance antes insospechado.

Las revoluciones de 1848

Jeff Jarvis era un periodista que, en 2005, publicó un artículo en su *blog* `buzzmachine.com` titulado "Dell Hell" [Infierno Dell] haciendo referencia a los problemas de asistencia técnica que tenía con un ordenador que había comprado.

Fue el primer caso de crisis de reputación con impacto global debido al uso de tecnologías 2.0 y produjo un cambio estructural en organización debido a que, en un principio, Dell decidió hacer caso omiso a las críticas.

Escribió la famosa carta "Dear, Mr. Dell", en la que solo exponía sus problemas y anticipaba las soluciones que tendrían que abordar las multinacionales en el futuro ante situaciones similares.

Ahora Jarvis es un famoso escritor y conferenciante que publica libros como *Y Google, ¿cómo lo haría?* Escribe una columna semanal en el diario *The Guardian* y fue nombrado como uno de los cien líderes mundiales en medios de comunicación por el foro económico mundial de Davos.

Un ejemplo del uso de embajadores de marca e *influencers* muy interesante lo ha llevado a cabo la marca española **Hawkers** que, con presencia únicamente digital, ha conseguido cifras como:

- ✔ 11.000 gafas vendidas en el Black Friday.
- ✔ Su crecimiento en 2015 *versus* 2014 es del 500 % y el de visitantes a la web es del 400 %. Medio millón de Hawkers vendidas desde diciembre de 2013.
- ✔ Uno de los productos más vendidos durante el último año en la plataforma Shopify a nivel mundial.
- ✔ Más de 10.000 euros de inversión diaria en RRSS habiendo empezado con solo cinco euros diarios

Su estrategia se ha basado en el poder de redes sociales como Facebook para llevar a cabo acciones de tráfico y de la prescripción por parte de *celebrities* como Paula Echevarría, Dani Alves, Usher, Felipe Massa, Fernando Verdasco o Lewis Hamilton. Es muy acertado que sus fundadores tengan claro que "No obligamos a nadie a ponerse nuestras gafas. Deben ser verdaderos embajadores de Hawkers". De hecho, comentan: "Al principio, teníamos que hablar con ellos para que se las pusieran, ahora son ellos los que nos las piden". Porque no se han rodeado solo de estas "primeras marcas" de la reputación sino que han hecho llegar miles de ejemplares a *bloggers* para que las probasen y diesen su opinión y han conseguido ese "efecto red" que tanto comentamos.

El alto grado de aceptación del producto les ha llevado a crear líneas exclusivas para Los Angeles Lakers con quien han logrado un acuerdo de patrocinio o celebrar fiestas Hawkers el mismo día en ciudades importantes y conectadas en directo por pantallas vía *streaming* en las que chicos y chicas muy guapos y con "mucho rollo" son su principal muestra de éxito.

TIP

Cuando hablábamos del *branding* comentábamos el concepto de *brand equity* o valor de marca. El valor de marca se puede amplificar con su presencia social, ya que la potencia de una comunidad de marca activa, influyente y vital puede llevar sus contenidos y mensajes mucho más allá de su alcance orgánico.

En este sentido, el **social *brand equity*** se basa en la **capacidad de la marca para construir conexiones genuinas con sus audiencias y generar conversaciones relevantes por encima del ruido**.

Capítulo 15

Marketing digital

Cuando te pidan que hagas una estrategia de marketing digital, ignóralos. Tu estrategia de marketing es única y pretende aportar un valor al cliente que sea rentable para tu empresa. Fin.

Al hablar de marketing digital, hoy en día plantéate cómo digitalizar la empresa: la capacitación de las personas, los procesos y los canales para que todos formen un equipo orientado a dar beneficios tanto a nivel económico como de relevancia de tu marca.

El marketing digital se eleva al nivel de la gerencia porque comprendería todas las estrategias, tácticas y acciones que se llevan a cabo en los entornos *online* que has conocido en los capítulos anteriores: ventas en el *e-commerce*, comunicación en la web corporativa, relaciones públicas *online*, construcción de marca personal de los empleados, reputación...

En este capítulo queremos que comprendas cómo funciona el ciclo del tráfico y cómo hacer que el tráfico fluya hacia y desde tus entornos para que sea una constante en tu negocio.

RECUERDA

Te resumo los principales términos con los que tendrás que familiarizarte antes de llevar a cabo acciones de marketing digital porque te indicarán las formas de contratación y la consecución de objetivos:

- **CPM: coste por mil impresiones**. Pagas en función de las veces que se muestra tu anuncio.
- **CPC: coste por clic**. Pagas en función de las veces que se hace clic en tu anuncio.
- **CPL: coste por *lead***. Pagas en función de las veces que se consigue un prospecto.
- **CPA: coste por adquisición**. Pagas en función de las ventas o clientes que se han conseguido.
- **CTR: *click trough rate*.** Porcentaje de clics sobre una creatividad o campaña, en función de cómo lo midas.
- **CR: *conversion rate***. Tasa de conversión. Mide el nivel de consecución de objetivos.

- ✔ **Tasa de apertura**. Cuántas personas abren *e-mailings* que has enviado.
- ✔ **Tasa de clics**. Cuántas personas hacen clic en el *e-mailing* una vez abierto.

El tráfico: captación, transformación y fidelización

Una **estrategia de tráfico** busca cómo llegar a tu **consumidor**, a tu target.

El tráfico es el mayor activo de tu negocio digital y el principal indicador de su dimensión. Necesitas captar tráfico para generar ventas y tratar a los clientes de forma que sean recurrentes en sus compras o te traigan otros clientes.

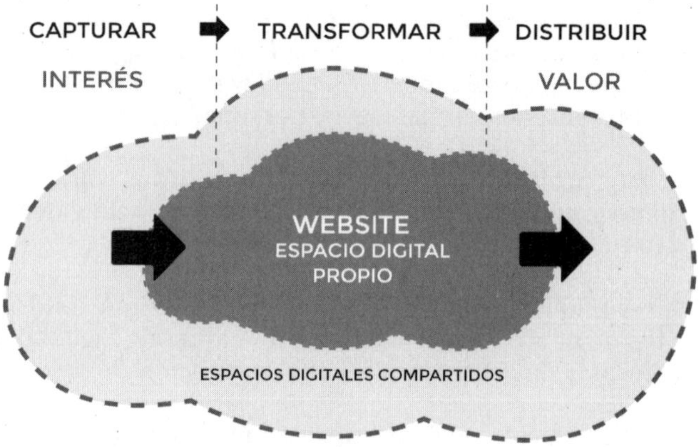

Figura 15-1: Esquema de la estrategia de tráfico

En cualquier proceso de ventas existen tres momentos básicos:

- ✔ **Captación: el momento precompra:**
  - Quieres conseguir clientes para tus productos o servicios y necesitas que se te conozca.
  - Te sitúas en las primeras etapas del proceso de compra: conocimiento, consideración, preferencia.
  - Necesitas visibilidad, llamar la atención y generar deseo.
  - Te centras en los medios y canales para captar el tráfico de calidad hacia los entornos propios.

- **Transformación: el momento de la compra:**
  - Conviertes las visitas en clientes, por eso, en el medio digital, a las compras se las llama *conversiones*.
  - Necesitas argumentos, usabilidad en tus entornos para hacer sencilla y rápida la compra.
  - El foco está en la optimización de los espacios propios y la propuesta de valor en sí: producto, precio, distribución...
- **Fidelización: el momento posterior a la compra:**
  - Ya tienes un nuevo cliente que se enfrenta a la experiencia de uso de tu producto o servicio y debes convencerle para que vuelva a repetir la compra o te recomiende.
  - Necesitas crear una experiencia a la altura de las expectativas que has generado en los pasos anteriores, y un buen servicio de atención al cliente que resuelva sus dudas y posibles incidencias.
  - El punto clave es el servicio y dotar al cliente de herramientas que le faciliten la prescripción.

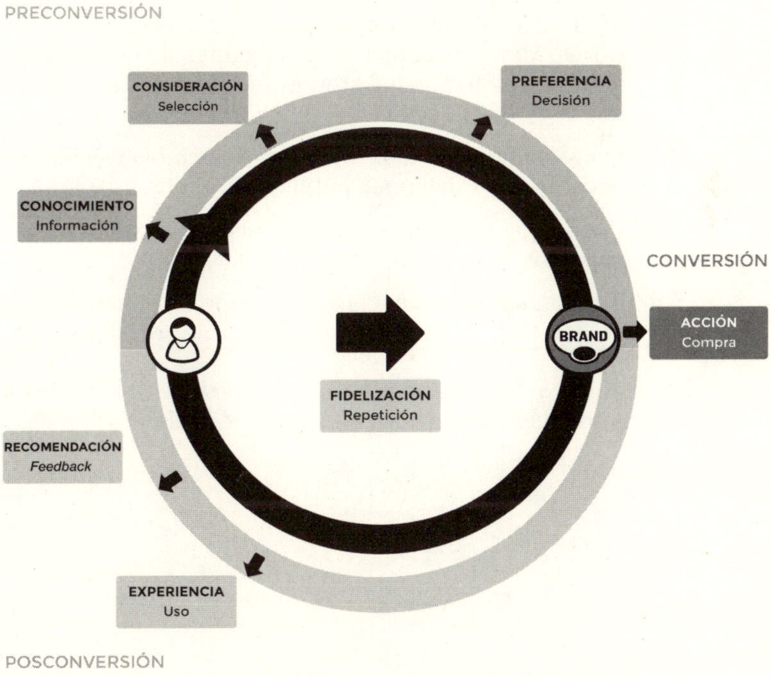

Figura 15-2: Esquema del proceso básico de venta

Captación de tráfico

El tráfico en un entorno *online* es análogo al tráfico en un comercio a pie de calle. Tienes más probabilidades de terminar el día con la caja llena si han pasado muchas personas ante tu puerta.

En función de lo fuerte que seas como marca, el consumidor llegará a ti tras una búsqueda específica o te encontrará como una opción a sus necesidades. Si ocupas un lugar en su mente, lo tienes más fácil, tecleará tu nombre en el buscador y llegará a tu página. En este caso, si tu propuesta es suficientemente atractiva, terminará comprando y habremos tenido un cuento de hadas de esos en los que al final se casan, pero no es lo habitual.

Existen diferentes formas de atraer el tráfico digital en función de la actividad y el momento en el que se encuentren los usuarios.

- ✔ Si buscan soluciones a un problema concreto, lo más probable es que usen el **buscador**: el SEO se encarga de los resultados naturales y, el SEM, de las campañas de pago.
- ✔ Si están navegando, puedes aparecer con **publicidad** en los entornos afines a los territorios de marca que has definido para tus consumidores. Mientras consultan las páginas de motor, anuncias tu coche; si tu producto son las cremas faciales, quizá lo hagas en páginas de moda y belleza.
- ✔ Quizá se relacionan por las **redes sociales** y están más receptivos a acciones de relaciones públicas y recomendaciones de sus amigos.
- ✔ Puede que un **medio de referencia** te recomiende y enlace a tus espacios.
- ✔ También puedes buscarles tú yendo a su **buzón de correo electrónico** con "una propuesta que no podrán rechazar".

Para llevar a cabo las acciones operativas de tu plan de marketing digital debes conocer los principales canales de adquisición de tráfico.

Figura 15-3 Principales canales de adquisición de tráfico

Rara vez una compra se realiza tras una única interacción con la marca. En el viaje del consumidor hay muchos puntos de contacto hasta que se produce la venta y no son siempre los mismos ni están en el mismo orden.

EJEMPLO

Google nos muestra cómo influyen los canales de marketing en el proceso de compra con ejemplos de empresas de diferentes tamaños, sectores y países.

- Proceso de compra en grandes empresas del sector turístico en Gran Bretaña:

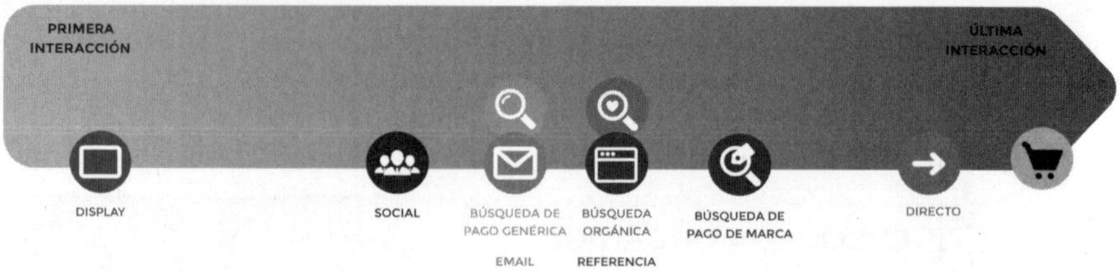

- Proceso de compra en medianas empresas del sector turístico en Gran Bretaña:

Motores de búsqueda

Cuando nos enfrentamos a una búsqueda a través de buscadores encontramos dos tipos de realidades: hay posiciones y ubicaciones que se pueden comprar y otras que no.

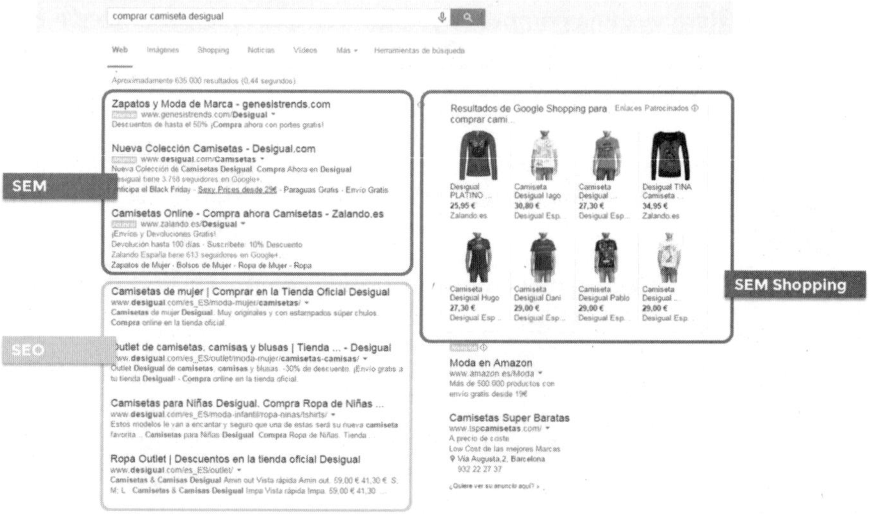

Figura 15-4: Resultados en las SERP; páginas de resultados del buscador

Cuando trabajes con motores de búsqueda, plantéate seriamente tanto tu universo semántico como el de tu competencia. Piensa con qué palabras quieres que se te asocie y verifica que sean términos conocidos y populares o intenta buscar asociaciones o territorios de marca similares.

Algunas ideas para hacer un estudio de palabras clave* (keywords)*:

- **Piensa en la necesidad primaria que cubres**. "Movilidad en ciudad" es interesante a nivel estratégico pero nadie busca eso en un buscador. "Bicicleta de ciudad" se acerca, pero ¿qué tipo de bicicleta sería? "Bicicleta *fixie*". Tenemos tres vías para empezar a trabajar.
- **Estudia a tu competencia**. Tu competidor directo satisface la misma necesidad que tú y está en el mismo entorno competitivo. No me hagas de David frente a Goliat. Para descubrir el tamaño de tus competidores te recomiendo la extensión MozBar y que te fijes en su Page Authority y Domain Authority. Hecho esto, averigua en SEMRush qué palabras tienen posicionadas introduciendo la URL de tu competidor. Ahí ya tienes dos informaciones clave: las palabras que están posicionando y cómo están con respecto a ti. Una buena estrategia es intentar posicionar o apostar por aquellas palabras que tienen un precio más bajo y búsquedas más relevantes o un PA/DA menor o igual que el tuyo. Cuando intentes posicionar, no te metas en océanos rojos, las que tienen más búsquedas o posicionan mejor son las más caras y difíciles. Vete a las que tengan posibilidad de crecimiento, poco enlazadas pero más efectivas.
- **Aborda los territorios cercanos y el *long tail***. "Comprar bicicleta *fixie*", "bicicleta *fixie* Madrid" pero también "bicicleta *fixie* segunda mano" (si es tu caso) o "tienda bicicletas *fixie*" son mareas de sangre. Piensa en ampliar con "bicicleta urbana", "bicicleta *fixi*", "bicicleta *fixed*", "bicicleta piñón fijo"... También puedes visitar Ubersuggest y que te sugiera cosas.

Después te servirá el Keyword Planner de Google: introduce tu palabra clave o la web que quieres estudiar. En la primera columna tienes la lista de palabras clave y las que están más relacionadas. La segunda muestra el número de búsquedas que se realizan cada mes en el área geográfica que has especificado. La tercera es el nivel de competencia de cada palabra clave, y la puja sugerida en Adwords en la cuarta.

Con estas tres ideas puedes empezar a planificar tu estrategia de *keywords* que te servirá para las acciones SEO y SEM. No es un ejercicio completo, pero tira de este hilo y harás un buen trabajo.

Búsqueda orgánica - SEO

¡Salir primero en Google!

El posicionamiento en buscadores permite mejorar la visibilidad de tu web en los resultados orgánicos de los diferentes buscadores. La optimización para motores de búsqueda no es la lucha por salir el primero por una palabra sino por generar tráfico hacia tu web por las palabras que giran alrededor de tu negocio.

Hoy en día cualquiera que tenga una marca con presencia digital es consciente de la importancia de salir bien parado en las búsquedas SEO, ya sea una peluquería de barrio o un gigante multinacional. Es un trabajo sin coste directo, a diferencia de la publicidad en *display*, del SEM...

El SEO se basa en tres pilares:

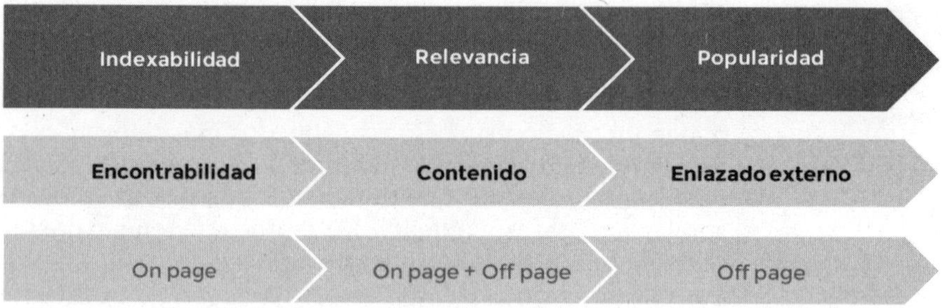

- ✔ **Indexabilidad: que los robots de los buscadores te encuentren**. Intentas posicionar tu página web por un único término, incluso por la *home* de tu web, pero en cuanto profundizas en las estrategias digitales te das cuenta de que te interesa que se posicione todo el contenido relevante. Trabajarás estrategias *long tail* para diversificar los términos de búsqueda y las páginas de aterrizaje. Posicionarás todos los contenidos que generes: imágenes, vídeos, reseñas, documentos, presentaciones...
- ✔ **Relevancia: que tu web tenga contenido de interés para su público**. Si tus clientes hacen búsquedas en Google mientras están *logados* con su usuario, el buscador les mostrará los resultados que mejor encajen con sus búsquedas anteriores. Es decir, el SEO no presenta resultados universales para todos, sino que tiene en cuenta el historial de búsquedas anterior. Por eso no te fíes de lo que te salga cuando hagas una búsqueda, sino que deberás utilizar herramientas adecuadas para ello. En primer lugar, para saber tu tráfico orgánico, usa Google Webmasters Tool, pero también hay herramientas profesionales que te ayudarán, como SEMRush o MOZ.

- **Popularidad: que otros enlacen a tu página**. Llamamos popularidad en SEO a la que nos ha seguido toda la vida: eres más importante cuántas más personas hablan de ti y cuanto más importantes sean esas personas. La conversación está en curso en la red, y las empresas sociales lo son porque generan conversaciones gracias a sus contenidos.

  Todos los contenidos son susceptibles de ser indexados y lo serán más cuanto más interés creen en las personas, más se integren en webs ajenas, se difundan a través de redes sociales: se "socialicen"

Al optimizar para buscadores, lo harás en dos tipos de entornos:

- ***On page***. Las acciones *on page* pretenden mejorar la indexabilidad y la relevancia: podríamos trabajar la estructura de la web, los títulos de las páginas, las URL, la estructura jerárquica de la página (H1, H2, H3), las metadescripciones, el atributo *alt* de las imágenes...

  Para facilitarte este análisis puedes trabajar con herramientas como la extensión de MOZ.

  Para conocer las principales características de una web puedes usar herramientas como la barra de SEO Quake:

  - **Alexa Rank**: Alexa es una filial de Amazon.com y provee los niveles de tráfico de un sitio web. Obtiene las estadísticas de tráfico a través del análisis de la navegación por la web de los millones de usuarios que usan el *toolbar* de Alexa o los que tienen implementada esa funcionalidad. Cuanto más bajo sea este valor, más de confianza es el sitio.
  - **Google Index** es el número de páginas indexadas (según Google).
  - **Google PageRank (PR)** es un valor numérico que representa la autoridad que una web tiene en internet. Los enlaces externos de calidad van sumando puntos a nuestra página. El PR se distribuye: puede tener un PR5 la *home*, un PR 3 la página de moda de mujer y un PR1 una ficha de producto concreta.
  - **Links** son el número de enlaces entrantes.

- ***Off page***. Una acción *off page* se dirige a mejorar el enlazado externo. Puede ser interesante crear una acción que fomente el enlazado a nuestra web desde otras páginas debido al interés que genere nuestro contenido. Es importante que se generen enlaces entrantes (*link building*) y, si es posible, que provengan de páginas con un PageRank alto. Esta acción puede ser un contenido exclusivo de la campaña principal que se viralice a través de páginas de relevancia, del *link building* social (el que generan los usuarios al compartirlo) o de *influencers* que lleve a un espacio concreto en tu web.

Si tu página está optimizada y es relevante en su sector, puedes aspirar a las primeras posiciones. Fíjate que en `bodas.net`, no contentos con tener la primera posición en SEO, apuestan fuerte por el SEM. ¿Por qué? Porque hasta que llegas a los resultados naturales te has comido casi toda la primera página del buscador y así se aseguran las posiciones superiores.

Características de las campañas SEO:

- ✔ El SEO atiende a una demanda, alguien que busca una marca, producto o servicio. Si te vas a dirigir a público que no tiene claro qué busca, estas acciones no te interesan.
- ✔ Es recomendable ponerlo en práctica para públicos en las fases de conocimiento, consideración y acción. Es una gran táctica para captar nuevos usuarios.
- ✔ Es válido tanto para pymes como para grandes empresas.
- ✔ El SEO podemos trabajarlo sin inversión directa, pero sus resultados no son inmediatos: "nos los ganamos".

Los usuarios somos cada vez más vagos y usamos buscadores incluso para acceder a páginas que usamos con frecuencia. Es importante estar bien posicionados para cualquier tipo de búsqueda.

Búsqueda de pago

SEM

Si quieres aparecer en los resultados de los motores de búsqueda de forma inmediata existe una opción alternativa al SEO: la publicidad en buscadores.

SEM (*Search Engine Marketing*) muestra anuncios relacionados con palabras clave o frases que utilizan los usuarios en sus búsquedas por internet. Son acciones de Pago Por Clic (PPC), dado que se cobrará según cuánto usuarios hagan clic en el anuncio.

Muchas veces, el posible usuario no proviene del universo semántico del *keyword* y llega a nuestra web gracias a hacer clic en un anuncio que resuelve una demanda manifiesta concreta (vestido Nochevieja, por ejemplo) entre un universo de oferentes que previamente desconoce.

Existen varias formas de hacer campañas de pago por clic. A través de:

- ✔ **Redes de búsqueda**. Las campañas en las redes de búsqueda se constituyen por anuncios de texto que relacionan una palabra clave con una página de resultados. Si trabajamos con "tienda *fixie* Madrid" haremos un anuncio que aluda a nuestra tienda de bicicletas y segmentaremos solo para los clientes potenciales que buscan el producto en nuestra zona.

- ✔ **Redes de *display***. Despliegas anuncios de texto, imagen, *rich media* o vídeo que se muestran en webs y otras ubicaciones (app para móvil, por ejemplo) según las palabras clave y ubicaciones afines al target que eliges. Puedes segmentar por temas, grupos demográficos... En este caso, la campaña se mostraría a través de *banners* en webs y blogs relacionados con deporte y estilo de vida de Madrid.
- ✔ **Vídeo (de Google Adwords)**. Realizas anuncios de vídeo que se publican en los vídeos de YouTube; en los vídeos, juegos y aplicaciones de la red de Display de Google; o en vídeos de YouTube de otras webs. El usuario puede saltarse el anuncio al cabo de cinco segundos (porque esta opción es un poco intrusiva, todo sea dicho). Si te decides por esta opción, llegarás a usuarios que vean vídeos sobre deporte en ciudad, bicicletas *fixie*, o los sitios con reseñas sobre bicicletas *fixie*.
- ✔ ***Shopping***. Trabajas con anuncios de texto e imagen, fichas de producto, en realidad. Las campañas de *shopping* promocionan productos, ofrecen a los usuarios información detallada sobre lo que se vende antes de que hagan clic en su anuncio y se orientan a webs transaccionales. El objetivo es finalizar la compra.

Hay empresas como Ulabox que utilizan las posibilidades de Google Adwords para ofrecer unos resultados casi imperceptibles entre los resultados de búsqueda orgánica y de pago. Para ello, usan las opciones de Adwords para simular los *rich snippets* de los resultados de búsqueda orgánica.

Características de la publicidad en buscadores:

- ✔ **Se puede atender tanto a demanda latente como manifiesta**. Se pueden realizar tanto acciones de *display* como de búsqueda.
- ✔ **Es interesante para públicos en fase de consideración, acción**... Las acciones de SEM te permitirán llegar a una gran cantidad de público en un corto periodo de tiempo.

Figura 15-5: Campañas de SEM que se parecen a los resultados orgánicos

- Puedes **investigar** qué hace tu competencia y con qué resultados. Ese conocimiento que extraes lo puedes poner en práctica en tus campañas.
- **Tráfico muy cualificado**. La posibilidad de segmentación es muy alta, por lo que el tráfico que se atrae suele ser muy cualificado. Puedes captar intereses diversos y llevarlos a páginas de aterrizaje optimizadas para las necesidades de cada uno.
- **El coste es controlado pero el precio del clic es cada vez más alto**. Es más interesante llevar a cabo campañas para productos de alto precio, ya que si estamos pagando el clic aunque sea a 5 euros, siempre nos será rentable para productos que cuesten 1.000 euros, aunque las tasas de conversión no sean espectaculares. Para productos de bajo precio debemos ir a estrategias *long tail* y alta conversión porque, de lo contrario, el ROI de las campañas será bajo.
- **Es conveniente tanto para pymes como para grandes empresas**, ya que no es solo una cuestión de tamaño, sino del comportamiento de la demanda, del precio del producto y del retorno de la inversión.

Remarketing

Una de las opciones más interesantes de la publicidad en buscadores son las **acciones de remarketing**, dirigidas a volver a captar la atención de aquellos usuarios que ya nos conocen.

El **remarketing** permite mostrar anuncios a las personas que ya han visitado tu web o han usado tu app para móviles. El **remarketing dinámico** va un paso más allá, pues incluye los productos o servicios que los usuarios han visto en su web en dichos anuncios.

- ✔ **Consumidores favorablemente predispuestos**. Muestra anuncios a los visitantes mientras navegan por los sitios web y aplicaciones que usan la red de *display* asociada.
- ✔ **Cliente identificado**. Te diriges a gente que te ha visitado. No vas a captar ni promocionar, quieres convertir.
- ✔ **Reforzar el punto de contacto**. Se muestran los anuncios en momentos más adecuados que el inicial, a modo de recuerdo.
- ✔ **Gran cobertura**. La complementariedad de las redes de *e-mailing*, Google y Facebook hace que no tenga tanta importancia dónde se mostrará el anuncio en favor de a quién.
- ✔ **Control sobre el presupuesto y gran rentabilidad de la conversión**. Pueden seguirse los medios que atraen mejor tráfico y calcular el coste de las campañas basándose en el histórico.

EJEMPLO

Un concesionario **Mazda** llevó a cabo una interesante acción de remarketing en el Reino Unido usando técnicas de Geo retargeting. Se mostraban anuncios para probar un Mazda en el área de influencia del concesionario a los usuarios que habían visitado antes la web.

Los resultados fueron:

- 53 % mayor propensión a comprar un Mazda en el grupo impactado por el remarketing.
- El valor del vehículo entregado fue un 98 % mayor que la media de clientes *online*.
- 1 de cada 5 usuarios interactuó con el anuncio.

Afiliación

A través de los programas de **afiliación**, tu marca tiene una red de vendedores digitales. Una campaña de afiliados es algo tan sencillo como reproducir el concepto del comisionista al medio digital. Un afiliado es un soporte generador de tráfico y negocio a quien se retribuye por los resultados que nos ofrece.

Se puede gestionar distintas modalidades de pago. En unos casos el afiliado recibe su retribución en función de los clics que dirigen el tráfico a la página del anunciante, en otros, se retribuye con un porcentaje sobre las ventas.

Los programas de afiliación traen resultados en conversiones, pero también en notoriedad, por lo que mejorará tu tráfico de marca. Al trabajar con comisionistas, deberás construir una propuesta muy sencilla y ganadora. No tienen tiempo para conocer todos los pormenores de tu *portfolio*, por lo que el producto tiene que entenderse sin demasiada explicación. Esa misma filosofía tienes que seguirla en todas las políticas: no dejes margen a la ambigüedad en soporte, en la política de portes, en las garantías... ni, por supuesto, en precios. Los comisionistas trabajan con un *portfolio* reducido y tu propuesta tiene que ser muy competitiva en precio para que, al final, les sea rentable dedicarte tiempo y esfuerzos.

Los programas de afiliación funcionan con dos tipos de redes:

- ✔ **Red propia**. La empresa diseña su programa de afiliación, desarrolla la plataforma y busca afiliados para su programa. El modelo de creación de redes solo se recomienda si eres una gran marca o un *site* con muchísimas visitas. Este modelo se basa en la transparencia y la confianza, un sistema ágil y robusto y un seguimiento de resultados exhaustivo: si no puedes garantizarlo, empieza por redes de terceros.
- ✔ **Red externa**. La empresa busca un proveedor de afiliación, negocia las condiciones.

¿Qué tipos de programas de afiliados existen?

- ✔ **Portales y páginas web**. Son portales que ofrecen información de interés que suelen tener bases de socios a los que pueden mandar una *newsletter* con tu promoción. Sitios de regalos promocionales, de juego adulto (bingos, póker...), tiendas virtuales, agencias de viajes.
- ✔ **Tipo *cashback***. Portales con subafiliados, que lanzan la promoción y, a los que compran, les devuelven una parte del dinero con la comisión cobrada.
- ✔ **Afiliados PPC**. Compran palabras clave y despliegan anuncios de texto en portales de terceros.
- ✔ **Bases de datos de correo electrónico**. Se puede trabajar con grandes bases de correo electrónico que seleccionan campañas afines para lanzar a su base.

- **Bases de datos de corregistro**. Los usuarios se registran sin proporcionar su correo electrónico.
- **Redes**.

Características de los programas de afiliados:

- **Son sistemas que atienden a la demanda manifiesta**.
- **Se centran en la fase de acción**.
- **No se necesita inversión inicial, son modelos sencillos**. Si trabajas con redes de terceros, es un modelo clásico de comisionistas.
- **Funcionan para todo tipo de empresas, se orientan al éxito**. Como marca, solo pagas al afiliado en función de las ventas que genere. Se puede hacer seguimiento de venta, mix de producto, cuánto tráfico trae cada afiliado... Y hacer modificaciones de forma ágil.

Direct Seguros puso en práctica una acción de afiliados con el objetivo de aumentar el número de contratación de pólizas por internet, abarcando todos los canales del medio *online*.

Su estrategia se centraba en posicionar el producto en canales verticales (comparadores de pólizas, *websites* de motor, agregadores, bases de datos...) para llegar al target específico del cliente.

Eligió como afiliados los soportes que le podían garantizar captación personalizada para potenciar la exposición de la marca y de los diferentes productos. Sus resultados se resumen en:

- Reducción progresiva del CPA por contratación de póliza *online*, hasta un 70 %.
- Notable mejora del posicionamiento.
- Captación de bases de datos.

Display

Los anuncios de *display* se ubican en los medios publicitarios digitales afines al target y están especialmente indicados para generar notoriedad de marca. Nuestra marca entra en contacto con el usuario debido al interés del usuario por el medio, no en una búsqueda previa del producto o marca.

Es la versión digital de la publicidad tradicional, replica de forma animada o con vídeos los espacios que reservan los medios tradicionales, pero en este caso suelen llamarse *banners*.

Como en las demás acciones operativas de tu plan de marketing digital, ***no te olvides los básicos***:

- **Objetivo de la campaña**. Ten claro cuál es el objetivo principal de la campaña publicitaria, qué quieres lograr a través de ella:
  - Dar a conocer un nuevo producto/servicio.
  - Mantener la imagen de la marca.
  - Generar recuerdo.
  - Persuadir, incentivar, estimular la compra/uso, ampliar la base de datos...
- **Público objetivo**. Segmenta para identificar al target primario y secundario según criterios de uso de internet, además de su perfil sociodemográfico y estilo de vida.
- **Creatividad**. Crea y desarrolla piezas atractivas y notorias para el target, adaptadas a cada medio. Usa interactividad, *rich media*...
- **Plan de medios**. Confecciona un plan de medios para conseguir la mayor cobertura/afinidad o un mix de ambos entre el target, teniendo en cuenta los objetivos de campaña.

Características de las campañas de* display*:

- Heredera de la publicidad convencional.
- Demanda latente, se busca visibilidad.
- Fase de conocimiento, consideración.
- Tráfico no cualificado, valora *retargeting*.
- Especialmente grandes empresas. En pymes hay que buscar opciones de alta segmentación.

Homecenter Sodimac, la campaña "Cinco segundos" relacionada con el esperar diariamente en YouTube cinco segundos antes de omitir la publicidad. Se planteó generar conciencia con una Guía Eco sobre acciones para cuidar el medio ambiente a diario. Para lograr un cambio de conducta por lo que se refiere al cuidado del medio ambiente, la agencia planteó un cambió la conducta de hacer clic en "Omitir anuncio" mediante la inserción simulada de un segundo botón: "Omitir conducta". Esta campaña para Homecenter Sodimac logró generar más de 80.000 visitas al catálogo *online* "Guía Eco" que entrega tips de cuidado al medio ambiente y ahorro de energía.

El **Gobierno de Canarias** llevó a cabo una campaña 100 % *online* para "optimizar los recursos y ser más eficientes a la hora de captar turistas". Se creó el portal "Practica la brilloterapia" y la campaña solo aparecía cuando un usuario de `Eltiempo.es` consultaba la previsión meteorológica en una localidad y su temperatura prevista era menor de 10 grados. En ese momento, le aparecía un *take over* con una imagen idílica de las islas Canarias, provocando un contraste entre la temperatura de la localidad consultada y el clima suave de las islas. Esta acción obtuvo un CTR medio del 6 %, consiguiendo picos de más de un 10 % en la campaña móvil.

Canales sociales

Los canales sociales son los espacios por los que se comunican las personas. Te pueden dotar de tráfico y conversiones desde dos prismas:

- **Contenido**. Llámalo *inbound marketing*, marketing de atracción, reputación... Los contenidos que generas con la ayuda de tu comunidad sin inversión adicional fruto de tu actividad en las redes sociales, en la adscripción de los *influencers*, el poder de los embajadores y el poder de tu marca.
- **Campañas de pago**. Cada vez es más habitual desarrollar campañas de publicidad en Facebook, Twitter o Instagram que no son fruto de tu actividad social como tal sino de una planificación publicitaria.

Los algoritmos de las redes hacen que tus mensajes no lleguen a toda tu comunidad. De hecho, es improbable que llegues a más del 2 % de tus fans de Facebook únicamente con resultados orgánicos, por lo cual es imperativa una mínima inversión en publicidad para llevar más lejos tu mensaje.

Ten en cuenta que, cuanto mayor sea el *engagement* con tu público, más lejos llegará tu contenido y menor será la inversión que necesitarás, ya que los clics te saldrán más baratos.

Redes sociales como espacio para tu comunidad

Todos mis clientes me preguntan: "**¿En qué redes debo estar presente?**" esperando una respuesta estándar y me temo que no la hay. Ningún consultor serio puede contestarte a eso en los primeros cinco minutos de vuestra relación. Tendrás que estar **en las que esté tu comunidad y consigas tus objetivos de forma coherente**.

¿Y qué diferencia hay entre red social y comunidad? Si atendemos a lo que nos dice Wikipedia: "Las redes sociales son estructuras sociales compuestas por grupos de personas conectadas por uno o varios tipos de relaciones, intereses comunes o que comparten conocimientos", mientras que una "comunidad es un grupo de individuos que comparten elementos en común: edad, costumbres, valores, tareas, estatus social, roles... En una comunidad se crea una identidad común que es compartida y elaborada entre sus integrantes y socializada".

Las redes sociales son los conductos modernos para que se encuentren las comunidades. Para que exista una comunidad, tiene que haber elementos y una identidad común. **Las comunidades no se fabrican, son las personas quienes se unen libremente. Lo único que puedes hacer para construir una comunidad es ser lo suficientemente atractivo para que los usuarios se enamoren de tu marca.**

REDES SOCIALES
Facebook
Google plus
Myspace
Meetup
Orkut
Hi5
Bebo

REDES SOCIALES PRIVADAS
Yammer
Chatter
Convo
Ning
Socialcast

REDES PROFESIONALES
LinkedIn
BranchOut
Viadeo
Plaxo
Indeed
Infojobs
Jobandtalent
Domestika
Jobeeper

REDES MUSICALES
Spotify
Soundcloud
Mixcloud
Bandcamp
Last.fm
Mixify
Deezer
Shazam

REVIEWS SOCIALES
Yelp
Amazon
Ciao
Insiderpages

REDES DE VIAJES
Tripadvisor
Airbnb
Lonelyplanet
Wayn
Tripline
Minube
Trover

REDES DE DATING
Meetic
eDarling
Hpnn
Tinder
Badoo
Adopta un tio
POF
Ashley Madison

BLOGGING
Wordpress
Blogger
TypePad
Tumblr
Joomla
Magento

MICROBLOGGING
Twitter
Disquus
Plurk
Echo
App.net

FOTO
Instagram
Pinterest
Snapchat
Flickr
Fotolog
Photobucket
Pingram
Dailybooth

GEOLOCALIZACIÓN
Foursquare
Google places
Gypsii
Social radar
Coeverywhere
Sonar

VIDEO
Youtube
Vimeo
Dailymotion
Vine
Vevo
Periscope

STREAMING
Google hangouts
Gypsii
Social radar
Ustream
Livestream
Stringwire

EVENTOS
Eventbrite
Meetup
Plantcast
Zvents
Doodle

PRESENTACIONES
Slideshare
Prezi
Scribd
Docstoc

PREGUNTAS Y RESPUESTAS
Quora
Allexperts
Yahoo Answers
Answers
Reddit

CURACIÓN
Curator
Scoop.It
Feedly
Paper.ly
Pulse
Reddit
Bloglovin

ACORTADORES
Goo.gl
Bitly
Tinyurl
ow.ly
po.st

MARCADORES
Evernote
Delicious
Pocket
Instapaper

INFLUENCIA
Klout
PeerIndex
Kred
HowSociable
Tweetalyzer

ESCUCHA
Google Alerts
Mention
Socialmention
Topsy
Attentio
Radian6
Brandwatch
Brandchats
Pirendo

GESTIÓN REDES
Hootsuite
Tweetdeck
Buffer
SocialBro
Sproutsocial
Storify

CROWDFUNDING
Kickstarter
GoFundMe
EquityNet
Verkami
Bestaker
Crowdcube
Comunitae

JUEGOS
Zynga
Secondlife
War of warcraft
Second Life
Small worlds

SOCIAL COMMERCE
Living social
Ebay
Etsy
Groupon
Privalia
Groupalia
Let's Bonus

Figura 15-6: Una muestra del ecosistema de aplicaciones y webs sociales principales

A lo largo del libro he ido ilustrando los contenidos sociales con ejemplos de marcas en redes. No es mi intención hacer un capítulo que detalle cada una de las redes sociales, para qué sirve y cómo gestionar los contenidos. Existen muy buenos libros de esta colección que cubren esa función (*Facebook para Dummies*, *Community Management para Dummies*, *Twitter para Dummies*...) pero me gustaría mencionar algunos ejemplos para ilustrar buenas prácticas.

La campaña **"Salvar el Ártico" de Greenpeace España** logró involucrar a muchos personajes del arte y la cultura por una causa solidaria.

Instagram es la red de la imagen, y las *it girls*, las marcas, lo saben y se dedican a reclutarlas para dar a conocer sus productos.

Un campaña con grandes resultados por el favor de *influencers* como Kendall Jenner, Chiara Ferragni, Miranda Kerr o Justin Bieber, ha sido la de Calvin Klein con `#MyCalvins`, que ya lleva unas 215.000 fotos subidas con este *hashtag*.

A veces, la dinámica se produce al contrario: los consumidores comienzan un movimiento y la marca finalmente decide articularlo. En este caso, **Mango**, al ver que las chicas etiquetaban sus *outfits* con la marca, decidió poner en marcha la etiqueta `#mangostreet`.

Es interesante contemplar cómo el contenido social puede convertirse en moneda. La cadena **Onepiece** puso en marcha una iniciativa por la cual, por cada 500 seguidores en Instagram, te descuentan 1 dólar. Puedes tener 20 dólares extra de descuento si subes una imagen desde la tienda con el *hashtag* `#socialcurrency`.

Snapchat es una red muy utilizada por la gente joven, los llamados *millenials*, que se caracteriza porque los contenidos desaparecen rápidamente. En teoría, esto no es atrayente para las marcas, pero con una buena estrategia puede ser interesante lanzar un *flash* desde ahí que difunda el resto de redes.

Eso hizo **Madonna** con el lanzamiento del vídeo de **RebelHeart**, un guiño a sus fans más jóvenes que ya fue noticia por el uso del soporte y viralizado en el resto de redes.

La creación de campañas de relaciones públicas articuladas a través de varias redes ha funcionado muy bien en gincanas, concursos y acciones clásicas como la de **KLM Surprise**, en 2010, a través de Twitter y Foursquare. Con objeto de aumentar la fidelización de clientes y *branding*, más de 200 pasajeros hacen tips en Foursquare en aeropuertos invitando a hacer *check-in* a los viajeros antes de embarcar. Durante el viaje, les investigan en Facebook y Twitter y, a su llegada, les hacen regalos y graban sus reacciones.

Utiliza tu creatividad para generar historias que enganchen a través de las redes. Lo importante no es tanto la red como la historia que cuenta, la acción que propongas, cómo trabajes tu reputación para conseguir esa afinidad entre tu marca y tu comunidad.

Campañas de pago

Las campañas de pago pueden tener diferentes objetivos. De hecho, redes como Facebook te preguntarán antes de comenzar la campaña. Básicamente, tenlo claro si quieres:

- Aumentar tu comunidad, conseguir más fans.
- Aumentar el tráfico a tu web o aplicación.
- Aumentar las ventas.

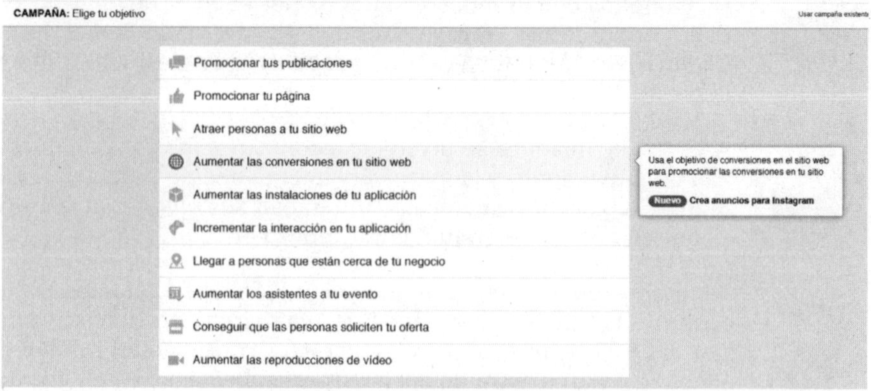

Figura 15-7: Opciones de publicidad en Facebook

Facebook Ads

Hoy en día, si quieres crecer en Facebook, estás prácticamente obligado a hacer campañas de Ads porque, sin ellas, prácticamente tu visibilidad es nula. No necesitas una gran inversión (de momento) para conseguir buenos resultados. Hay varios tipos de anuncios:

- ✔ **Anuncios sociales**. El formato clásico de *display*, en este caso en Facebook, en el *newsfeed* o a la derecha. Funciona para captación de tráfico.
- ✔ **Pospatrocinados**. Publicitas una de tus publicaciones de contenido e intentas conseguir interacción con tu público.
- ✔ **Anuncios patrocinados**. Se muestra una reseña a los amigos de tus fans o audiencias. El recomendado para aumentar seguidores.

EJEMPLO

Panama Jack ha centrado su estrategia digital en Facebook utilizando varios tipos de publicidad: anuncios, públicos personalizados y públicos similares. La estrategia de contenido se adaptó a cada audiencia en la que se quería impactar y se aprovechó para hacer remarketing con buenos resultados:

- Ventas en la tienda *online* = + 57 %.
- Tráfico de la tienda *online* que procede de Facebook = + 80 %.
- Reducción del CPA = - 82 %.

TIP

La publicidad en Instagram se gestiona desde Facebook. Instagram es una red social con un alto *engagement* muy indicada para productos de moda, *life style,* belleza. Si creas una campaña para esta red, cuida el tipo de contenido para que no sea excesivamente publicitario y la estética sea acorde con el canal.

LinkedIn Ads

La publicidad en LinkedIn sigue las mismas pautas que la de Facebook:

- **Anuncios**. El formato clásico de *display* que se negocia a CPM o CPC.
- **Postspatrocinados**. Publicitas una de tus publicaciones de contenido e intentas conseguir interacción con tu público.

Twitter Ads

Los formatos de anuncio con los que trabaja Twitter son:

- **Tuits promocionados**. Se muestra una publicación (tuit) del anunciante en el *timeline* de los usuarios o en la sección de buscador, independientemente de que sigan o no a la marca que se promociona.
- **Tendencias promocionadas**. Consiste en hacer que nuestro producto, servicio o término que queramos dar a conocer, figure entre los *trending topics* de Twitter. Se diferencia del resto de tendencias porque se ubica en primer orden, y va acompañado de un indicativo de "*promoted trend*" o "tendencia promocionada".
- **Cuentas promocionadas**. Cuentas destacadas de usuarios de Twitter (por lo general empresas), que se destacan en el "A quién seguir" y que permiten aumentar el número de seguidores de una determinada cuenta.

La publicidad en las redes cobra importancia cada día, y las herramientas de generación y medición de resultados mejoran de forma exponencial. Con buenos conceptos y mejor creatividad puedes crear acciones muy interesantes que combinen comunicación y publicidad, eventos y acciones de pago, y que ambos ayuden a la marca a mejorar no solo financieramente sino en percepción de la misma.

E-mailing

El *e-mailing* también se conoce como *permission marketing*, porque consiste en hacer envíos a una base de datos con el consentimiento del usuario. El *spam* ha sido un gran problema, por lo que los envíos a correos electrónicos de personas deben seguir unas normas.

El *e-mailing* es un heredero del *mailing* del marketing directo: en vez de recibir comunicaciones de marca en nuestro correo físico, lo hacemos en nuestro correo virtual.

Es posible comprar o alquilar bases de datos de terceros o usar las propias que generas con datos de tus clientes. Las comunicaciones de las primeras suelen estar más enfocadas a la venta y, las de los segundos, a la fidelización del cliente.

- **Conceptualización, producción y envío de correos electrónicos a una base de datos**. En eso consiste un *e-mailing*, el heredero del *mailing*, acción de marketing directo. También se conoce como *permission marketing*.
- **Bases de datos propias, compradas o alquiladas**.
- En función del tipo de base de datos haremos un tipo de comunicación u otra. **Buena capacidad de segmentación**.
- **Funcionan muy bien en *retail***.
- Se activan el recuerdo y la fidelización.

La web: los espacios de conversión

Tu página web es el centro de tu estrategia digital. Quizá tu app. Siempre un espacio propio.

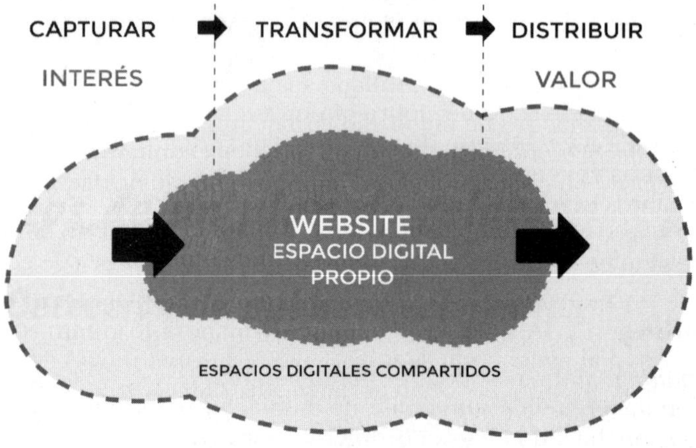

Figura 15-8: Los espacios propios son los espacios de conversión en tu estrategia digital

✔ **Captura**. Captar la atención de tu target, identifica por dónde se mueve y prepara contenidos que le seduzcan. Por un lado, plantéate aparecer en las búsquedas relacionadas con la demanda de tu producto con un texto atractivo y relevante para el público objetivo. Por otro lado, atráelo estando presente en aquellos espacios de su preferencia.

- **Moviliza**. Canaliza el tráfico capturado hacia una página de carácter promocional o informativo, orientada a la conversión, en la que das al usuario la información más importante para movilizar la decisión, con un carácter de cierta urgencia, y márcale las vías de contacto y acción claras y definidas.
- **Convence**. Tu misión es convertir, lo que no siempre implica la misma acción por parte del usuario. Según tu tipo de negocio, tendrás distintos objetivos:
  - Si eres el responsable de un portal, un periódico... es probable que tu principal fuente de ingresos sea la **publicidad**. Tu misión es que el usuario pase tiempo en tu web y vea muchos anuncios.
  - Si tu negocio es un *e-commerce*, buscas **ventas** directas.
  - Si eres un club de compras, querrás vender, pero antes buscarás generar **suscripciones** al portal para tener una base importante de posibles clientes que te hagan mejorar tu poder de negociación y obtener mejores ofertas.
  - Si en tu página web no finaliza el proceso de compra, buscas que haya ***leads*** que dejen sus datos para que te dirijas a ellos y cierres la transacción por otros canales.

Las páginas de aterrizaje o landing pages

Las campañas deben llevar el tráfico a páginas de aterrizaje, es decir, espacios previstos para dar solución a las expectativas que has generado.

Cualquiera de las páginas de tu web debería funcionar como página de aterrizaje. Quizá no tenga todos los elementos que describiremos, pero sí debe permitir el enlazado interno o llevar a aquella página que te permitirá conseguir tus objetivos. En un *website* también hay páginas que cumplen diversas funciones del proceso de ventas: algunas sirven para dar a conocer el *portfolio* de producto, otras convencen de las ventajas sobre los demás, pero tiene que haber un camino que lleve al usuario a culminar el proceso de conversión (aunque por conversión a veces entendamos objetivos varios como descargar un PDF, ver un número de teléfono o visitar el mapa de tiendas próximas).

Tu página de aterrizaje, constará de los siguientes elementos:

1. **Titular**. Una cabecera bien grande en la parte superior de la página: buscas llamar la atención. Esto no es literatura, va de convencer y mejor rapidito que si no el usuario se te va a cualquiera de las cuatro páginas que ha abierto a la vez que la tuya. El título debe resaltar gráficamente, y describir la solución al problema que ha traído al

usuario hasta aquí. Es conveniente que contenga las principales palabras clave. También puedes incluir un subtítulo que desarrolle el titular: es interesante incluir algunas frases con datos secundarios.

2. **Llamada a la acción (CTA)**. Una *landing page* quiere movilizar al usuario a hacer algo: comprar, recomendar, completar un formulario. Con la llamada a la acción le dices qué quieres que haga y te aseguras de decírselo de la manera más sugerente. “Compra Ya”; “Descarga gratis”; “Prueba 15 días”.
3. **Imagen/vídeo**. Fotos de alta calidad, en las que aparezca el producto en su entorno y mejor si contextualizas con personas. Los vídeos gozan de una magnífica acogida y son virales. Si vas a incluirlo, que sea de buena calidad en su concepción y edición, incluso si es grabado por ti.
4. **Beneficios**. Describe las características de tu producto y sus beneficios frente a otros. Usa frases cortas y concisas y, si es necesario, *bullets* para destacarlos más.
5. **Formulario/botón**. La mayoría de las *landing pages* constan de un formulario para que el usuario deje sus datos, pero también puede ser un botón de descarga u otro elemento. Tiene que destacar sobre los demás y transmitir cierta urgencia.
6. **Testimonios**. Dan credibilidad a tu propuesta de valor y te hacen más cercano, más fiable. Colócalos cerca del formulario, en la parte de abajo.
7. **Y una vez hecho, lo cambias**. Siempre has de probar evolutivos y cuestionarios A/B para ir mejorando la conversión

Normalmente se empieza con la descripción, se sigue con los beneficios (incluidos los testimonios) y se cierra con el CTA. Coloca el *Call to Action* en un lugar preeminente, visible, y presenta un diseño en el que destaque.

Todos los elementos deben ser persuasivos, pero una *landing page* no tiene que ser una suma de elementos chillones y agresivos. No todo lo arreglarás con un botón rojo (de hecho, según bastantes cuestionarios, parece que convierte mejor el naranja).

Que no te dé miedo si, al final, la *landing page* es larga. Funcionará bien si está bien construida.

EJEMPLO

Shopify utiliza un titular clarísimo donde expone su propuesta de valor con sencillez y concreción. Usa el sentido de la urgencia en el subtítulo y, desde el primer momento, te induce a convertir. La chica de la imagen podría ser cualquiera de sus clientes, juegan con la identificación del target y lo hacen bien.

Usan vídeos y testimonios y hacen que puedas convertir desde diferentes partes de la *landing*. ¡Buen trabajo!

I track my time es un ejemplo de *landing* donde la acción de conversión es una descarga de la aplicación. Todos los esfuerzos se centran en conseguirlo: una titular muy visible y descriptivo, la imagen apoyándolo. Un breve testimonio da fuerza, y el botón de descargar y el logotipo aparecen de una forma visible (para reconocer la aplicación en la tienda). ¿Quién dijo que el minimalismo no podía ser efectivo?

La *home* de una página corporativa con mucho contenido también puede ser una estupenda *landing page*. Si no, que se lo pregunten a las personas interesadas en pernoctar en el **hotel Mandarin Oriental de Barcelona**. Basta con acceder para encontrar un carrusel de fotos, un formulario siempre visible y las características y situación del hotel... Y una descripción en la que todo son beneficios.

Con un **testing A/B** vas probando qué funciona mejor sobre una propuesta muy similar y aplicas lo que funciona. Es importante no probar más de una funcionalidad a la vez para estar seguro de los resultados. Un test a/b consiste en plantear distintas propuestas a dos grupos de consumidores con el objetivo de mejorar la conversión. Son experimentos que puedes ir introduciendo en tus *e-mailings* y en tus *landing pages* que irán configurando espacios más optimizados.

La medición y la inteligencia

Antes de medir tienes que saber hacerlo. Obvio, pero siempre olvidado.

Si me hiciste caso en el capítulo 3 y estableciste objetivos, evaluar su rendimiento es el mejor comienzo. Sin embargo, necesitarás metodología para comprobar que lo estás haciendo bien. Te recomiendo que trabajes con un Cuadro de Mando Integral (CMI).

El CMI es un concepto dinámico y su función es la de dar apoyo continuo a la toma de decisiones, contribuir a comunicar la estrategia e implicar a las personas en su elaboración y seguimiento.

La representación del CMI es un tablero o *dashboard* que **sintetiza toda la información relevante de la empresa** para saber qué pasa en cada momento.

Un *dashboard* es la herramienta que transforma los grandes volúmenes de datos en una representación gráfica de conocimiento relevante para tomar decisiones.

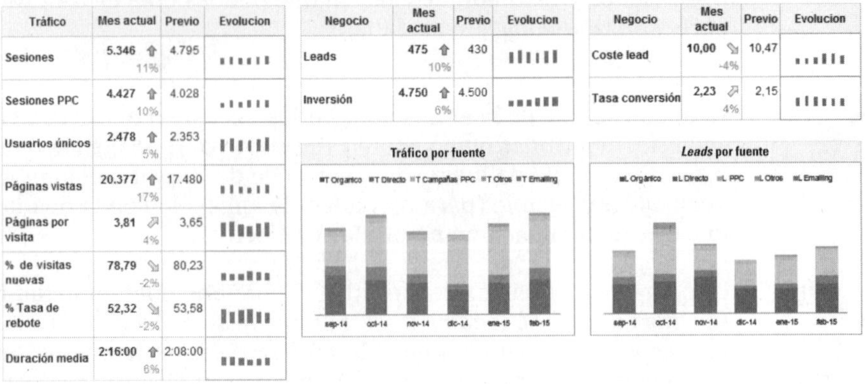

Figura 15-9: Representación de un CMI

Etapas en un ciclo de optimización continua

1. **Medición**. Proceso de extraer los datos y completar el *dashboard*. Es importante una correcta definición de objetivos y KPI para establecer qué datos extraeremos e incluiremos en nuestro cuadro de mando.

2. **Análisis**. Una vez extraídos los datos e incluidos en el *dashboard*, obtendremos una visión global que nos permitirá hacer un análisis para determinar qué está ocurriendo.

3. **Optimización**. En este punto del ciclo el trabajo se orienta a modificar las tendencias. Si durante el análisis hemos detectado áreas de mejora, las propondremos en la propuesta de optimización.

4. **Diseño**. En el proceso de desarrollo de las mejoras propuestas en la fase de optimización es importante pensar en su inclusión en el *dashboard*, ya que deberemos medir dicha evolución. Esto significa parametrizar las herramientas.

5. **Implementación**. Una vez diseñadas las mejoras, las implementamos en nuestra web y espacios sociales y volveremos a empezar el ciclo de medición.

Qué medir

Te preguntarás qué elementos no puedes dejar de medir en una estrategia de marketing. No hay una única respuesta, porque debes medir lo que te permite seguir la evolución de la estrategia en tu empresa, y llegarás a ser muy creativo en ello. Sin embargo, pensando en los mercados donde se relacionan las personas, algunas métricas te serán muy valiosas:

- **Ventas/facturación**. Es un dato en bruto, pero el origen de todo. ¿Cuánto estamos generando si lo comparamos con lo que definimos a principio de año?
- **Coste adquisición de cliente (CPA)**, por sus siglas en inglés. Esta métrica nos indica cuánto tenemos que invertir para conseguir una venta, es decir, cuánto nos cuesta captar un cliente nuevo. Si con 1.000 euros invertidos conseguimos 10 clientes, el CPA se sitúa en 100 euros. Debemos perseguir una evolución negativa o mantenida.

  No es un valor constante; en función de las acciones que emprendas y del entorno competitivo, el dato variará. No puedes asegurar que si en el pasado has obtenido 10 clientes con una inversión de 1.000 euros, conseguirás 100 clientes con 10.000 euros.

  CPA = € invertidos/ventas cerradas
- **Tasa de Conversión (CR**, por sus siglas en inglés). Esta métrica indica el porcentaje de objetivos cumplidos y te permite controlar el nivel de éxito de la campaña. Una tasa de conversión del 5 % significa que el 5 % de las visitas acaban comprando un artículo. Esta tasa sirve para ventas, descargas de documentos, *leads*...

  En función de lo que hayas definido como "venta" calcularás el coste por adquisición, *lead*... en función de la inversión en la campaña y la media de los ingresos generados por las conversiones.

  Tasa de Conversión = (Total de conversiones/Total de visitas) × 100
- **Coste de adquisición/tasa de conversión por canal.** Para tener los datos de las acciones concretas deberás segmentar las métricas. Si quieres saber cuánto te cuesta la adquisición de un cliente vía SEO tendrás que calcular el coste mensual en SEO entre el número de clientes que ha aportado este canal.

  La tasa de conversión por canal nos indica el número de usuarios que termina comprando con relación al tráfico total. Hemos de contemplarlo por canal para conocer la rentabilidad de las acciones. También podemos calcularlo por tipo de campaña y saber si la "promoción 3×2" funciona mejor que "portes gratis".

  No es lo mismo invertir 1.000 euros en FB y convertir un 3% que si invertimos 200 euros en SEO y convertir un 5%.

  CR = Objetivos conseguidos/Número total de visitas (otra forma de decirlo)
- **Tique medio de las compras**. Esta métrica nos indica el importe medio por pedido en un intervalo de tiempo (mensual o anual). Si facturamos 5.000 euros y la tasa de conversión es del 1%, sabremos

que ingresamos de promedio 50 euros cada 100 visitas. Nos ayuda para saber cuánto importe destinar a campañas para conseguir un número de clientes. Debemos perseguir una evolución positiva.

Tique medio = importe ventas totales/Número de transacciones realizadas

- **Ciclo de vida del cliente.** Es interesante conocer cuántos ingresos nos deja cada cliente durante el tiempo que lo es. Si calculamos que mantenemos los clientes un promedio de tres años, que su tique medio es de 60 euros y que compran cuatro veces al año, sabremos cuánto vamos a ingresar de promedio con cada cliente.

  Ciclo de vida = TM (Tique Medio) × RA (Recurrencia Anual) x VC (años de Vida de Cliente activo)

  En este caso, el valor del cliente sería 60×4×3 = 720 euros.

  Si queremos que nuestro margen no baje del 30 %, debemos multiplicarlo por el valor del cliente

  720 € + 30 % = 936 €

  Así no cometeremos el error de plantear acciones de captación que excedan la rentabilidad del cliente.

- **Cuota de voz o *share of voice* (SOV).** En marcas con presencia social, el *share of voice* o "cuota de voz" te indica la relevancia de tu marca porque mide el porcentaje de la conversación sobre un tema que se concentra en torno a tu marca/contenido.

  La cuota de voz mide el nivel de interacciones de nuestros usuarios en un canal determinado teniendo en cuenta a toda la competencia. Si lo comparamos con las marcas de su categoría, el *share of voice* sería el porcentaje de participación de una marca en un canal durante un periodo de tiempo concreto.

  SOV =[(menciones positivas a la marca) + (menciones neutras a la marca/número de menciones a la marca y su competencia)] × 100

  Esta métrica no puede ser únicamente cuantitativa porque, si de estas menciones la mayoría son negativas frente a menciones mayoritariamente positivas de la competencia, habrá que tomar acciones correctivas. Supongamos que la conversación sobre cursos de redes sociales en Twitter durante el mes de febrero es de 1.000 tuits, y que nuestra marca está presente en 300 de los tuits: tendríamos un *share of voice* del 30 % en el canal.

- **Visitas/páginas vistas...** Las métricas relativas a visitas se han usado mucho en marketing digital pero realmente son importantes en los *sites* de contenido, es decir, **páginas que viven de la publicidad. Si es tu caso**, es importante conocer:

- **Media de páginas por visita**. Esta métrica nos ofrece una idea del nivel de interés que despierta nuestro contenido en las diferentes páginas de nuestra web. Perseguimos una evolución positiva o, al menos, mantenida.
- **Media de visitas por visitante**. Con esta métrica tienes una visión de las veces que, de media, el visitante "cuenta" de nuevo contigo. Así sabes si estás integrando nuevo contenido interesante para los visitantes que te conocen y si eres una web de referencia para ellos. Debemos perseguir una evolución positiva o, al menos, mantenida.
- **Tiempo medio de respuesta**. Si tu web se dirige a la atención al cliente o a la captación de *leads*, una de las claves de tu éxito o fracaso será cuánto tardas en cerrar un tique o en presentar una propuesta comercial. Es otro de los ejemplos que pueden servirte para comprobar que tendrás que medir unas cosas u otras en función de tu servicio.

En resumen, mide lo que te aporte valor y sea útil para predecir la evolución de tu negocio y tomar decisiones con respecto a ello.

RECUERDA

La inteligencia te hace el auriga de tu negocio. Tienes los caballos a tu disposición pero, para llevar a la empresa hasta la meta, debes elegir el mejor camino e ir corrigiendo sobre la marcha. En algunos momentos deberás imprimir más velocidad y, en otros, quizá tengas que cambiar de sentido, para eso tienes que medir. La inteligencia te muestra las tendencias y, si eres capaz de descifrar su sentido, serás el primero en anticipar el cambio, reaccionar y adaptarte.

El ROI

Hemos basado todo el libro en una hipótesis: "El marketing persigue crear valor para los consumidores de modo que la empresa consiga un crecimiento rentable". Llega el momento de despejar la incógnita y confirmar si las estrategias han sido correctas, si las acciones se han ejecutado con eficiencia y cuánto beneficio hemos generado a la empresa.

Si al final no obtienes el dato sobre beneficios o pérdidas generados, no has hecho marketing.

Aquí entra en juego el ROI: Retorno de la Inversión o *Return On Investment*. Es una métrica que establece una correlación entre los costes y los beneficios de una acción. Si se consiguen más beneficios que costes, tenemos un ROI positivo y, si los costes son mayores que los beneficios, el ROI será negativo y tendrás que rectificar tus estrategias.

ROI = (beneficio obtenido - inversión) / inversión o
ROI = (ingresos - costes) / coste

Si el resultado es menor que cero, significa que pierdes dinero y, cuanto mayor es la cifra, más rentable es la inversión/acción. Un ROI positivo puede deberse a un incremento de la ratio beneficio/inversión, o a un descenso de la ratio costes/inversión.

Normalmente el ROI es el resultado de un proceso:

Figura 15-10: Esquema del proceso del ROI

En marketing, la medición del ROI de las acciones es imprescindible para conocer el beneficio que reportan nuestras campañas y acciones, controlar cuáles funcionan mejor y peor, y emprender acciones correctivas.

Cómo calcular el ROI del marketing en tu empresa:

1. **Determina los costes**. El primer paso es hacer un análisis de los costes que comporta la actividad del departamento de marketing: marketing digital y marketing convencional.

   Contempla e importa los datos sobre el coste de las campañas de Google Analytics, en *display*, Facebook, Twitter o LinkedIn Ads, catálogos, eventos, retribución a los *influencers*... Ten en cuenta todos los canales con su inversión correspondiente. Por otro lado, añade los costes de agencia. Por último, no te olvides de los costes derivados del personal, qué dedicación del tiempo/salario invierten los empleados del departamento...

2. **Define de objetivos de conversión**. El objetivo de conversión es la forma de llamar a la métrica concreta:

   - Facturación.
   - Ventas por canal (ventas en el *e-commerce* o vía tráfico social o en tiendas).
   - *Leads* (formularios de contacto enviados).
   - Registros en la *newsletter*.
   - Descargas de documentos (catálogos, información comercial).
   - Visitas a páginas concretas (distribuidores, mapas de tiendas).
   - Clics en determinados espacios (mostrar teléfono de tienda).
   - Interacciones sociales (seguir, comentar, compartir).

3. **Establece el seguimiento de las conversiones**. Los objetivos de conversión tienen que ser relevantes para el negocio y darte información adecuada para la toma de decisiones. A medida que el negocio vaya evolucionando puede que estos objetivos puedan revisarse para eliminar lo desfasado e incluir aspectos innovadores.

   Una vez tengas claros los objetivos, escoge la herramienta y parametrízala. En marketing digital puede que trabajes con Google Analytics o Omniture Site Catalyst de Adobe, por citar dos herramientas conocidas.

   Esto significa *trackear* las fuentes de tráfico en cada campaña activa y ser capaces de distinguir en la herramienta de analítica si las conversiones proceden de campañas de Facebook Ads, Twitter o de la *newsletter* y cuál ha sido el *funnel* de conversiones (ejemplo: primera visita Ads, conversión orgánico).

Lo ideal sería integrar esta información de tu web en tu ERP y tu CRM para controlar los beneficios económicos y la evolución de los clientes.

- ✔ **Asigna un valor económico a cada conversión**. Si trabajas con una web transaccional, es muy sencillo: cada conversión representa el valor de las ventas. Si solo recibes un *lead* y no sabes cómo valorarlo, puedes hacer un par de ejercicios:
  - Estudia los costes de la empresa. Se puede averiguar el coste de cada *lead* en el entorno *offline* y hacer una extrapolación en función del tipo de cliente, su valor en el ciclo de vida...
  - Respóndete a la pregunta: ¿qué precio estaría dispuesto a pagar la empresa a un profesional cualificado por este concepto? Es decir, si un profesional ofreciese la posibilidad de facilitarte 1.000 *leads* de calidad, ¿cuánto le pagarías?
- ✔ **Análisis y acciones de mejora**. Establece el calendario para realizar el análisis y los informes recurrentes. Aunque se haga un seguimiento diario de las acciones, conviene determinar un intervalo para evaluar la evolución. Un informe mensual ofrece suficiente margen para descartar datos.

Los informes se pueden presentar en formato *dashboard* con las explicaciones pertinentes. El *dashboard* tiene que ser sencillo y recoger lo esencial para no perderse en una marabunta de números. No te fijes tanto en un dato concreto sino en la evolución, cuándo y por qué cambian las tendencias y cómo puedes aprovecharlo en tu favor.

En cada informe no olvides incluir las conclusiones y acciones de mejora que valorarás en el siguiente.

Sigues con tu empresa de bicicletas *fixie* y has decidió invertir una pequeña cantidad en acciones de publicidad.

1. **Google Adwords:**

   Inversión: 4.000 euros.

   Clientes adquiridos: 24.

   Venta promedio: 200 euros.

   ROI: 20 % [calculamos (4.800 – 4.000) / 4.000)].

2. **Facebook Ads:**

   Inversión: 500 euros.

   Clientes adquiridos: 7.

   Venta promedio: 125 euros.

   ROI: 75 % [calculamos (875 - 500) / 500)].

   Observa que, si bien se ha vendido más y la campaña es más rentable, el tique medio de compra es menor, por lo que tendrás que replantearte la propuesta para la siguiente campaña.

3. **General:**

   Inversión: 4.500 euros.

   Clientes adquiridos: 31.

   Venta promedio: 177,5 euros.

   ROI: 26,11 % [calculamos (5.675 – 4.500) / 4.500)].

El ROI siempre se tiene que calcular en función de cada canal en el que inviertes, pero ten en cuenta que, cuando calcules el ROI, a veces la atribución nos es tan directa como parece. Normalmente, los esfuerzos dedicados a contenidos tienen unos índices de conversión inferiores a los de las campañas de publicidad, pero eso no significa que dejes de esforzarte en ellos, sino que debes saber trabajar bien tu herramienta de analítica para ser capaz de hacer seguimiento del viaje del consumidor hasta que convierte.

Para extraer conclusiones será más efectivo que te plantees cuáles han sido los resultados y qué acciones has llevado a cabo para conseguirlos en las áreas económicas, de relevancia, de *engagement*... Es decir, está bien conocer las ventas pero también qué esfuerzo has necesitado para conseguirlas.

Imagina que has conseguido 100 ventas fruto de una campaña de *e-mailing*: debes analizar cada una de las fases. Si has enviado 250.000 *e-mai-*

lings, ¿cuánta gente los ha abierto, qué tasa de apertura ha habido? De esos, han hecho clic 50.000. ¿Esa tasa de clic es una buena cifra? Y la conversión en la web, ¿es alta o baja? ¿Es normal que, de 500 visitas de los comerciales, haya 100 ventas? ¿Por qué vendes y por qué no? Todo eso serán decisiones con respecto a precios, plataformas y presentación de producto que deberás tomar.

Tabla 15-1: Mide cada paso del proceso

E-MAILINGS	*TRÁFICO*	*FORMULARIOS COMPLETADOS*	*VISITAS COMERCIALES*	*DEMOS GRATUITAS*	*VENTAS CERRADAS*
250.000	50.000	1.500	500	400	100

Para calcular el presupuesto del año que viene, te aconsejo que no lo reduzcas todo a un acrónimo. La realidad es más compleja que un cálculo de retorno de inversión. A lo largo del libro he presentado una realidad que se compone de mil matices y, sin dejar de medir cada acción puntual, debe llegar un momento en el que te eleves y tengas en cuenta la variedad de indicadores.

Quieres tener sentido para tu cliente, quizá las ventas no hayan dado síntomas de desgaste pero observas que la adhesión es menor... No hagas nada y probablemente las consecuencias no tardarán en llegar. Vigila las tendencias, pues son más importantes que los números. El número es el estallido final; la tendencia y los cambios en las mismas, el Pepito Grillo que va a avisando.

En eso consiste la inteligencia, en saber anticiparse al futuro y que no te pille desprevenido.

Parte IV

Los decálogos

—Y si todo lo demás falla,
a utilizar las dos palabras mágicas de la publicidad...

Capítulo 16

Los grandes errores que tu marca no debe cometer

1. **No escuchar al mercado**

   Crees saber lo que quieren, pero debes escuchar la demanda de tus clientes. No les importa tu producto, quieren que te concentres en sus deseos, problemas e inquietudes.

   Las cosas se hacen "porque así se han hecho toda la vida", "porque nosotros sabemos qué pide el mercado"..., seguro que has oído un montón de frases similares. Eso es porque en tu empresa se asume que la función es vender productos, no se atiende a unas necesidades o expectativas del consumidor. Piensa en términos de producto. Los sustitutivos pueden ser cosas completamente diferentes, y mira la realidad a medio y largo plazo.

   Tu cámara de fotos no la sustituye una cámara de fotos mejor ni una cámara de vídeo, sino el teléfono.

2. **Comunicar unidireccionalmente**

   No dialogas ni formas parte de las conversaciones generadas.

   En un momento en el que "los mercados son conversaciones", todo el mundo en tu empresa se encierra en su despacho, no conversan entre sí ni de puertas para afuera. No tienes claro quién es tu público relevante ni cómo seducirle, mantenerle, hacerle parte de ti.

   Apunta: ahora la comunicación es de todos con todos, por muy Goliat que te sientas y David que te parezcan.

3. **Ir a la audiencia o al target equivocado**

   Aunque tengas la mejor campaña y plan de medios, no obtendrás resultado si atiendes a un público equivocado o si tu target es demasiado grande.

   Hablamos de Relevancia, Reputación y Resonancia. No te dirijas a alguien con quien no tengas posibilidad de conseguirlas, estarás yendo al tipo equivocado.

4. **Engañar a tu audiencia, a tus usuarios, a tus clientes**

   Lo harás una vez y no podrás hacerlo más, ni para bien ni para mal. Dales más de lo que les prometiste. Es más fácil y menos costoso venderle a alguien que ya te compró que a alguien nuevo.

5. **Querer gustar a todo el mundo**

   El 15 % de las empresas tratan de no molestar y gastan ingentes cantidades de dinero en ello. Son las grandes multinacionales, cada vez es menos fiables y creíbles, porque las marcas que intentan agradar a todo el mundo no lo consiguen. El otro 85 % del entramado empresarial tendrá que molestar para ser diferente, para llamar la atención, para ser relevante en su ámbito. Si estás en ese lado, piensa qué tipo de molestia quieres generar.

6. **No saber cuáles son tus competencias clave**

   Es decir, no sabes por qué el cliente compra ni qué aporta que sea relevante. Hay que tener un conocimiento colectivo sobre cómo coordinar las habilidades productivas, tecnológicas y el capital humano de la empresa.

   Si eres un puto amo del friquismo, de saber qué sabores de helados son los que más gustan o de qué colores pegan mejor entre sí, puedes hacer de eso tu competencia central.

7. **No tener una estrategia ni plantear un objetivo**

   Cada acción debe responder a una estrategia para que todo tenga un sentido y objetivo al que dirigirse.

8. **No usar la tecnología**

   Aplica todas las capacidades que conoces, investiga las que no conoces e innova en las que no existen para favorecer la comunicación y los procesos. Con todo.

9. **No tener en cuenta que todo comunica**

   Una factura, el tono de quien coge el teléfono, la presentación del producto en el punto de venta. Todo es comunicación. Todo es contenido y hay que trabajar para que todo transmita el mismo mensaje.

10. **Olvidar a las personas**

    Las marcas las hacen personas. Las personas felices trabajan más y mejor. Las personas motivadas son los mejores embajadores. Las personas orgullosas con lo que hacen son los mejores prescriptores. Los mejores prescriptores son tus mayores vendedores. Si quieres una marca que funcione, ten dentro gente contenta.

Capítulo 17

Diez realidades en marketing que siguen siendo tendencia

1. **Colaboración**

   Colaboración en todas las áreas de negocio y en el terreno personal. Proyectos de *crowfunding* para financiar iniciativas privadas entre particulares, *crowdsourcing* para desarrollar ideas más allá de los conocimientos de empresas e instituciones. Colaboración entre profesionales a través de *hubs*. Cooperación ciudadana. Bancos de tiempo. Incubadoras de *startups*.

2. **Movilidad**

   Es el momento de pensar que todo tiene que ser móvil. Hablamos de *wearables*, dispositivos móviles, *smartphones*, tabletas, portátiles y de personas en movimiento, que se geolocalizan, buscan en proximidad e interactúan con las tiendas *online* y *offline*.

3. **Gamificación**

   El componente lúdico entra en juego y las empresas lo acogen como ventaja competitiva.

4. ***Transmedia storytelling***

   Es importante construir un relato corporativo que trascienda a los medios o mensajes, que llegue a la esencia de la marca y, desde ahí, se difunda inserto implícita o explícitamente en cada pieza. En tu relato están tus valores, tus deseos, tus enemigos. Y si el relato es transmedia, el formato es multiformato.

5. ***Branded content***

   La publicidad se fusiona con el contenido para amoldarse a las expectativas del usuario y obtener mayor presencia de marca, respuesta por parte del público, viralidad de los contenidos. Las grandes marcas hablarán de *branded content* y, las pequeñas, de marketing de contenidos. Unas crearán nuevos formatos televisivos y otras harán un uso intensivo de infografías, vídeos, *white papers*.

6. **Experiencia del usuario**

   Se prioriza la experiencia de usuario para generar valor añadido, adaptada a la usabilidad de cada dispositivo, a cada momento de interacción con la marca, a cada momento de la verdad.

7. ***Internet of Things***

   Las cosas se comunican y son inteligentes. Hasta ahora se conectaban los dispositivos, pero llega el internet de las cosas y la inteligencia aplicada a objetos. Una empresa japonesa crea ropa que absorbe olores, gafas que monitorizan la vista y aconsejan cómo corregirla, aplicaciones con realidad aumentada. Seguid la evolución de las impresoras 3D, que nos pueden llevar a otro concepto de la producción y distribución.

8. ***Big Data***

   El acceso a los grandes datos entra en la hoja de ruta de las grandes empresas, ya que es la forma de aprovechar todos los datos que proceden de redes sociales, de las grandes bases de datos públicas y convertirlos en conocimiento útil, que se transforme en estrategias y acciones rentables para la empresa.

9. ***Marketing automation***

   Hay procesos de marketing que ya no requieren de la mano humana y que pueden hacer que consigas una alta efectividad.

10. **Inteligencia, interpretación de datos**

    Inteligencia... la de controlar los resultados, analizarlos y generar conocimiento que determine tus próximos pasos. Hablamos de Google Analytics, Catalyst, Excel... pero también escucha activa en las redes sociales, de *Social CRM*. De conocer a tu target, a tu cliente, estudiar su comportamiento y darle lo que necesita.

Capítulo 18

Apuntes en tu búsqueda de la creatividad

1. **El conjunto es más que la suma de las partes**

   La idea de creatividad como patrimonio de mentes aisladas y consecuencia del genio no se aguanta. No es que no haya habido grandes genios como Mozart o Newton, sino que, desde siempre, han existido espacios de relación, como las escuelas o los gremios.

   ¿En qué se diferencia Pixar del resto de estudios de animación? En la interacción entre sus empleados. Steve Jobs llega y dice que la gente se pone creativa a la hora de comer, charla entre sí y se produce la chispa, así que arquitecto, amigo mío, quítame el ala para informáticos, la otra para animadores y la de más allá para directivos y me pones un montón de espacios comunes, un par de espacios de baños centrales y un gran comedor. Los taquillazos de *Toy Story* y demás ya son historia.

   Júntate con más gente, con habilidades y experiencias diferentes a ti. Y no os matéis en el intento.

2. **Es mejor ser el primero que el mejor**

   Dime el nombre del segundo hombre que pisó la Luna. Puede que el segundo sea el mejor, pero ¿quién se acuerda? Como dijimos con los océanos azules, cuando llegas el primero te apropias de la categoría y generas lazos con el consumidor. Al segundo solo le queda retarte. Y sobre todo, sé el primero en la mente de tu público.

3. **Si eres el segundo, no luches con las armas del primero**

   Tu propuesta de valor tiene que alejarse del influjo del primero, es como pelear con un imbécil: "Nunca discutas con un imbécil; te hará bajar a su nivel y allí te ganará por experiencia". Focalízate en su debilidad, en lo que no puede prometer y sé su antagonista. Cada atributo positivo tiene uno negativo.

4. **Juega a conectar cosas que no están relacionadas**

   Potencia tu pensamiento lateral, intenta resolver problemas de una manera indirecta. Usa palabras aleatorias, analogías, divide los conceptos, inviértelos...

5. **La buena creatividad te hace vender más**

   Ni la que te hace ganar más premios, ni la que te sube el ego. La creatividad no es patrimonio del creativo, puede serlo del financiero o de la señora de la limpieza. Bájales los humos.

6. **Desaprende**

   La ciencia evoluciona a tal velocidad que lo que creíamos ayer sobre el universo, la tecnología o el ser humano hoy ya no es válido, por lo que tenemos que olvidar o desaprender casi todo. Hemos sido educados para recordar, tenemos que educarnos en olvidar, desaprender, quitar rigidez a nuestra mente.

7. **Háblale a tu consumidor de cosas que le interesen**

   A nadie más que a ti le importa que seas líder del mercado, y no lo digas si no lo eres, anda. Las mujeres perfectas, de humor siempre afable, madres amantísimas y esposas ardientes solo se las creen durante los primeros tres minutos de la película homónima. Los fuegos artificiales para San Juan.

8. **Miedo cero, motivación mil**

   El miedo paraliza, la emociones positivas activan. Juega, diviértete con lo que haces, estate motivado y surgirán las ideas.

9. **Foco**

   Una idea. Una y no dos ideas. Una y no mil ideas. Una idea. Una.

10. **Las ideas aisladas no valen nada, lo que importa es su ejecución**

    Johannes Gutenberg no inventó la imprenta; la impresión de tipos móviles ya existía. Él hizo una mejor ejecución de lo que ya existía. James Watt no inventó la máquina de vapor, ya existía. Hizo una mejor ejecución de la máquina de vapor. Bob Marley no inventó el reggae. La idea no vale nada, cero, olvídate de las ideas. Copia; si ves una buena idea, cópiala. Si quieres emprender y ves una buena idea di: "Calla, esto puede funcionar en España". Vino aquí, la hizo y está en no sé cuántos países, factura no sé cuántos millones de euros y es un chute de empresa. ¿Qué hizo? Copiar una idea que ya existía. La idea no vale nada, estamos en el mundo del *copyleft*.

Capítulo 19

El director de marketing del futuro

1. **Transformador**

   Sabrá que su misión no es perpetuar nada, ya que las buenas oportunidades nacen del conflicto, de las tensiones, del cambio, de saber anticiparse y coger la ola el primero. No se conformará con poner +5 % de presupuesto y +5 % de resultados en cada casilla del plan de marketing del año pasado.

2. **Formado y autoformado**

   El director de marketing tendrá formación reglada y muchas horas de vuelo de autoformación. En un entorno tan dinámico como el que estamos viviendo es imprescindible el reciclaje continuo: nuevas tecnologías, nuevas tendencias, nuevas disciplinas que tendrán que analizarse, interiorizarse y ponerse en marcha.

3. **Estratega y ejecutor al 50 %**

   Como decimos en Wide Marketing, sin estrategia, las acciones carecen de sentido, y, sin una correcta ejecución, no se consiguen los objetivos. Hay que plantear los escenarios y ejecutar las acciones para conseguir resultados.

   "Si puedes imaginarlo, puedes hacerlo" leo con frecuencia. Y lo mismo al revés: "Si no puedes imaginarlo, difícil que lo consigas". Nunca llegarás a ponerlo en práctica y menos a ejecutarlo. No hace falta llegar a primer violín, pero sí saber leer una partitura.

4. **Adalid del cliente**

   Escucha al cliente y hace lo posible para integrarlo en la organización. Desde pilotar las redes sociales a proponer acciones con embajadores y liderar proyectos de cocreación.

5. **Buen gestor de proyectos**

   Dominará las metodologías ágiles y tendrá claro que "lo perfecto es enemigo de lo bueno". Su foco estará sacar adelante proyectos suficientemente viables para seguir testándolos y mejorando.

6. **Analítico**

   Tendrá conocimientos de analítica y sabrá extraer jugo a los datos. Su análisis no solo será de los resultados sino del entorno, sabe que muchas veces las buenas ideas están ahí esperando a que alguien las mejore y las ponga en marcha de una forma más eficiente.

7. **Orientado a resultados**

   Es su misión: generar un beneficio sostenible a la empresa. Cada acción importa. Todo para aportar valor al cliente y que ello revierta en la marca.

8. **Resiliente, surfea en la incertidumbre**

   No hará planes a cinco años, planteará plantear escenarios a seis meses y, en ese tiempo, decidirá si se mantiene o pivota. Y se siente cómodo con ello porque sabe que mañana todo puede cambiar, y que es mejor asegurar el hoy que invertir demasiados recursos en un futuro brumoso.

9. **Como líder, combinará *hard* y *soft skills***

   Tendrá un currículo que integre tanto los conocimientos académicos como las habilidades inherentes a su cargo: será buen comunicador, adaptativo y multicultural.

10. **Una máquina no podrá reemplazarle**

    Pensamiento crítico y lateral, amplitud de miras y mimo por el detalle. El director de marketing será una persona con instinto y pasión, sabrá ver más allá de los números, sabrá cuándo arriesgar, cuándo proteger una posición. Y eso no es fácilmente reemplazable.

Índice

• A •

• B •

• C •

• D •

• H •

• I •

• J •

• K •

• L •

• M •

• N •

• S •

• T •

• U •

• V •

• W •

• Y •

• Z •